湛庐CHEERS

与最聪明的人共同进化

HERE COMES EVERYBODY

Culture

Leading Scientists Explore Societies, Art, Power, and Technology

文化

关于社会、艺术、权利和技术的新科学

[美] 约翰·布罗克曼
（John Brockman） 编著
侯新智 许云萍 盛杨燕 译

浙江人民出版社
ZHEJIANG PEOPLE'S PUBLISHING HOUSE

伟大头脑的伟大之处，绝不在于他们拥有“金手指”，可以指点未来；而在于他们时时将思想的触角延伸到意识的深海，他们发问，不停地发问，在众声喧哗间点亮“大问题”和“大思考”的火炬。

段永朝

苇草智酷创始合伙人，财讯传媒集团首席战略官

建筑学家威廉·J. 米切尔曾有一个比喻：人不过是猿猴的 1.0 版。现在，经由各种比特的武装，人类终于将自己升级到猿猴 2.0 版。他们将如何处理自己的原子之身呢？这是今日顶尖思想者不得不回答的“大问题”。

胡　泳

博士，北京大学新闻与传播学院教授

“对话最伟大的头脑”这套书中，每一本都是一个思想的热核反应堆，在它们建构的浩瀚星空中，百位大师或近或远、如同星宿般璀璨。每一位读者都将拥有属于自己的星际穿越，你会发现思考机器的100种未来定数，而奇点理论不过是星空中小小的一颗。

吴甘沙

驭势科技(北京)有限公司联合创始人兼CEO

一个人的格局和视野取决于他思考什么样的问题，而他未来的思考，在很大程度上取决于他现在的阅读。这套书会让你相信，在生活的苟且之外，的确有一群伟大的头脑在充满诗意的远方运转。

周 涛

电子科技大学教授、互联网科学研究中心主任

作为美国著名的文化推动者和出版人，约翰·布罗克曼邀请了世界上各个领域的科学精英和思想家，通过在线沙龙的方式展开圆桌讨论。“对话最伟大的头脑”这套书就是活动参与者的观点呈现，让我们有机会一窥“最强大脑”的独特视角，从而得到思想上的启迪。

苟利军

中国科学院国家天文台研究员，中国科学院大学教授
“第十一届文津奖”获奖图书《星际穿越》译者

未来并非如我所愿一片光明，看看大师们有什么深刻的思考和破解之道，也许会让我们活得更放松一些。

李天天

丁香园创始人

与最伟大的头脑对话，虽然不一定让你自己也伟大起来，但一定是让人摆脱平庸的最好方式之一。

刘　兵

清华大学社会科学学院教授

以科学精神为内核，无尽跨界，Edge 就是这样一个精英网络沙龙。每年，Edge 会提出一个年度问题，沙龙成员依次作答，最终结集出版。不要指望在这套书里读到“ABC”，也不要指望获得完整的阐释。数百位一流精英在这里直接回答“大问题”，论证很少，锐度却很高，带来碰撞和启发。剩下的，靠你自己。

王　烁

财新传媒总编辑，BetterRead公号创始人

术业有专攻，是指用以谋生的职业，越专业越好，因为竞争激烈，不专业没有优势。但很多人误以为理解世界和社会，也是越专业越好，这就错了。世界虽只有一个，但认识世界的角度多多益善。学科的边界都是人造的藩篱，能了解各行业精英的视角，从多个角度玩味这个世界，综合各种信息来做决策，这不显然比死守一个角度更有益也有趣吗？

兰小欢

复旦大学经济学助理教授

如果每位大思想家都是一道珍馐，那么这套书毫无疑问就是至尊佛跳墙了。很多名字都是让我敬仰的当代思想大师，物理学家丽莎·兰道尔、心理学家史蒂芬·平克、哲学家丹尼尔·丹尼特，他们都曾给我无数智慧的启发。

如果你不只对琐碎的生活有兴趣，还曾有那么一个瞬间，思考过全人类的问题，思考过有关世界未来的命运，那么这套书无疑是最好的礼物。一篇

文章就是一片视野，让你站到群山之巅。

郝景芳
2016年雨果奖获得者

关注 Edge 并阅读上面的文章已经十几年了，越到后来越发现，打动我的不是布罗克曼及其周围那批作家的睿智，甚至不是他们的渊博，而是他们讨论问题的边界感，一种在专业视角下对世界彬彬有礼的试探。

小庄
果壳联合创始人，“科学艺术研究中心”主编

布罗克曼是我们这个时代的“智慧催化剂”。

斯图尔特 · 布兰德
《全球概览》创始人

布罗克曼是个英雄，他使科学免于干涩无趣，使人文学科免于陈腐衰败。

杰伦 · 拉尼尔
“虚拟现实之父”

总序

1981 年，我成立了一个名为“现实俱乐部”（Reality Club）的组织，试图把那些探讨后工业时代话题的人们聚集在一起。1997 年，“现实俱乐部”上线，更名为 Edge。

在 Edge 中呈现出来的观点都是经过推敲的，它们代表着诸多领域的前沿，比如进化生物学、遗传学、计算机科学、神经学、心理学、宇宙学和物理学等。从这些参与者的观点中，涌现出一种新的自然哲学：一系列理解物理系统的新方法，以及质疑我们很多基本假设的新思维。

对每一本年度合集，我和 Edge 的忠实拥趸，包括斯图尔特·布兰德（Stewart Brand）、凯文·凯利（Kevin Kelly）和乔治·戴森（George Dyson），都会聚在一起策划“Edge 年度问题”，而且常常是在午夜。

提出一个问题并不容易。正像我的朋友，也是我曾经的合作者，已故的艺术家和哲学家詹姆斯·李·拜尔斯（James Lee Byars）曾经说的那样：“我能回答一个问题，但我能足够聪明地提出这个问题吗？”所以，我们要去寻找那些可以启发不可预知的答案的问题，那些激发人们去思考意想不到之事的问题。

现实俱乐部

1981—1996 年，现实俱乐部是一些知识分子间的非正式聚会，通常在中国餐馆、艺术家阁楼、投资银行、舞厅、博物馆、客厅，或在其他什么地方举办。俱乐部座右铭的灵感就源于拜尔斯，他曾经说过："要抵达世界知识的边界，就要寻找最复杂、最聪明的头脑，把他们关在同一个房间里，让他们互相讨论各自不解的问题。"

1969 年，我刚出版了第一本书，拜尔斯就找到了我。我们俩同在艺术领域，一起分享有关语言、词汇、智慧以及"斯坦们"（爱因斯坦、格特鲁德·斯坦因、维特根斯坦和弗兰肯斯坦）的乐趣。1971 年，我们的对话录《吉米与约翰尼》（*Jimmie and Johnny*）由拜尔斯创办的"世界问题中心"（The World Question Center）发表。

1997 年，拜尔斯去世后，关于他的"世界问题中心"，我写了下面的文字：

> 詹姆斯·李·拜尔斯启发了我成立"现实俱乐部"以及 Edge 的想法。他认为，如果你想获得社会知识的核心价值，去哈佛大学的怀德纳图书馆里读上 600 万本书，是十分愚蠢的做法。在他极为简约的房间里，他通常只在一个盒子中放 4 本书，读过后再换一批。于是，他创办了"世界问题中心"。在这里，他计划邀请 100 个最聪明的人相聚一室，让他们互相讨论各自不解的问题。
>
> 理论上讲，一个预期的结果是他们将获得所有思想的总和。但是，在设想与执行之间总有许多陷阱。拜尔斯确定了他的 100 个最聪明的人，依次给他们打电话，并询问有什么问题是他们自问不解的。结果，其中 70 个人挂了他的电话。

那还是发生在 1971 年的事。事实上，新技术就等于新观念，在当下，电子邮件、互联网、移动设备和社交网络真正实现了拜尔斯的宏大设计。虽然地点变成了线上，但这些驱动热门观点的反复争论，却让"现实俱乐部"的精神得到了延续。

正如拜尔斯所说："要做成非凡的事情，你必须找到非凡的人物。"每一个 Edge 年度问题的中心都是卓越的人物和伟大的头脑，其中包括科学家、艺术家、哲学家、技术专家和企业家，他们都是当今各自领域的执牛耳者。我在 1991 年发表的《第三种文化的兴起》(*The Emerging Third Culture*) 一文和 1995 年出版的《第三种文化：洞察世界的新途径》(*The Third Culture: Beyond the Scientific Revolution*) 一书中，都写到了第三种文化，而上述那些人，他们正是第三种文化的代表。

第三种文化

经验世界中的那些科学家和思想家，通过他们的工作和著作构筑起了第三种文化。在渲染我们生活的更深层意义以及重新定义“我们是谁、我们是什么”等方面，他们正在取代传统的知识分子。

第三种文化是一把巨大的“伞”，它可以把计算机专家、行动者、思想家和作家都聚于伞下。在围绕互联网兴起的传播革命中，他们产生了巨大的影响。

Edge 是网络中一个动态的文本，它展示着行动中的第三种文化，以这种方式连接了一大群人。Edge 是一场对话。

第三种文化就像是一套新的隐喻，描述着我们自己、我们的心灵、整个宇宙以及我们知道的所有事物。这些拥有新观念的知识分子、科学家，还有那些著书立说的人，正是他们推动了我们的时代。

这些年来，Edge 已经形成了一个选择合作者的简单标准。我们寻找的是这样一些人：他们能用自己的创造性工作，来扩展关于“我们是谁、我们是什么”的看法。其中，一些人是畅销书作家，或在大众文化方面名满天下，而大多数人不是。我们鼓励探索文化前沿，鼓励研究那些还没有被普遍揭示的真理。我们对“聪明地思考”颇有兴趣，但对标准化“智慧”意兴阑珊。在传播理论中，信息并非被定义为“数据”或“输入”，信息是“产生差异的差异”(a difference that makes a difference)。这才是我们期望合作者要达到的水平。

Edge 鼓励那些能够在艺术、文学和科学中撷取文化素材，并以各自独有的方式将这些素材融于一体的人。我们处在一个大规模生产的文化环境当中，很多人都把自己束缚在二手的观念、思想与意见之中，甚至一些公认的文化权威也是如此。Edge 由一些与众不同的人组成，他们会创造属于自己的真实，不接受虚假的或盗用的真实。Edge 的社区由实干家而不是那些谈论和分析实干家的人组成。

Edge 与 17 世纪早期的无形学院（Invisible College）十分相似。无形学院是英国皇家学会的前身，其成员包括物理学家罗伯特·玻意耳（Robert Boyle）、数学家约翰·沃利斯（John Wallis）、博物学家罗伯特·胡克（Robert Hooke）等。这个学会的目标就是通过实验调查获得知识。另一个灵感来自伯明翰月光社（The Lunar Society of Birmingham），一个新工业时代文化领袖的非正式俱乐部，詹姆斯·瓦特（James Watt）和本杰明·富兰克林（Benjamin Franklin）都是其成员。总之，Edge 提供的是一次智识上的探险。

用小说家伊恩·麦克尤恩（Ian McEwan）的话来说："Edge 心态开放、自由散漫，并且博识有趣。它是一份好奇之中不加修饰的乐趣，是这个或生动或单调的世界的集体表达，它是一场持续的、令人兴奋的讨论。"

约翰·布罗克曼

本书是Edge系列的第二本，关注与“文化”相关的内容。本书共包含17篇来自Edge网站的原创文章，包含编辑访谈、特约文章和谈话。谈话中有许多是通过在线流媒体视频完成的。在线演示的价值是毫无疑问的，但纸质书（无论是否有电子版）仍然是向读者提供重要观点的重要方式。这是我们出版本系列书籍的主要原因。

在本书中，先锋艺术家、投资人、数学家、计算机科学家、预言家、哲学家和未来学家向我们展示了他们对“文化”的新思考。

针对文化发展的根本，哲学家与认知科学家丹尼尔·丹尼特（Daniel C.Dennett）在《文化的进化》中，利用音乐的进化阐述了文化的传统性与进化性可以结合的方式。

进化生物学家贾雷德·戴蒙德（Jared Diamond）在《为什么一些社会做出了灾难性的决策？》中描绘了一幅解决群体决策失败问题的路线图。首先，群体可能在问题实际发生之前没能预见问题的存在。其次，当问题发生时，群体可能没有察觉到问题的发生。再次，在发现问题后，群体可能没有试着去解决问题。最后，群体可能试着去解决问题，但经过多次尝试却没能成功。

一方面，关于失败原因和社会崩溃的问题似乎很悲观，但另一方面是积极的，也就是成功的决策制定。也许如果我们理解了集体做出不良决策的原因，就可以以此为依据让群体做出良好决策。

美国艺术哲学家丹尼斯·达顿（Denis Dutton）主张对人类的人格进行达尔文式的解释。在《艺术与人类现实》中，他为达尔文式的美学进行了辩护，宣称它“并不是牢不可破的教条，目的也不在于用同样沉重的理论取代沉重的后结构主义。真正让我感到惊奇的是，人们对于将达尔文的思想应用到心理学中的抵触，其实只是一种高声叫嚷的漠视，他们甚至不愿去好好考虑一下达尔文的想法”。

著名艺术家、颇具创新精神的布莱恩·伊诺（Brian Eno）在《文化大理论》中回答了自己提出的问题：什么是文化价值？它是怎么产生的？他说道：

> 几乎所有的艺术史都是在试着找出文化客体中的价值源泉。色彩理论、维度理论、黄金分割法等所有这些理念，都假设一些事物天生比另一些事物更加美丽、更有意义。新的文化思维并不是这样的。新的文化思维认为是我们给事物赋予了价值，是我们在事物中创造出了价值。是“赋予”这个行动让事物有了价值，这一点非常重要。因为许多，甚至可以说全部的基本理念，都是建构在认为有一些事物具有天然内在的价值、共鸣和意义这个假设之上的。同时，所有实用主义作品都从另一假设出发：不，是我们，是我们创造了意义。

环保人士、富有远见的斯图尔特·布兰德在《吾众为神，须善为之》写道：

> 全球气候变化很可能成为毁灭文明的巨大灾难，它迫使我们必须好好表现。灾难过后，地球会没事，我们的生活也可能恢复平静。但是，如果全球气温持续升高，我们就会失去大量的物种，很可能还会失去热带雨林。因此，这是一个全球性的问题，一个全球性的现象，而不仅仅是发生在局部地区的小问题。俯瞰地球全景的视角现在已经不只是关乎美学的问题了，也不单纯只是一个简单的视角了。
>
> 实际上，它意味着我们正面临着世界性的问题，需要世界规模的解决方案，而且需要采用人类从未有过的管理方式。它要求我们使用初现曙光的科学技术，启动生态学家们所谓的生态工程。海狸在做生态工程，蚯蚓也在做。它们可不会经常发动遍及整个星球这样大规模的生态工程，而人类则必

须给整个地球动工。

美国非小说作家、历史学家乔治·戴森在《图灵的大教堂》一文中描述了他访问谷歌总部的见闻："我感觉自己就像走进了一座14世纪的大教堂——不是14世纪，而是12世纪。"戴森想到了赫伯特·乔治·威尔斯（H. G. Wells）在1938年做出的预言："每个人都将有权使用全人类的知识储备，这甚至可能在短期内实现。"戴森还表明："威尔斯不仅预见到了万维网的分布式智能，还预见到了这种智能进行聚合的必然性，以及权力与知识终将受其辖制的趋势。"

计算机科学家戴维·盖勒特（David Gelernter）在《是时候认真对待互联网了》中写道：

> 互联网是一个大话题，不是手机或视频游戏平台或人工智能可以与之同日而语的，它堪比教育，作用不可小觑。因此要小心：成了一名教师，就要精通一些你能教授的主题；就读教育学校，就要掌握一些知识；在互联网上工作，就要熟悉互联网的某个领域，如工程、软件、计算机科学、通信理论、经济或商业、文学或设计。不要在网络学校中一无所得。互联网学院中精英荟萃，不乏令人钦佩的高人。但是，如果这些学院之于互联网与学校之于教育一样，发挥着相同的效果，那么它们的出现就是一场灾难。

数学家卡尔·西格蒙德（Karl Sigmund）在《间接互惠、评估硬连线与声誉》中写道：

> 目前，在电子交易和电子商务的大背景下，经济学家们对此观点也乐此不疲、兴趣浓厚。在这样的情况下，我们同样拥有许多匿名状态下的互动，这种互动不是固定在两人之间，而是在大范围的复杂群体中。因此，你几乎不可能再次遇到同一人。于是我们就有了信任、名誉，这些尤为重要。谷歌浏览器独占鳌头、易贝（eBay）卖家与买家信誉良好、亚马逊读者评论颇多，这些都是基于信任。但是，这些互动交流中也存在一些固有的道德危险。

计算机科学家、在数据方面充满远见的杰伦·拉尼尔（Jaron Lanier）在《新网络集体主义的危害》中向我们警示了新网络集体主义带来的威胁。他在这篇文章中认为：

> 真正的问题在于我们看待和使用维基百科的方式，以及维基百科是如何迅速变得如此重要的。这还是新网络集体主义更大规模诉求的一种体现。这种网络集体主义认为集体是万能的，并试图将权力集中于某种瓶颈，从而对集体产生强大的影响。这不同于代议制民主或精英政治（meritocracy）。在不同的历史时期，当强加给人们极左或极右的倾向时，这种观念将产生灾难性后果。事实是，杰出的技术专家和未来学家（许多还是我认识和喜欢的），让这种观念重见天日，但威胁丝毫没有减少。

在社交软件方面富有远见的研究者克莱·舍基（Clay Shirky）在《对杰伦·拉尼尔新网络集体主义的评论》中驳斥了拉尼尔的观点。他认为：

> 维基百科适应新环境新挑战的能力强大，但我们只看到了其表面现象。接下来，批判又指向了人们将维基百科视为黄金时代集体主义意识化身这一行为。我们认为，这些使用蜂巢思维来讨论维基百科和一些社交软件的人总是太过轻信，他们的言论往往显得夸张与讽刺。事实上，维基百科并不是人们口中所说那般，这是新网络集体主义有失偏颇之处。

社会科学家尼古拉斯·克里斯塔基斯（Nicholas A. Christakis）在《社会网络就像眼睛一样》中阐述了网络形成的原因，以及网络的运行机制。文中写道：

> 社会网络不像神经元网络、基因网络、天体网络、计算机网络或其他一些可以想见的网络一样有趣，其惊人之处在于社会网络的节点（实体、组件）是有感知的，网络中的个体可以对网络做出回应，从而通过自己的力量形成一种网络。

在《下一次文艺复兴》中，美国媒体理论家道格拉斯·洛西科夫（Douglas Rushkoff）表明互联网不是通过写作向我们提供“个人”民主。他说道：

> 写作完全不是这些工具提供给我们的能力。新技术提供的能力是编程，而我们中间几乎没什么人真正懂得怎样编程。我们只是简单地使用已经编好的现成程序，将文字输入屏幕上设定好的文本框内。博主和记者们流畅地操作，发表文章不会遇到任何困难。只要点击发表，一切就大功告成。

在《数字权力及其不满》中，政治评论员耶夫根尼·莫洛佐夫（Evgeny Morozov）和克莱·舍基展开了辩论。

复杂性系统研究专家布莱恩·阿瑟（W. Brian Arthur）在《技术会进化吗?》中写道：

> 关于技术进化理论的两个因素并不全是达尔文主义。它们截然不同：一是某些原有成分的不断重组；二是某些技术习惯性地捕捉新现象，随后这些技术也会转而成为未来技术的发展基础。许多新技术的发明仅仅是为了满足当下需求，并不是为将来技术的进化做铺垫。不过，有些技术并非如此。

物理学家、计算机科学家丹尼尔·希利斯（W. Daniel Hillis）在《亚里士多德》中建议：

> 借助知识网，人类积累的信息存储将更为便捷，更容易管理，也更加有用。任何人想要学习，都可以找到最佳以及最有意义的讲解。任何人想要教授知识，也都有传播的途径。教师们将超越现今信息分配者的角色，成为导师、辅助人员以及作者。知识网将使我们所有人都变得更聪明。它的时代已然到来。

导演理查德·福尔曼（Richard Foreman）在《煎饼人》中向 Edge 提出了一个观点和一个问题。观点出现于他的剧本《诸神敲打我头》（*The Gods Are Pounding My Head*），问题则是未来的开端。乔治·戴森在《哥德尔到谷歌网》中以另一个问题对此做出了回应：

> 正如理查德·福尔曼如此美妙的描述，我们已被碾压成了可以立即食用的煎饼，成了整个哥德尔到谷歌的网络中，不可预知却又具有重要统计学意义的突触。由此产生的头脑（正如理查德·福尔曼将会拥有的）属于我们吗？或者属于其他人？

在《信息人时代》中，杰出的德国作家、记者弗兰克·施尔马赫（Frank Schirrmacher）写道：

> 很显然，我们目前正处于这样一种情形中：现代技术正在改变人们的行为方式、表达方式、思维方式和记忆方式。不仅仅只是理论上如此，当你遇见一些人，当人们突然开始遗忘某些东西时，或突然依赖他们的小工具和其他东西来记住某些事情时，你都会感觉到这种变化。这只是一个开始，只是一种体验。但是，如果你仔细想想，想想自己的行为，就会突然意识到，

一些本质的东西正在发生变化。这是 Edge 中的一个我很喜欢的评论，是丹尼尔·丹尼特为回应 2007 年的年度问题而写的，他说：“我们的思想经历着人口爆炸式的发展，但我们却没有足够的头脑来容纳这些思想。”

CULTURE

Leading Scientists Explore Societies,Art,Power, and Technology

目录

I THINK IT IS CLEAR THAT ON
CREATIVITY IN TERMS OF ME
CHANCE OF GIVING US ANY W
THE PRODUCTS OF OUR OWN

只有以模因为基础的创造力才可以让我们有能力理解自己的心智创造出来的产品。

——《文化的进化》

AN ACCOUNT OF
ES HAS MUCH OF A
Y TO IDENTIFY WITH
INDS.

01

THE EVOLUTION OF CULTURE

文化的进化

Daniel C. Dennett

丹尼尔·丹尼特

世界著名哲学家、认知科学家、全球50位最具影响力的哲学家之一

著有《直觉泵和其他思考工具》（*Intuition Pumps and Other Tools for Thinking*）

文化在进化。从某种意义上说，这是一句老生常谈，但从其他方面讲，它又坚定地提出了一个关于文化的理论，一个有争议的、推测性的、未经证实的理论。当我们在盘点某个时期某种文化所包含的内容时，比如公元1900年的文化，它应该包括构成此文化的所有语言、习惯、节日庆典、宏伟建筑、工具、神话、音乐、艺术等元素。

随着时间的流逝，这些文化库中的事物也会随之改变。一百年后的今天，文化库中的一些事物消失了，一些事物成倍地增加着，一些合并了，一些改变了，还有许多新的元素第一次出现。文化库中的事物会随着历史的发展而变化，对这些变化一字不差的记录不像是一门科学，而更像是一个数据库。于是，就出现了那句老生常谈：文化在随着时间进化。每个人都同意这个观点。

但现在，请转向另一个有争议的问题：我们应该如何解释在文化库中出现的模式呢？文化的进化有没有好的理论或模式呢？

是科学还是叙事？

有一种可能性认为，如果文化进化存在一种模式，这种模式可能也没有科学的解释。有些人称，文化进化的模式可能只是叙事模式，而非科学模式。这显然有些道理，但却站不住脚。要知道，许多科学模式本身也是基于历史的，会在某种程度上以叙事的方式进行揭示和解释。宇宙学、地质学、生物学等都是基于历史的科学。

伟大的生物学家达西·汤普森（D' Arcy Thompson）曾说过："万物各居其位，皆因各得其所。"[1]如果他是对的，那么所有的科学门类，至少在一定程度上都是基于历史的。

[1] 原文为"Everything is the way it is because it got that way"。另译为"万物顺其自然，道法自然是也"或"万物都以自己的方式运行着，因为它们得到了这样的方式"。有一种"存在即合理"的意味。——译者注

有些人可能想说，并不是所有的历史，或者说所有按照时间序列梳理过的历史事件，都可以被称为叙事。人类历史的独特之处在于它们表现出的模式往往需要不同形式的理解：诠释学的理解（hermeneutical understanding）、顿悟式的理解，或是精神科学（德国人在这个领域一定有很多话想说）式的解释[2]。我认为这种想法也只在一定程度上是正确的，只是说明一些特殊的理解方式会有助于我们弄明白关于人类主体的叙事而已。

[2] Geisteswissenschaft，源于德国的概念，类似于 spiritual science，译为"精神科学"。——译者注

一个好的故事，其情节展开不仅要能预测在一般规律及前提条件下的结果，还应该以一种让人眼前一

亮的方式进行描述。然而，这些重要的事实并不能说明文化的进化不关科学的事，也不能说明文化的进化必须依靠学术界的其他领域才能解释。恰恰相反，这些事实说明，对叙事的人文理解与对生命过程的科学解释，虽然各自的形式不同，强调的重点也不同，但两者背后有着相同的逻辑支撑。在阅读或是创造优秀的叙事作品时，如果审视一下自己特殊的理解方式，我们就能看到这一点。

平庸的叙事作品要么就是一系列按照时间顺序堆叠且毫无关联的情节——“讨厌的事一件接着一件”，要么就是无聊到可以完全预测出下文的故事。好故事往往介于随机性和常规性的中间，那些出人意料的情景在回头看时往往很有道理，而且能和谐地穿插在一个符合常识的故事框架中。

之所以能够理解叙事作品，是因为我们有一个特殊视角，我称它为“意向立场”（intentional stance）：这是一种策略，帮助我们分析在一连串的事件流中的故事主体及主体理性的行为与反应。故事中的主体，也就是人，出于某些原因才会做某些事情，因此，在一定程度上，我们可以将他们的理智、信仰、欲望进行分类，对每个主体做事的“原因”进行分析，从而准确地预测出对于每个主体而言最理性的行为是什么。有时候，最理性的行为相当地明显直白，“叙事”可以准确地预测结果，但同时也是无趣且没有启发性的。举个简单的例子吧，一局国际象棋比赛要想有趣，要么是我们惊叹棋手的着法高明、超过自己的计算能力，要么棋手出现低级失误，选择了我们认为不可能的次优策略。

在更为广阔的人类行为世界中，道理同样如此。我们不会觉得珍妮下班回家路上去了趟超市的故事是有趣的，因为从意向立场的角度来看，故事的展开完全在预料之内：给定珍妮的角色，她今天并没有经历什么有趣的事情。然而，在其他时候，一个行为主体最理性的行为并不那么显而易见，有时甚至无法进行实际的计算。在面对这样的叙事时，我们就会对事情的结局大吃一惊，有时兴高采烈，有时胆战心惊。回头来看故事的这种波折时，我会觉

作者在说此话时，假设珍妮今天做了一件出人意料的事，但在事后看来，又能和珍妮的日常生活巧妙地联系在一起。——译者注

得很巧妙，但当初谁又能猜到珍妮今天会决定做这样的事情呢？[1]繁复的人类日常理性行为不会造就经典的小说，但正是这种单调乏味的理性叙事构成了故事发生的背景，让我们能够在回顾故事中那些有趣而奇怪的情节时感受到意义，并预见到在运动的碰撞中可能发生的一系列复杂事件。

历史学家和人类学家们试着用传统的模式来解释文化的进化，把意向立场当作解释的框架。这些理论家把文化当作组装而成的商品或是财产，人们用丰富多样的手段来管理这些财产，或聪慧，或愚蠢。人们小心翼翼地保护着自己的某些传统，比如火光照明、房屋建造、说话、计算、公正等。他们像交易其他商品一样交易着这些文化商品。当然，也有一些文化项目（比如运货的四轮马车、意大利面、巧克力蛋糕的食谱等）本来就是商品。

这样，我们就可以使用经济学的工具来画出这些商品供需变化的轨迹了。从经济学角度来看，很明显，要想保护受欢迎的文化项目就要牺牲不那么受欢迎的文化项目，这就是生命主体在竞争市场上对文化商品的“买”与“卖”。如果一种新的房屋建造方法或农耕技术，或是一种新的音乐风格席卷了文化圈，那是因为人们从这些新奇的事物中有所获益。

在这个模型中，人们被视为拥有自主的理性：如果夺去一个人的所有物品，他就算赤身裸体也依然会拥有理性，同时，也拥有各种欲望。当他穿上衣服，把自己用各种商品武装起来后，他就增强了自己的力量，同时欲望也变得更加复杂。如果瓶装的可口可乐在全世界推广，那是因为越来越多的人想要买一瓶可乐。广告有时会愚弄人，但当我们回头看那些做广告的人或是他们的雇主时，则会发现，作为这个现象中的相关个体，他们其实是用自己的欲望来确定可乐在我们成本收益计算中的价值。那么究竟谁会得益？谁是最终的赢家？商品供应商获益了，供应商雇用的员工获益了。从这个角度来看，无论是瓶装可乐、建筑风格或是宗教教义，不同文化商品的自我复制力量都是靠市场上人们的成本收益计算来决定的。

生物学家们也常常能够从中立的角度弄明白自然界的进化。他们将这些特征看作商品，而且这些商品分属于不同物种的不同成员：这是它的食物、它的窝、它的地洞、它的领地、它的配偶（们）、它的时间和精力等。成本收益计算解释了在农业生产中不同物种的成员们为什么可以栖息在同一片环境里。然而，并不是每种“财产”都被当作“商品”。比如，一个人身体表面积攒的尘土和污垢就没有任何价值，更不用说寄生的蝇虫和跳蚤了，这些东西甚至还有负面的价值。这些搭便车者通常并不被生物学家视为商品，除非可以证明能从它们身上获得什么益处（又有谁能从它们身上获得益处呢？）。

传统的视角明显可以用来解释许多文化和生物进化的特征，但这种视角并不总是那么有效，而且，要解释这些特征也不一定非要用这一视角。我想展示一下文化理论家们，包括历史学家、人类学家、经济学家、心理学家和其他学者是如何从不同的角度看待进化现象，并从中获得启发的。新的视角是对意向立场别具

[1] 这些物种并非有意识地做出决策，但是这些“决策”所体现出的理性与给这些物种带来的收益非常典型地吻合在了一起。埃利奥特·索伯（Elliott Sober）与大卫·斯隆·威尔逊（David Sloan Wilson）曾对这类“决策”在基因、个体、群体层面的益处有重要的讨论。

一格的应用，并且依然把“谁得益”这一问题摆在了首要位置，但这一视角能够为进化现象提供经常被忽视的其他答案。我正在谈论的这个视角正是理查德·道金斯（Richard Dawkins）[1]的“模因论”。这种观点严肃地相信并认可文化主体可能会依据选择机制进化。这种选择机制对“谁得益”的问题给出了自己的回答：是文化元素本身将从其载体所表现出的适应性上获益。[2]

模因——文化的病毒

无论什么时候，当关注成本收益时，我们都需要问“谁得益”？“获益”本身并不具有解释力；无中生有的“获益”本身就是一个谜。除非能够证明“获益”有助于提高重复因子的复制能力，否则“获益”这件事不过是静静地坐在那儿，或许充满诱惑，但却不能解释任何事情。

我们看到一只蚂蚁不辞辛劳地爬上一根草的顶端。它为什么要这么做？这种行为有什么适应性？这样做能给蚂蚁带来什么样的好处？其实真正该问的并不是这些问题。这么做并不能给蚂蚁带来任何的好处。那么，蚂蚁这么做只是偶然吗？难道有钩子把它钩上去吗？事实上，蚂蚁这么做还真是因为有“钩子”！[3]它的大脑被枝双腔吸虫（Dicrocoelium dendriticum）入侵了。这群微小的寄生虫需要把自己转移到羊的小肠里才能繁殖（里德利，1995）。为了繁殖，大马哈鱼会洄游到河流的上流；同理，这些寄生虫会驱使蚂蚁爬到草的顶端，以提高自己被路过的羊吃掉的概率。爬上草的顶端并不能为蚂蚁的繁殖前景带来好处，而是帮助这

① 理查德·道金斯的著作《道金斯传》中文简体字版已由湛庐文化策划、北京联合出版公司出版。——编者注

② 索伯和威尔逊（1998）曾提到，在他们的文化进化模型中有一个缺口：“我们可以说，无用的行为（相对于人类的个体与群体适应性而言）在人类群体中比在其他物种中更为普遍，但我们并不能解释为什么一个特定的无用行为会在一个特定的文化中进化。要理解这种现象可能需要关于文化详尽的历史知识，而且最后说不定发现一些行为的进化主要是靠巧合。”道金斯在《自私的基因》一书中，单独用一个章节简要地描述了“模因论”，但这很难称得上是一个理论，尤其是和其他生物学家，包括卡瓦利-斯福扎和费尔德曼（Cavalli-Sforza and Feldman, 1985）、拉姆斯登和威尔逊（Lumsden and Wilson, 1985）、博伊德和理查森（Boyd and Richerson, 1985）等人的模型进行比较时。和这些生物学家不同，道金斯并没有正式论证，没有数学模型，没有定量预测，也没有相关实证发现的系统调查。但道金斯展示了一个被所有人（包括索伯和威尔逊）忽略了的想法，而在我看来，这是最重要的想法。为什么我们不仅是文化的卫士和传播者，而且我们本身就完全是一个文化主体？道金斯的想法是理解这个问题的关键。

原文中“fluke”一词，既有“偶然、侥幸”之意，也有“倒钩、鱼钩”之意。作者在这里用了双关语。——译者注

些寄生虫提高了繁殖的可能。[1]

道金斯指出，我们同样可以把文化元素模因当作寄生虫。事实上，模因更像是一个简单的病毒而非寄生虫。人们喜欢把模因比作基因，因为模因是文化媒介中的复制主体，但模因还具有载体或表型，这一点与病毒更像。模因是并不那么赤裸的基因，它们就像病毒（道金斯，1993）。病毒基本上就是一串有“态度”的核酸，再加一个蛋白质外衣。类病毒则是一种更简单的基因。与此类似，模因就是一种有“态度”的信息，外面包裹着表型外衣。这些表型外衣会对世界产生不同的作用，并以此来影响自己被复制的机会。模因是由什么构成的？模因是由一系列信息构成的，任何物质媒介都可以成为其载体。这一点后面再详细讨论。

在模因的世界中，最终的受益者，也就是在最终的成本收益计算中受益的一方，一定是模因本身，而不是模因的载体。这并不是一个唐突的经验主义断言，想要抹杀人类在发明、赏析和保护文化元素的传播和拓展中所扮演的角色。正如我之前所言，在研究文化进化时，传统的视角能够非常好地解释许多观察到的模式。我的提议是想说明，在新的视角下，更加广泛而多样化的实证观点得以互相比较，包括传统的主张。支持这些观点的证据被放在一个中立的环境中进行考量，从而避免了对热议的问题未经详察而预先做出判断。

在“钩子”的比喻中，我们把模因比作寄生虫，为了提高自己被复制的概率而指挥生物采取行动。但我们应该记住，这些搭便车者或是共生者可以分为三

[1] 严格来讲，蚂蚁的行为改善的其实是寄生虫基因（或者说寄生虫“群体”的基因）的繁殖前景。在1998年的文章中，索伯和威尔逊把枝双腔吸虫的例子当作一个利他行为，因为驾驭蚂蚁大脑的那只肝吸虫，就像一名神风特工队员一样，一定会死去，并没有任何提高自身繁殖机会的可能。真正获益的是寄生在蚂蚁其他部位的同类，得到繁殖机会的是寄生虫群体的基因。

个基本类别：

- 寄生虫的存在降低了宿主的适应性。
- 伴生体（commensals）的存在是中立的（虽然词源学提醒我们，这个词是“在一个餐桌上分食”的意思）。
- 共生者，它的存在同时提高了宿主和寄主的适应性。

因为不同物种的分布其实是连续的，它们之间的边界也不需要被界定得那么清楚。从哪个点开始收益降为零，从哪个点开始变得有害，这些指标可能无法直接通过任何可操作的测试进行测量，但在模型中可以发掘测量出这些转折点产生的影响。

我们也应该把模因分为这三类。这意味着，对文化特征进行筛选的“文化选择”总是“事出有因”，也就是能给宿主带来可以感觉到的或是被误解的益处，这是错误的。模因如果可以像寄生虫一样分为三类，就说明这种观点是错误的。我们永远可以向宿主或是作为载体的人类主体发问，是否感受到了某种好处并因此保护和协助待研究的文化元素进行复制？但我们必须时刻准备着接受这样的答案——宿主并没有得到什么好处。换句话说，我们必须承认下述的假设很可能成立：人类宿主无论是个体还是群体，无论是开放的还是持不可知论的，即便是竭力地反对，也无法避免文化元素对自己的剥削。

关于文化的传播与进化，最让人熟悉的一个例子是“创新”。这些例子往往备受瞩目，并明显地给宿主带来了直接或间接的好处，提高了宿主的遗传适应性。比如，一个更好的鱼钩可以捕更多的鱼，填饱更多的肚子，养活更多的子孙后代。强壮的胳膊和改进的鱼钩之间唯一的差别在于，在假想的适应性计算中，强壮的胳膊可能是直接通过生殖遗传的，而鱼钩则必须通过文化来传播。（强壮的胳膊也可以通过文化来传播。比如，健身塑形的传统可以解释为什么强壮的胳膊这一性状的遗传度很低，但人群中拥有强壮的胳膊的成年人比例却很高。）

即使鱼钩和强壮的胳膊流传了下来，从遗传适应性的角度来看，它们也只是被当作了一次有利可图的交易。这种交易可能只能带来短期的好处。毕竟从长远来看，就算是比较稳定的农业，如果你最终想要的收获是达尔文式的适应性，也会是一笔值得怀疑的交易。可以看看贾雷德·戴蒙德在《枪炮、病菌与钢铁》（*Guns, Germs and Steel*）一书中对人类放弃狩猎－采集的生活方式所带来收益不确定性的精彩反思。既然如此，那还有什么备选的解释吗？

首先，我们需要注意，在短期内（进化论意义上的短期，可能指几个世纪甚至几个千年），一个文化元素要想繁荣昌盛，与它能否给宿主的遗传适应性带来"真正的"好处是无关的，与之强烈相关的是它能否给宿主的遗传适应性带来"明显的"好处。即使你认为达尔文式遗传适应性的提高是文化进化最重要的驱动力，你也不得不假设一些更快、更及时的保持与传播机制，要找出这样一个机制并不难。我们天生被赋予了一种对品质的偏见：对一些东西的感觉很好，对另一些东西的感觉不好。我们倾向于按照这样原则来生活：如果对一样东西感觉好，就留下它。

这种粗糙的原则可能会愚弄我们。对甜食的爱好就是一个典型的例子。文化元素的大爆炸，手工制品、日常实践、食谱、农业生产方式、贸易路线都相当直接地依赖于对甜食的开发，而这对人类的遗传适应性可能造成了净值为负的影响。注意，甜食给遗传适应性带来的是"明显的"好处，并不一定是"真正的"好处。通过引用这个例子来解释上述文化元素的出现，并不是为了说明人们认为他们可以通过拥有和消费糖来提高自己的遗传适应性。这个基本原理——对甜食的偏爱，并不是人类自己的，而是来自大自然母亲的，人们只是选择他们喜欢的罢了。

给定人们天生喜欢的东西，人们就会天才般地以令人惊异的远见找出获得这些东西的方法。这仍然是传统的文化进化模型——人们蓄养他们的商品，为了将他们喜欢的东西最大化，同时，人们的偏好几乎直接来自他们的遗传。这个非常有趣的理性计算过程可能引出更为有趣的可能性。随着这样一个主体的生活日渐复杂，人们几乎一定会获得一些新的偏好。这些偏好本身就是在文化中传播的共生物。比如，一个人对甜食的偏好会让她去买一本学烘焙的书，这本书激励她去参加一个艺术烹饪的课程，这个课程组织得很糟糕，于是她参加了学生抗议活动，她在学生抗议活动中表现得很出色，于是受邀去领导一个教育改革运动，而要想领导一个民意运动，一个法律学位的文凭就显得很有用，于是她去修读法律，等等。每个新的目标都必须通过利用先天建立的偏好，把自己引向模因圈（memesphere）中。这样，模因就能像冰川时代的基因进化一样，以极快的速度发展，让人类的状态变得无限远离其遗传起点。在一篇经常被引用的文章中，爱德华·威尔逊（Edward O. Wilson）[1]这样说道："基因用一条皮带拴住了文化。虽然皮带很长，但文化的价值不可避免地要按照它们对人类基因池影响的大小受到束缚。"

[1] 爱德华·威尔逊的著作《创造的本源》《半个地球》等中文简体字版，已由湛庐文化策划、浙江人民出版社出版。——编者注

威尔逊的皮带，其长度和弹性都是不确定的。想象一下由数量极其庞大的文化单位、惯例和价值观构成的广阔空间。在这样的空间中有没有一点是完全不可触及的？我看没有。威尔逊所说的"束缚"在文化产品与元产品的互相连接[2]中，可以被充分地借鉴、利用、削弱，最终可能成为可以跨越一切、通向任何一点、通往任何一种可能的路径。我想说的是，文化的可能性比遗传的可能性所受的束缚要更少。在生物学上，我们可以很有说服力地论证某些想象出来的生物是不可能存在的，比如飞翔的马、独角兽、会说话的树、食肉的牛、像鲸鱼一样大的蜘蛛。但不管是威尔逊还是我所认识的其他人，都没有提出过相关的论证来证明在想象出来的文化设计空间中存在相似的障碍。这些在文化设计空间中想象出来的怪胎，从遗传的角度

[2] 原文为"recursive cascade"，指递归级联，一种计算机算法。此处简译为"互相连接"。——译者注

上来看无疑是死胡同。从这种意义上讲，拥有这些想法的现代智人后裔将会走向灭绝，但是灰暗的前景并没有阻碍这些模因在飞逝的文化历史中进行进化和被人们接受。[1]我也提出了一个比喻来反驳威尔逊：基因提供的并不是一条皮带，而是一块跳板，通过这块跳板你可以经过这样或那样一条曲折的路径，抵达任何地方。这个比喻是为了解释文化进化的模式并没有被基因的力量强烈地束缚住。我们需要另辟一条模因路径来研究这个问题。

能够扩散的模因就是那些能够通过各种方式复制的模因，哪怕通过诱惑或是欺骗。文化主体指生活在文化中的个体，而这些模因侵入文化主体的大脑，在那里完成载体表型的改变，然后投身到伟大的选择竞赛中，不是达尔文式遗传适应性的竞赛（生命对于模因的传承来说太过短暂），而是道金斯式模因适应性的竞赛。它们真正关心的是自己作为模因的适应性，而非自己宿主的遗传适应性。在由大量模因构成的环境中存在选择的压力，由于模因竞争形成的选择压力又决定了各个模因的适应性。

模因的宿主们为什么能够忍得下去？为什么现代智人竟然愿意承担建立全新的再生产系统引起的高额日常成本？注意，我们在这里问答的问题与之前关于共生者－宿主关系的问题其实是类似的：为什么宿主可以忍受寄生虫？简而言之，消除这些寄生虫的代价太高了。寄生虫能给宿主带来好处，虽然好处最终主要被寄生虫自己利用，但宿主在可以忍耐的限度内尽量地忍耐这些寄生虫似乎是可以选择的最好的解决方案。从长期来看（数百万年），无论模因的侵袭会被

博伊德和理查森（1992）指出，“如果得到社会规范的充分支持，那么任何行为都有可能在一个社群中变得稳定”（索伯和威尔逊，1998）。现在的生物学教育让我们非常重视健康、有营养的食物、避免身体伤害，并繁衍许多后代。因此，一个受这些偏见荫庇的理论家可能会认为，任何人类群体几乎都不可能支持以下这些流行的风潮，比如脆弱的身体、贪食、用刀割肢体、自杀或是禁欲的独身主义。如果这些行为能够冲破我们与生俱来的偏见（这些行为都在现实中存在），那么威尔逊的皮带还有多大的束缚力呢？

看作共生、伴生还是寄生，至少在短期内（最近几千年），它呈现出的结果相当的壮观：创造出了一个全新的生物主体类型——人。

我想把这个发展过程同十亿年前的微生物革命粗略地做一下比较。相对简单的原核生物被它们的邻居入侵。结果这些内共生的细胞比没有被入侵的同类要更适应生存，于是它们发展壮大。这些真核细胞与未被入侵的表亲原核细胞一起毗邻而居，但多亏了那些入侵到它们体内的搭便车者，与表亲相比，它们变得更加复杂、更加全能、更加适应，并拉开了创造多细胞生物的序幕。无独有偶，被文化侵染的原始人也开启了迄今为止不可占领、不能穿越的一片全新的设计空间。我们与我们的动物祖先毗邻而居，但是很明显，我们更加复杂、更加全能，也更加适应。我们的大脑诚然变得很大，但正是由于模因侵染大脑才获得了自己的力量。我们与我们的模因联手，共同创造了新的受益人，为“谁得益”的问题提供了新的答案。

通往模因工程的达尔文路径

模因论不仅为文化模式的理解开辟了全新的图景，它也为传统文化进化模型留下的悬而未决的问题提供了解答的基础。传统观念假设理性的自利主体会专心致志地买入、卖出，忙于提高自己的福利。那这些自利主体最初来自哪儿？一般假设这些主体来源于动物，而且正如我们所见，他们对“谁得益’这个问题的判断取决于模因对他们遗传适应性的影响。但是，当人们获得一些其他的利益时，特别是与遗传利益直接相左的利益时，他们就进入了一个充满全新可能的世界，大马哈鱼、果蝇或是狗熊绝不可能完成这样的事情。那么，这条创新的大河是如何发源的呢？

在此，我想我们可以借助达尔文对自然选择学说公开发表的阐释。在《物种起源》的第 1 章，达尔文用一个天才的解释工具介绍了他关于自然选择的伟大思想，他在文中采用了渐进主义的立场。他并没有直击目标，不是一上来就谈自然选择，而是先写系统选择（methodical selection）：一种动物和植物育种师经过认真计划后所采用的、充满远见和目的性的“品种改良”。他语言精练，从一段读者非常熟悉而且不会引起争议的常识开始：

> 我们不能想当然地认为所有的物种都是突然就变得像现在这么高产、这么完美的；事实上，从许多案例可以看出，这些物种的演变史并非一蹴而就。事情的关键在于人类不断积累的选择：自然接连不断地让物种进行变化；人类将这些变化按照对自己有用的特定方向累加起来。（p. 30，哈佛大学复印版）

但达尔文接着提到，在这种系统选择之外，还有另外一种没有远见与目的的选择过程，他将其称为无意识选择（unconscious selection）：

> 现在，杰出的育种师们试着用系统选择来育种。他们有清晰的目标，想要育出比现存的所有品种都要更好的品系或亚种。但是，对于我们来说，有一种选择更为重要，姑且称之为无意识选择。这种选择的根源在于每个人都想占有最好的动物并用其进行育种。因此，想要保持领先的人们自然而然地想要得到尽可能好的狗，然后再用他们最好的狗来育种。但这些人从未想过或是期望能够永远改变狗的品种。（p. 34）

在有意识育种出现前很久，无意识育种就创造并改良了所有的家养物种，即使是现在，无意识选择仍然在继续。达尔文举了一个著名的例子：

> 有理由相信，从他在位开始，查尔斯国王的西班牙猎犬就得到了很大程度的改良。（p. 35）

毫无疑问，无意识选择曾是家养物种进化的主要力量。对家养动植物进行无意识地选择，可参考戴蒙德（1997）的书。在当今时代，无意识选择依然在飞速发展，只不过常常被我们忽略。对微生物和病毒的无意识选择导致了对抗生素的耐药性，这正是其中最声名狼藉也最重要的例子。还有，近来在小鼠、大鼠等实验室动物身上培育出了“长寿基因”。这可能是真的。但是，就算不是全部的话，至少也有一大部分在育种实验中获得的“长寿效应”，可能只是因为没有像实验动物供应商那样对“短命”进行无意识选择。实验动物的供应者为了更快地获得可用于实验的动物，无意识地选择了性早熟、性稳定、繁殖更快的实验个体。实验者们开始实验时用的大鼠和小鼠比它们的野生同类有着更短的预期寿命。这些实验动物已经被培育多代，短命正是如此育种造成的意料之外的（无意识的）副作用（丹尼尔·普罗米斯洛，私人信函）。

达尔文指出，系统选择和无意识选择之间的界限是模糊的、渐变的：

> 第一个选择用尾羽长一点的鸽子育种的人永远不会想到，在长期的、半有意半无意的选择之下，这只鸽子的后代最终会变成什么样子。（p. 39）

最后，达尔文指出，无论是无意识选择还是系统选择，其实都不过是一种更具包容性的选择过程的特殊种类，这种选择就是自然选择。将人类的智慧与选择所扮演的角色程度降为零，就得到了自然选择。从自然选择的角度来看，环境中最显著的选择压力来自人类活动，无意识选择或系统选择引起的线性改变只不过是由于人类活动的改变。这并不仅仅局限在家养物种上。新英格兰的白尾鹿现在很少在移动中摇晃并展示它们的“白色旗帜”了，因为猎人们很早就观察到了这件事。新到的人类让这些白尾鹿宁可静悄悄地藏在灌木丛中也不会逃跑。它们白色的尾巴像一面白旗一样太过显眼，对于一个配枪的猎人来说，把尾巴竖起来太容易让它们成为靶子了。

自然选择的不同过程现在又有了一个新的成员：基因工程。它和达尔文所说的系统选择有什么区别呢？它更少地依赖原有基因池中的变异，更直接地引入新的基因组，也减少了不必要的、消耗大量时间的试错过程。达尔文在他的那个年代曾说：“人类很难进行选择，除非克服重重困难。除了遗传因子以外，其他因素的偏差都是外部可见的，但人类很难看清内部的变化。”如今，基因工程师们试着创造新的物种，他们研究的触角已经延伸到了生物体内部分子级别的构造。比起从前，我们对未来的判断更加准确，但是如果我们在实验室里看得足够仔细，就会发现在研究最佳基因组合的过程中，依然存在着大量试探性的试错。

我们可以仿照达尔文关于遗传选择的三个层次，外加我们自己提出的第四个层次——基因工程，来建立一个与之相类似的关于人类文化的四层次模因选择模型。我将以一种探索的精神粗略地展示一下这个模型是如何运作的，并用一个特别能挑战某些达尔文主义者的例子来说明，而这个例子也成了一个有价值的绊脚石：一个未被进化论触碰过的文化宝物——音乐。

音乐对我们这个物种来说很特别，因为在每一个人类文化中都有它的身影。它十分复杂，设计精巧，消耗大量的时间、精力和材料。音乐是如何起源的？对于音乐来说，“谁得益”这个问题在过去或者现在该如何回答？史蒂芬·平克（Steven Pinker）[1]是一位达尔文主义者，他称自己一直弄不明白音乐的进化论起源，以及音乐是如何在进化中存活下来的。这是因为他还是以老一套的办法来看这个问题，想要找出创作或是参与音乐扩散活动的人在遗传适应性上能得到什么好处。[2]可能某些方面的影响也很重要，但我想说的是，音乐的起源也许可以有一个纯模因论的解释。现在，就让我来讲一个我自己提出的假想故事，在这个故事中，我们会沿着达尔文的选择阶梯拾级而上。

史蒂芬·平克的著作《当下的启蒙》《心智探奇》《白板》《思想本质》《语言本能》中文简体字版已由湛庐文化策划、浙江人民出版社出版。——编者注

“投入时间和精力去创造这些叮叮当当的噪音，或是在没有人去世时陷入悲伤的情绪，人们能从这些活动中获得什么好处呢？……从生物学的因果关系来看，音乐是没有用的”（史蒂芬·平克，*How the Mind Works*, 1997, p. 528）。他将音乐与他书中的其他话题进行了对比：“我之所以选它们作为话题，是因为它们非常清晰地展现了什么是适应性的特征，而我选音乐是因为它非常清晰地展现了什么不是适应性的特征。”

音乐模因的自然选择

很久以前的某一天，我们的一位原始祖先坐在刚刚倒下的树干上，用一根棍子开始敲打——嘭、嘭、嘭，一切都是巧合，完全没有任何理由。他只是在那里无所事事地瞎摆弄，可能是内分泌轻度失调的副产品吧。你可能会认为，他只是因为神经紧张，但不断重复的声音震击着他的鼓膜，碰巧让他觉得比纯粹的寂静更为享受。一个正反馈环就此闭合，嘭、嘭、嘭，重复的鼓点得到了“奖励”。

如果我们就让他这么一个人待着，敲打那根圆木，他可能将其发展为一种习惯。这种习惯对于“释放压力”或许有治疗效果,但也可能是一个坏习惯，一个对他和他的基因都没有任何好处的习惯，只是用到了他神经系统中恰好存在的褶皱，并建立了引导他在不同的环境中重复敲鼓的回路。没有音乐鉴赏、没有深刻的见解、没有目标或理想，也没有计划，这些都和我们孤独的鼓手没有关系。

现在，让我们在故事中引入一些其他的原始人，他们碰巧看到了这名鼓手，并听到了他敲出的声响。他们可能完全没有留意；也可能被激怒了，让鼓手停下来并赶走他；或者，再一次没有任何理由的，他们发现自己内心的模仿回路想要模仿他的动作；他们也可能感受到一种与“音乐亚当”一起敲鼓的迫切的愿望。那“模仿回路”又是什么？那是一种让同类的某些行为更倾向于被我们模仿的机制，就像一种反射一样。比如，很久以后的人们可能会看到这样的化石遗迹——看台上的观众们情不自禁地一起模仿场上的足球队员踢球的动作。

一些人能够提出理由来说明这种骨子里的模仿天赋为什么具有价值：能够提高个体的遗传适应性。但是，虽然这么说既可行又得到了广泛的认可，但严格来讲，在我假想的这个故事中，这种说法是不必要的。这种模仿冲动可能只是人类神经系统某些其他适应特征的没有用的副产品。

比如说，敲鼓这种习惯完全没有任何理由地就有了传染性。当一位原始人开始敲鼓时，其他原始人迅速开始模仿。这是可能发生的。一种完全没有用的习惯，没有实际的功用，也不能带来任何适应性的提高，但却是可以在社区中形成的。这种习惯甚至可能是有害的：比如敲鼓会吓走猎物，或是消耗宝贵的能量。因此，它就像一种疾病，传播仅仅是因为它可以传播，而且，只要有可以感染的宿主，它就会一直存在。如果它的危害性太大，那么在其他条件保持不变的情况下，危害更小、毒性更小的一些变种就会倾向于进化并取代它。因为所有的习惯都倾向于找到更多可以移民的健康宿主。

当然，一个习惯也可能给它的宿主带来正面收益，比如增加他们繁衍的机会，现在到处都有人从小做着一个烂俗的音乐梦，所以这种好处还真有可能是真的，或曾经是真的。不过，提供此类的遗传收益只是习惯在不顾一切地追求自身永恒时的路径之一。习惯，无论好的、坏的，还是不好不坏的，只要有复制和传播的条件，他们就会留存、复制，哪怕不被欣赏、不被认可。“敲鼓病毒”就此诞生。

让我们先停下来问个问题：这种习惯是什么造成的？当一个习惯在个体与个体之间复制时，究竟是什么在传播？传播的不是东西，也不是实物包裹，而是单纯的信息，能够生产特定的行为类型的信息。不像生物病毒，一个文化病毒并不需要和什么特定的物质传播媒介捆绑在一起。①

① 模因的批判者们并不认为这是文化病毒与生物最根本的不同点。我们可以非常容易地想到，像病毒一样的共生体会有可以替代的传播媒介，大体上，它们并不在乎是要通过直接运输的方式抵达新的宿主（像普通的细菌、病毒、类病毒、真菌等），还是通过与信使 RNA 类似的转录方式进行传播（它们继续停留在原宿主体内，但把自己的信息印在信使元素上，比如说像朊病毒一样，然后再通过信使传播，在新的宿主体内留下一份新的“信使”备份）。如果存在上述两种传播的渠道，那么还会有一打甚至上百个别的渠道，就像文化习惯的传播形式一样复杂多变。

模因的无意识选择

让我们继续那个假想的故事。一些鼓手开始哼唱。在所有的哼唱中，一些比另一些更有感染力，那些碰巧以更有感染力的方式哼唱的原始人成了部落里令人瞩目的焦点。这成了哼唱的起源。于是，不同哼唱方式之间的竞争出现了。我们开始观察到无意识选择的渐变。假设成为哼唱者中焦点的感觉很好，就可以不管它是否能够微妙地提高个体的遗传适应性（当然，这是可能的，女性可能更愿意接受那些在哼唱中获胜的人）。

顺便提一下，无意识选择的情况在病毒及其他病原体中也能见到。挠痒痒的感觉很好，同时，因为指尖是人体最容易和另一个宿主接触的部位，所以挠痒痒还有传播病毒或细菌的副作用。一个人在痒痒时，可能通过自己短视的、并不真正理解的挠痒痒行为，无意识地选择了这种病菌传播的方式。这并不是因为挠痒痒能给你带来多少遗传适应性的提高，挠痒痒更像是蚂蚁渴望爬上草叶的顶端，最终得益的是寄生虫，而不是宿主。与此类似，如果一个人在哼唱时改变速度和音调让他感觉很好，并碰巧创造了在同种族中更加引人注意的曲调，那么这个人最初的美学偏好将无意识地发展成主流的哼唱习惯，并在整个社区中传播。

社区中的大脑开始被许多这样的模因感染。模因对大脑内时间与空间的竞争也变得更加剧烈。于是，被感染的大脑开始呈现出一种特殊的结构，因为进入大脑的模因开始学习如何通过合作将大脑变成一个适宜寄居的模因巢，而这个巢有很多“进”与“出”的机会，也就是可以复制的机会。[1]同时，所有在脑外“寻找”宿主的模因将因为大脑内的空间展开竞争，就像细菌一样。

[1] 索伯和威尔逊（1998）曾描述过这样的情景：不相关种系的个体被迫进入群体情境中后，能够选择合作。如果可以的话，这个模型如何用来解释模因联合是一个需要进一步研究的话题。

模因的系统选择

随着结构的发育，大脑开始在选择中扮演更加积极的角色。也就是说，宿主的大脑，就像家养动物的主人的大脑一样，变得越来越强势、越来越有辨别力，虽然大部分仍然是无意识的，但也算有了强大的影响力。事实证明，一些人比其他人更擅长对模因进行选择。正如达尔文描述动物育种者时所说：“一千个人里也没有一个有足够的眼力和见识能成为一名杰出的育种师。”

我们崇敬巴赫，他确实是一位艺术天才，但巴赫不是“天生的”音乐涂鸦者，也不仅是“靠听觉记忆就能演奏”的直觉天才。他是他那个年代的音乐技术大师，是经历数千年打磨的乐器的继承者，也是作曲者工具箱里最近才添置的几样工具的受益人（这些工具包括精细的乐谱系统、可以允许音乐家们一次弹奏多个音符的键盘乐器、直白整齐而又理性化的复调音乐理论等）。这些思维工具是革命性的，为巴赫及其继任者们开启了音乐创作的新空间。

而巴赫，就像一位千里挑一的动物育种师，具有敏锐的辨识能力，他知道该如何从旧音乐中培育新的音乐品种。比如，让他获得巨大成功的圣诗清唱曲。他非常机智地选择了育种对象——赞美诗。赞美诗的旋律早已证明自己是人类宿主的稳定的寄居者，早已成为在听众中传颂了一代又一代的调子，与听众建立了千丝万缕的联系，给听众留下了满满的回忆。赞美诗的模因也已经把自己的吊钩深深地扎进了人类的情绪习惯以及大脑回路的开关中，并在人类的大脑里复制多年。于是，巴赫用自己的技术创造了这些模因的变种。他努力让这些模因的力量变得更强，他将它们放在新的环境中，用它们诱生新的杂合子。

模因工程

什么是模因工程？巴赫用高度复杂的方法对可重复的音乐模因进行设计，就这种技艺而言，是不是可以说巴赫不仅是一位模因育种师也是一位模因工程师呢？达尔文对育种这项稀罕的技能高度赞扬，对优秀育种师的天才由衷地赞美。而非常有趣的是，现在的主流观点对“育种”与“基因工程”的态度却有天壤之别，一方面将选择育种尊为“艺术”，另一方面对基因的剪接“技术”不以为然，疑虑重重。

人们常说，让我们用掌声迎接“art”（艺术）而不是“technology”（技术），但人们忘了，这两个词有一个共同的词源——“techné”（技艺），这个希腊词根指代艺术、技能以及任何工作的手艺。我们在转基因番茄面前畏缩不前，对衣服中的人工纤维嗤之以鼻，同时又对全麦面粉或是纯棉纯毛这类“有机”“天然”的产品推崇备至，全然忘记麦子、棉花这样的植物和绵羊这样的动物本身就是人类技术的产物，应该归功于高明的杂交和畜养技术。那些只愿意穿着未经改良的布料的人，那些只愿意食用未经杂交的粮食作物的人，他们的生活将会变得饥寒交迫。

不仅如此，基因工程师们虽然对事物结构有深刻的远见和洞察，但他们的创造还是要受自然选择的支配。模因工程师们也是一样，模因要在模因圈的复制竞赛中求胜，模因工程师必须同这个令人气馁的任务进行斗争。这也是为什么我们总是感到有所忌惮，不想让他们将自己的思想释放到外部环境的原因吧。现当代最复杂的音乐模因工程大师莱昂纳德·伯恩斯坦（Leonard Bernstein）曾写过一篇非常有趣的文章讽刺这种无奈。他将文章命名为《为什么不上楼去写一支美妙的格什温式的曲子？》（*Why Don't You Run Upstairs and Write a Nice Gershwin Tune?*）。

1955 年的伯恩斯坦备受推崇而且享有很高的学术声誉，但他却没有一支乐曲登上流行音乐排行榜。他写道：

> 几周以前，我和一位朋友碰面，他是一位严肃音乐作曲家……我们对此事变得非常气愤。为什么我们不能创作一曲流行音乐呢？流行音乐的标准看起来那么低，为什么我们不行呢？我们觉得，我们需要做的仅仅是让自己的头脑变得像白痴一样，然后写上一支荒谬的曲子。

他们失败了，但并不是因为没有尝试。当时，伯恩斯坦曾望眼欲穿地评价道："要是能碰巧听到什么人口哨里吹的是我写的东西该有多好啊，在哪儿都行，哪怕只有一次。"

当然，他的愿望最终还是实现了。几年以后，他参与创作的《西区故事》（*West Side Story*）大热——喷射进了模因圈。

结论

当然，关于音乐的进化还有很多很多的话可说，也有很多问题等待我们去发现。我之所以选择音乐的进化作为话题，是因为它很好地展示了在看待文化问题时，传统的视角与进化论的视角完全可以互相合作，并没有不可调和的冲突。如果你相信音乐别具一格，是一种我们珍视的、人类特有的美妙特征，并且完全不在乎音乐的创生不能提高我们繁衍更多后代的机会，那么你的想法可能是对的，不过如果真是这样的话，也一定会有一套进化论的解释来说明为什么这样的事情可以发生。还有，为什么在如此残酷的世界上，音乐这项昂贵、耗时的活动能够繁荣昌盛？你不能逃避解释这个问题的义务，而达尔文的理论，在探究这个问题时，是你的助手而非对手。

为了说明在没有任何人类智力参与的情况下，自然选择大体上也能够继续，达尔文确实想要将自然选择（完全没有任何目标和预见性）与人工或是系统选择（精心计划、目标明确）进行对比。但他并没有因此论证说精心计划、目标明确的选择不是一种自然选择的亚种（许多人似乎是这样认为的）！因此,下面两种说法其实并不冲突,手工艺品（包括抽象的手工艺品——模因）既是自然选择的产物，也常常是有远见、有计划、有目的的人类活动的产物。

有些模因像是家养的动物，它们因为能给宿主带来好处而受到奖赏，它们的复制品也得到了人类主人相对不错的理解并被细心培育着；有些模因更像是老鼠，虽然不招宿主待见，遭到明确的选择抵制，但这对它们无效，它们依然可以在人类世界中茁壮地成长；有些模因更像是细菌或是病毒，在从一个宿主传播向另一个宿主的努力中，它们会掌控人类行为的某些部分，比如，会刺激人打喷嚏。

对于“好”模因，人们会进行人工选择，比如好算法、好文章、复调音乐理论以及巴赫的清唱剧，这些都会被认真地教授给每一代新人。对于不同的模因，也存在无意识选择，比如在不同群体间传播的发音方式的微妙变异，可能会有一些效率优势，但或许只是因为一些人类奇怪的偏好让某些模因搭了便车。有些模因的无意识选择绝对是一种威胁。随着模因被注入了模因组、被文化的创新修改和调整，比如“外星人绑架”模因，它们会专挑人类决策机制的漏洞下手。在考虑到它们作为文化复制因子自身的适应性时，这一切就都能说通了。只有模因论的视角可以把所有的可能性统一起来，容纳在同一片风景中。

最后，人类对模因的不安最顽固的来源之一是一个令人恐惧的疑虑：以大脑为单位的人类心智如果被模因寄生，将会破坏人类宝贵的创造力。我认为事实恰恰相反：只有以模因为基础的创造力才可以让我们有能力理解自己的心智创造出来的产品。除了心智产品以外，人类天天都在排出其他的产品，但在童年之后，我们在看自己的粪便时，不会再像一位作家或艺术家欣赏自己的作品时那样骄傲。类似粪便一样的东西仅仅是生物学上的副产品，虽然这些产品本身也有适度的个性和特质，但它们并不是我们珍视的东西。

我们可怜的大脑被模因感染，那为什么我们会在看着自己大脑的“分泌物”时感到自豪呢？因为我们与自己脑内模因的一些子集关系密切。这又是为什么？因为在我们留宿脑内的模因中，专门有一部分会奖励我们与那些模因保持紧密的联系。如果缺乏这种主动承载模因的态度，我们只不过是一系列相互作用发生的位点。不过，好在我们有这样的模因——这才是真正的我们。

注：丹尼尔·丹尼特的著作《直觉泵和其他思考工具》中文简体字版已由湛庐文化策划、浙江教育出版社出版。——编者注

我希望大家通过认识前人在决策失误时犯下的错误，更加清楚地明白他们是如何失败的，从而帮助我们做出正确的决策。

——《为什么一些社会做出了灾难性的决策？》

I HOPE THAT, BY RECOGNIZING THE SIGN POSTS OF FAILED DECISION MAKING, WE MAY BECOME MORE CONSCIOUSLY AWARE OF HOW OTHERS HAVE FAILED, AND OF WHAT WE NEED TO DO IN ORDER TO GET IT RIGHT.

02

WHY DO SOME SOCIETIES MAKE DISASTROUS DECISIONS?

为什么一些社会做出了灾难性的决策?

Jared Diamond
贾雷德·戴蒙德
美国进化生物学家、生理学家、生物地理学家
著有《枪炮、病菌与钢铁》

教育是教师向学生传授知识。但是，每个教师都知道，如果你有一群优秀的学生，那么，教育其实也是学生向教师传授知识，并对教师的假设提出挑战。这正是我在过去几个月中的经历。在我的学术生涯中，我第一次给加州大学洛杉矶分校的本科生开了一门课，课程的主题是社会的崩溃。为什么有些社会在历史的长河中土崩瓦解，而有些社会却能一直维持到现在?

课上，我和学生一起探讨一些著名文明的衰落，比如美国西南部的阿纳萨齐印第安人、墨西哥尤卡坦半岛的古玛雅文明、复活节岛上的社群、东南亚的吴哥窟、非洲的大津巴布韦遗址、两河流域新月沃地上的部族以及印度河流域的哈拉帕文化等。从最近 20 年的考古发现来看，由于过度开采他们赖以生存的环境资源，这些文明将自己赖以生存的环境破坏殆尽，并最终将自

己毁灭得支离破碎。

比如，复活节岛上的波利尼西亚人，他们生存的岛屿原本植被繁茂，甚至拥有世界上最高大的棕榈树。渐渐地，岛民们开始砍伐森林，用木材制造独木舟、生火、运送雕塑、抬雕塑、做木雕等。终于有一天，他们伐倒了所有的森林，岛上所有的树木都灭绝了，他们再也没有木材用来制作独木舟、竖立雕塑了，也没有树木来保持水土、防止侵蚀了。他们的社会最终崩溃于一场由于食人引发的瘟疫，造成90%的岛民死亡。

最让我的学生费解的一个问题，我以前却从未想过：一个社会究竟是怎么做出这样一个灾难性的决策的，竟然将自己赖以生存的树木全部砍倒了？我的学生想知道，当复活节岛上的岛民砍倒最后一棵棕榈树时，他们说了什么。他们是在说“我们可是伐木工人，别管那些树”，还是在说“这是我的树，我有权这么干，请尊重我的私有产权”？当然，所有这些岛民一定早已意识到将森林砍尽会给自己造成怎样的后果。要知道，把树砍光可不是个微不足道的小问题。还有学生想知道，如果100年后人类还存在的话，那时的人们会不会像现在我们惊讶于这些岛民的愚昧无知一样，也震惊于我们的愚昧无知呢？

为什么一些社会做出了灾难性的决策？这个问题不仅让我的学生感到震惊，同样也困扰着研究社会崩溃的专业历史学家。著名历史学家约瑟夫·泰恩特（Joseph Tainter）的《复杂社会的崩溃》（*The Collapse of Complex Societies*）是这个领域被引用最多的一本书。泰恩特在讨论古老社会的崩溃时，否定了文明崩溃是由于环境管理不善的可能性，他觉得这种假设看起来很不可靠。他在书中写道：

> 他们有完善的管理结构，再加上分配劳动力和自然资源的能力，应对不良的环境条件可能是复杂社会体系最擅长的事情之一了。在面对那些他们完全有条件规避的环境条件时，社会却崩溃了，这真是令人费解……

随着资源储备日渐枯竭的问题在复杂社会的成员或管理者间越来越明显，最合情理的假设似乎是要采取一些措施来找出解决方案。

泰恩特得出结论，所有这些古老社会的崩溃不可能是由于对环境管理不善，因为他们永远不可能犯如此低级的错误。但是，现在事实很明显，这些社会确实犯了这些糟糕的错误。

我的学生，还有泰恩特，实际上提出了一个很令人费解的问题：群体决策的失败。这个群体可以是整个社会，或是政府、小团体、公司、大学学术机构等。群体决策失败的问题与个人决策失败的问题其实是相似的。个人会做出错误的决策，比如不幸的婚姻、亏本的投资、失败的生意。但是，比起个体决策，群体决策失败还有一些额外的因素，尤其是群体成员间的利益冲突，个体决策时可没有这方面的问题。这显然是一个复杂的问题，没有单一的答案，也不会有大家一致同意的答案。

接下来，我想提出一幅解决群体决策失败问题的路线图。我将把答案按照顺序模糊地分成四种类型：第一，群体可能在问题实际发生之前没能预见问题的存在；第二，当问题发生时，群体可能没有察觉到问题的发生；第三，在发现问题后，群体可能没有试着去解决问题；第四，群体可能试着去解决问题，但经过多次尝试却没能成功。虽然一直讨论的关于社会决策失误与社会崩溃的问题可能显得有些悲观，但问题的另一面却是乐观的，也就是成功的决策。或许，如果我们理解了群体决策失误的原因，就可以用这些知识做一个备忘录，从而帮助群体做出正确的决策。

在这张解决问题的路线图上，群体可能会做出灾难性决策的第一个原因，是因为在问题发生之前，他们并没有预见到问题的存在。未能预见到问题的存在，可能是由于以下几个原因：

第一，人们可能没有类似问题的前车之鉴，因此并未察觉到问题发生的可能性。以美国西部的森林大火为例。我和我的妻子、孩子，每年夏天会去蒙大拿州生活一段时间。每年当我们乘飞机去蒙大拿州的时候，我都会向窗外眺望，去数一数这一天发生了多少起森林大火。森林大火并不只是蒙大拿州的主要问题，而是美国西部山区的普遍问题。规模如此之大的森林大火，在美国东部和欧洲鲜有人知。当美国东部或欧洲的居民搬到蒙大拿州定居时，遇上森林起火，他们的第一反应是应该赶紧扑灭。近一个世纪以来，美国林业局的工作目标一直是自接到报案起，到第二天上午 10 点之前，一定要将大火扑灭。

来自美国东部和欧洲的居民，之所以对西部的森林大火有这样的态度，是因为他们并没有在这样干燥的环境中处理森林大火的经验。在美国西部的森林里，倒在森林底层的树木，并不能像倒在湿润的欧洲或美国东部的树木一样腐烂，它们会作为燃料，在干燥的环境中囤积起来。事实证明，频繁的小规模燃烧，可以将这些燃料烧尽。如果这些小规模的森林火灾被迅速扑灭，那么最后，一旦燃起大火，火势会蔓延发展到远超人们可以控制的程度，造成灾难性的大火。但是，美国东部和欧洲的居民，对于这样的森林火灾，并没有经验。任由大火燃烧，破坏宝贵的森林，这样的想法如此违背直觉，以至于美国林业局花了 100 年才搞清楚这个问题，改变了救火策略，任由大火燃烧。这个例子恰恰说明，一个对于问题没有经验的社会，可能根本意识不到问题的存在。就像美国东部或是欧洲的居民不会意识到，在干燥的森林中倒下的树木，会累积成为大型火灾的燃料。

然而，对于一个社会为什么不能在问题发生之前预见到问题的存在，这并不是唯一的原因。第二个原因是，人们虽然对问题有经验，但这种经验已经被遗忘。一个没有读写传承的社会，可能无法保存口述历史，而这些口口相传的记忆，可能记载的是很久之前发生的事情。据说，古玛雅文明最终毁灭于大约发生在公元 800 年的一场大旱灾。在玛雅王朝的历史上发生过大旱灾，但玛雅人未能从之前的经验中吸取教训。玛雅人虽然有一些文字记录，但他们的文字记录主要记载了国王的征战和功绩，而没有与旱灾相关的文字记录。玛雅的旱灾以 208 年为间隔复发，所以，当公元 800 年的旱灾来袭的时候，他们没有也无法记起发生在公元 592 年的事情。

在现代文明社会，虽有文字记录，但这并不意味着人们就可以从前车之鉴中吸取经验，我们总是倾向遗忘，比如，现在美国人的所作所为，就好像他们已经忘记了 1973 年的石油危机。在石油危机发生后的一两年内，美国人极力避免使用高油耗的汽车，但很快他们就忘记了这一点。无独有偶，20 世纪 60 年代亚利桑那州的图森市经历了严重的旱灾，灾情过后，市民发誓要比从前更为妥善地管理他们的水资源。但是还不到一二十年，市民就重新开始用过去那种非常耗水的方式来灌溉高尔夫球场和自家的花园。因此，对于一个社会为什么无法在灾难发生之前预见到它的存在，有许多原因。

为什么在事态扩大之前一个社会可能无法预见到问题的存在，还有第三个原因：错误的类比。当我们处于一个不熟悉的情景中时，我们会回忆自己熟悉的情景，然后进行类比。如果旧的情景和新的情景真的具有可比性，那么这就是一种可以助你继续向前的好方法。但如果旧的情景和新的情景只是表面上相似，那么，类比也可以很危险。

挪威的维京人自公元 871 年开始向冰岛移民。在他们熟悉的家乡挪威，土地是由冰川运动形成的厚重的黏土质土壤，这些土壤足够厚重，即使覆盖它们的植被被砍倒，土壤也不会被风吹走。但冰岛的土壤像滑石粉一样轻。它们并不是由冰川运动形成的，而是火山喷发时，被风吹来的轻质火山灰。为了能够给牲畜创造牧场，维京人砍伐了覆盖这些土壤的植被。非常不幸的是，这些轻到被风吹来的土壤，在覆盖它们的植被被砍伐以后，也轻得足以被风吹走。维京人来到冰岛后不过几代人，冰岛一半的表层土壤都被海水侵蚀。像这样由于错误类比而酿成大祸的例子，不胜枚举。

在问题发生时，社会可能根本没有察觉到问题已经发生，这是我的路线图上的第二站。无法察觉到问题已经发生，至少有三个原因。第一个原因就是一些问题的起源确实是无法感知的。对土壤肥沃程度起关键作用的营养成分，肉眼是无法察觉到的，直到现代，人们才可以通过化学分析的方法进行测量。在澳大利亚、法属波利尼西亚群岛中的芒阿雷瓦群岛、美国西南部的一部分和世界上许多其他地方，土壤中大多数的营养成分，早已被雨水洗刷干净。人们到达这些地方并开始种植作物时，这些作物很快耗光了土壤中剩余的营养成分，因此农业很快就失败了。但是，这些营养贫瘠的土壤，往往覆盖着枝繁叶茂的植被。因为生态系统中大部分的营养成分，都蕴藏在了植被中，而非土壤中。因此，当人们砍伐植被时，营养成分也被带走了。澳大利亚和芒阿雷瓦群岛的第一批殖民者，不可能察觉到土壤营养成分枯竭的问题。

一个社会无法察觉到问题出现的第二个更为常见的原因是问题可能是以一种缓慢发展的形式存在的，而这个变化趋势掩藏在广泛的起伏波动中。在现代社会，能说明这一原因的最主要的案例，便是全球变暖。我们现在已经认识到，由于人类活动造成的大气变化，致使全球气温在最近的几十年中一直缓慢地上升。然而，实际情况并非那么简单，全球气温并不是每年比上一年无情地高上0.17℃。相反，我们都知道，气候每年都在起伏不定地波动着：这个夏天比上个夏天高3℃，下个夏天又要再高2℃，再下个夏天却突然低上4℃，然后，再低上1℃，然后又涨上5℃，等等。因为气候的波动幅度非常大，而且难以预测，要花上很长时间才能在这些嘈杂的信号中发现上升的趋势。这也解释了为什么直到几年前，最后一位对全球气候变暖持怀疑态度的专业气候学家才被说服。美国前总统乔治·W.布什仍然不相信全球气候变暖的事实，他认为仍然需要更多的调查。中世纪格陵兰岛的居民，也面临着相似的困难，他们无法认识到气候正在逐渐地变冷。尤卡坦半岛的玛雅人也没有发现，气候正在逐渐变得干燥。

政客们用“逐渐变化的常态”（creeping normalcy）这个词，来形容这种隐藏于纷乱波动中的缓慢趋势。如果情况只是缓慢地恶化，人们很难认识到今年比去年差一点，每一年都比上一年更差一点。因此，人们对于何为“常态”的基线标准也在几乎察觉不到的情况下逐渐改变。这种年复一年的微妙变化，人们可能要花上好几十年才会突然意识到，情况比几十年前变好了很多，或是人们所接受的常态变低了很多。

社会无法感知到问题已经发生的第三个常见的原因来自远程管理者。对于任何一个大型社会来说，这都是一个潜在的问题。比如，蒙大拿州最大的土地产权所有者和最大的木材公司总部并不在蒙大拿州，而是在华盛顿州的西雅图。由于不在现场，公司的管理者可能意识不到，他们所拥有的森林可能急需锄草。

逐渐发生而又不易察觉的问题、逐渐变化的常态、远程管理者，对于这些问题，我们即使身处其他社群，也可以想出几个类似的案例。

我在路线图的第三站提到的问题或许是导致决策失误最常见，也最让人震惊的问题：社会认识到了问题的存在，却没有试着去解决问题。

这样的失败之所以经常发生，用经济学家的话说，是因为人与人之间的利益冲突引发的“理性行为”。一些人通过“正确推理”可能会得出这样的结论：他们可以通过损害别人利益的行为来提高自己的利益。经济学家称这种行为是“理性的”，尽管他们也承认，这种行为可能是不道德的。作恶者通常目标明确，而且能够在作恶之后逃之夭夭。因为，作为复杂现状中的胜利者，他们通常高度集中，人数很少，而且目的非常明确，因此能够立即得到大量确定的利益而动力十足。与之相比，失败者们是分散的，许许多多的个体分担了不良行为造成的损失。同时，失败者们还缺乏动力，因为，他们不去做“理性人”那种损人利己的勾当，这只能给他们带来少量而不确定的远期收益。

典型的不良理性行为便是“对我有益，对你和社会有害”，说白了就是自私。少数人可能会认识到，他们的一己私利与社会大多数人的利益是相悖的。举个例子吧。在 1971 年之前，蒙大拿州的矿产公司将含铜和砷的有毒废弃物直接倾倒在河流和池塘里，这种现象屡见不鲜，因为当时蒙大拿州的法律并没有要求矿产公司在废弃矿井后做好善后处理。1971 年之后，蒙大拿州出台了相关的法律，但是矿产公司发现，他们可以在开采有价值的矿石之后直接宣布破产，以避免进行善后处理的花销。由此造成的后果是，数十亿美元的善后成本只能由美国政府和蒙大拿州的居民来承担了。矿产公司准确地找出了能够提高自身利益的方法，通过留下烂摊子给自己省了钱，但却把负担留给了社会。

这种利益冲突的一种特殊形式被称为“公地悲剧”，指的是这样一种情景：许多人从公有资源中有所收获，但没有有效的监管来控制每个人可以从中收获多少资源。比如，海洋里的鱼或是公共牧场上的草。在这样的条件下，每个消费者可以合理地推断“即使我不捕那条鱼，或是不让自己的牛马去吃那些草，别的渔民也会去捕那条鱼，别的牧民也会让他的牛马去吃那些草。那我为什么还要去操心过度捕鱼和过度放牧的事儿呢”！正确的“理性”行为告诉我们，哪怕最后资源枯竭甚至灭绝，面对利益，我们也要抢在别人前面。“理性行为”将因此危及整个社会。

当保护资源不能给消费者带来长期利益时，由利益冲突引起的“理性行为”也会出现，并造成不良的后果。比如，出于商业利益，国际伐木公司对热带雨林进行大量砍伐。他们在一个国家租借土地，砍伐那里所有的热带雨林，然后再转向下一个国家。国际伐木公司清楚地认识到，一旦交了租金，将租借到的土地上全部的树木砍得干干净净才符合他们的最大利益。正因为如此，伐木公司毁掉了马来半岛、加里曼丹岛、所罗门群岛、苏门答腊岛、菲律宾、新几内亚、亚马孙雨林和刚果盆地的大部分森林。长此以往，我们的下一代必食恶果，但下一代人却无法投票或者抱怨。

另一种涉及“理性行为”和利益冲突的情况，发生在制定决策的精英与社会的其他群体之间。如果精英们无须对自己的行为造成的后果负责，他们就特别倾向于做有对自己有利却危害他人的事情。这种冲突在当代美国越来越频繁，富人们住在装着门禁的封闭式社区里，喝着瓶装水。比如，安然公司的高管就准确地计算到，他们可以通过洗劫公司的金库和危害社会来赚取巨额的财富，豪赌之后，还可以安然无事地逃避惩罚。

在一个社会中，如果精英决策层需要对自己的行为造成的后果负责，那么，由于精英与社会其他群体的利益冲突而导致问题未能解决的情况，就要少很多。比如，在当代荷兰，有相当多的公民参加了环境保护组织，公民参与的比例之高为全世界之最。我一直不明白这是为什么，直到几年前拜访荷兰时，我才知道了问题的答案。当我和荷兰的同事们驱车穿过乡村时，我向他们提出了这个问题。我的荷兰朋友回答说:“看看四周你就知道原因了。我们现在居住的地方在海平面以下约 6.7 米。像荷兰的大部分地方一样，这儿曾经是一片浅湾，荷兰人将它用堤坝围起来，用水泵将水抽走，才创造出了现在这片低地，我们称其为圩田。为了保持适宜的环境，我们不断地用水泵将透过堤坝渗进来的海水抽出去。如果堤坝崩溃，住在圩田里的人们都会被淹死。这可不是说富人住在堤坝的高处就可以逃过一劫，穷人住在圩田低洼的地方就只能坐以待毙，而是堤坝一旦崩溃，所有的人，无论富有还是贫穷，都会被淹死。这一幕曾出现在 1953 年 2 月 1 日可怕的大洪水中，巨浪和风暴越过堤坝，将海水灌入荷兰泽兰省的圩田，有将近 2 000 名荷兰人淹没在了洪流之中。灾难之后，所有的荷兰人发誓‘永远不再这样’。于是，我们花了数十亿美元，建造了加固的堤坝来抵抗洪水。”在荷兰，决策的制定者们知道，一旦犯了错误，既难辞其咎，也躲不过危害，所以他们必须为尽可能多的人谋福祉。

以上这些例子说明，社会之所以没能解决已经发现的问题，是因为让问题悬而不决对某些人更有好处。还有另一类行为可以导致已经发现的问题无法得到解决，经济学家称这类行为为“非理性行为”。这类行为与所谓的“理性行为”形成鲜明的对比，不是损人利己，而是对所有人都有害无益。这类行为通常产生于人们互相冲突的价值观。因为我们根深蒂固的价值观作祟，所以很容易让集体在一个糟糕的状况中停滞不前。

宗教价值观有时十分固执，因此也成为灾难性决策最常见的原因之一。比如，太平洋东部岛屿的毁林运动背后有一部分宗教动机。巨大的石质雕像是这些岛屿上宗教崇拜活动的基础，为了运输并将这些神像竖立起来，大量的森林被砍伐殆尽。现代社会，蒙大拿州的居民很不乐意去解决那些由于挖矿、伐木和放牧造成的日益明显的问题。原因之一在于这三个产业过去作为蒙大拿州经济的支柱产业，代表了蒙大拿州的先锋精神，已经与蒙大拿州居民的自我身份紧紧地结合在了一起。

在解决已经发现的问题时，同一个体短期与长期目标的冲突也是频繁造成非理性失败的原因。在当代世界，数十亿人极度贫穷，他们能够奢望的不过是明天的食物。为了捕到栖息在珊瑚礁里的鱼类，热带海域的贫穷渔夫们不惜使用甘油炸药和氰化物。他们完全明白，这么做无异于毁掉自己未来的生计，但此时别无选择，他们近乎绝望地需要在今天得到食物来喂养他们的孩子。

同样，政府的运作也经常专注于短期的目标：迫在眉睫的灾难总是让政府不堪重负，政府的注意力也仅仅集中于千钧一发、临近爆发的问题，他们总觉得没有时间，也没有资源来解决长期的麻烦。举个例子吧。我有一个与美国华盛顿特区现任联邦政府关系紧密的朋友。他告诉我，在 2000 年全国大选后，他第一次造访华盛顿。他发现那里的领导们有一个被他称为“90 天焦点”的工作目标：领导们只谈论那些在未来 90 天可能会引起灾难的问题。经济学家们理性地认为政客们对于短期利益的非理性关注是合理的，因为未来的利益需要“折现”。他们争辩道，在今天就收获资源比把这些资源留在未来的某一天再收获要更好，因为今天收获的利润可以用来投资。与未来不变的收益相比，累积的投资收益让今天的收获比未来的收获更有价值。

为什么在发现问题后却未能试着解决？对于这个问题，我还想再提最后一个原因——心理否认。这是一个在个人心理学中被精确定义的专业术语，后来被引入了流行文化。如果你感知到某件事情让你产生了不可忍受的痛苦情绪，为了避免这种难以忍受的痛苦，你可能会下意识地忽略或否认这种感觉。即便忽略这种感觉可能在现实中造成极具灾难性的后果，你也在所不惜。引起心理否认最常见的情绪是恐惧、焦虑和悲伤。

举个典型的例子吧，比如你会拒绝假设你的丈夫、妻子、孩子或最好的朋友处于濒死状态，因为这个想法会让你感到悲痛欲绝。你会拒绝想象可怕的事情发生。比如，高耸的堤坝下是一道又深又窄的河谷，堤坝一旦崩塌，洪水会一泻千里淹到下游很远的地方。当民意调查员问下游的人们对于堤坝崩塌有多么担心时，离堤坝很远的居民最不害怕，随着离堤坝的距离越来越近，居民也越来越担心。出现这样的结果一点也不奇怪。而真正令人惊异的是，虽然离堤坝只有几公里的居民害怕堤坝崩塌的程度最高，但是，当距离堤坝更近时，居民担忧的程度却骤降为零。也就是说，紧挨堤坝居住的居民，也就是那些堤坝一旦崩塌一定会被淹死的人，反而声称自己一点也不担心。这正是由于心理否认：堤坝会崩塌的可能性一定存在，紧邻堤坝居住同时还想平静地生活，唯一的方法就是否认这种可能性了。

心理否认是一个在个体心理学领域相当成熟的概念。如今看来，这个现象似乎同样存在于群体心理。有很多证据表明，在第二次世界大战期间，犹太人和其他种族的人们一直拒绝承认纳粹正在疯狂地屠杀自己的同胞。虽然不断有证据表明血腥的屠杀还在继续，但他们拒绝承认自己处于危险之中，因为这个想法实在是太恐怖了，所以他们不愿相信这个事实。某些引起社会崩溃的原因是显而易见的，为什么那些衰败的社会没能直面这些明显的问题呢？心理否认或许可以解释。

最后，我想谈谈路线图上的最后一个原因：社会认识到了问题，也确实试着去解决了，但是没能成功。出现这样的结果，有很多可能的解释。首先可能是因为问题太复杂了，远超过了当时人们的能力。比如，蒙大拿州常年与斑点矢车菊、阔叶大戟等外来的杂草品种作斗争，但每年的损失都高达数亿美元。蒙大拿人不是没有察觉到这些杂草，也不是没有试着去锄掉它们，只是单纯因为用现在的技术很难清除掉这些杂草。阔叶大戟的根可以扎到地下约 6.1 米深的地方，徒手很难拔除，而若要使用特殊的除草剂，每 3.8 升就要花费 800 美元。

其次，未能解决问题常常还因为我们解决问题时不够尽力，或是到了无可挽回的地步才亡羊补牢。比如，由于引进了欧洲的兔子和狐狸，澳大利亚本土的生态圈中又没有相应的生物及其天敌，澳大利亚每年都要蒙受数百亿美元的农业损失，同时澳大利亚本土的小型哺乳动物也面临着灭顶之灾。狐狸是捕食者，捕食羔羊和小鸡，同时还会杀死小型有袋类动物和啮齿类动物。一个多世纪以来，狐狸繁衍生息，已经遍布澳大利亚大陆。由于狐狸无法游过澳洲大陆和塔斯马尼亚岛之间又宽又险的海峡，所以直到最近，塔斯马尼亚岛上都未见狐狸的踪影。但几年前，几个人偷偷地在塔斯马尼亚岛上放生了 32 只狐狸，也不知他们是为了从狩猎狐狸中获得乐趣，还是单纯想要嘲弄环保主义者。这些狐狸对塔斯马尼亚岛上饲养羔羊和小鸡的居民构成了巨大的威胁，当然，还有塔斯马尼亚岛上的野生动物。2002 年 3 月，岛上的环保主义者发现了狐狸的问题，他们向政府请愿，希望趁还来得及，尽快消灭岛上的狐狸。狐狸繁殖的季节一般是从 7 月开始。要是等到狐狸产了幼崽，从 32 只变成 128 只，幼崽成熟后再四散分布于全岛，想再消灭狐狸就要难得多了。不幸的是，塔斯马尼亚政府反复的讨论延误了时机，直到 2002 年 6 月才终于决定拨款 100 万美元用于消灭狐狸。可到了那个时候，危险已然升级，这笔钱太少也太晚了。塔斯马尼亚政府认识到，自己面临的问题已经变成一个既更加昂贵，又很难解决的问题了。到现在为止，都没听说灭狐行动最后的结果怎么样。

因此，人类社会或小型组织可能会因为一系列的原因做出灾难性的决策：未能预见到问题；问题发生后未能及时发现问题；未能尝试去解决问题；试着解决问题但是没能成功。这听起来可能有点悲观，就好像人类的决策注定失败一样。然而，事实并非如此，无论是在自然界的竞技场中，还是在商业、学术界或是其他群体中，都不是这样。许多人类社会预见到了问题，发现了问题，尝试去解决问题，最后也成功地解决了问题。比如，古印加帝国、新几内亚高地人、18 世纪的日本、19 世纪的德国、南太平洋汤加群岛主岛上的居民，都意识到了砍伐森林的风险，并采取了成功的植树造林或是森林管理的政策。

前车之覆，后车之鉴。我在这儿讨论人类决策的失误并不是想要让你沮丧消沉，相反，我希望大家通过认识前人在决策失误时犯下的错误，更加清楚地明白他们是如何失败的，从而帮助我们做出正确的决策。

ANIMALS HAVE MUCH TO TEACH US, BUT FROM A DARWINIAN PERSPECTIVE, HUMAN BEINGS REALLY ARE SOMETHING ELSE.

动物确实能够教给我们很多东西，但从一个达尔文主义者的角度看来，人类真的是一个与众不同的物种。

——《艺术与人类现实》

DICTIONAR

03

ART AND HUMAN REALITY

艺术与人类现实

Denis Dutton

丹尼斯·达顿

美国艺术哲学家

艺术与文学日报网站创始人

著有《艺术本能》(*The Art Instinct*)

史蒂芬·平克的介绍词

丹尼斯·达顿是一位具有远见卓识的思想家。他认识到，一个网站不仅可以用来销售货物或是娱乐大众，还可以成为前沿思想的论坛。和约翰·布罗克曼一样，他是最早意识到这件事的人之一。“艺术与文学日报”(Arts & Letters Daily)是我最常访问的网站。丹尼斯·达顿是最先提供绝版学术书籍按需印刷服务的人之一。他意识到，哲学与文学水乳交融，彼此之间有太多的话要向对方倾诉，为了推动对话的进行，他创办了一份深刻而又活泼的期刊。他洞察到，人文学界浮夸而空洞的散文已经成为思想的阻碍，于是他发起了“烂笔头大赛”(Bad Writing Contest)来揭露这种文风。

现在，他又在改变美学研究的方向了。许多人相信，艺术、人文与科学的大融合描绘了人文学科未来的图景，在后现代主义幻灭之后，知识大融合将用先进的研究计划为人文学科注入新的活力。达顿起草了这份计划的第一稿。他一直希望给艺术下一个普遍的定义，而许多理论家认为这是绝不可能的。他还提出了美学在人类心理学中具有普遍基础，并终将由进化过程阐释清楚的理论。他在这个领域的思想创见并不是最后的真理，但这些思想提出了可供检验的假设，并将研究的方向指向了许多领域，而这些领域可以影响我们对于艺术的理解。

我将这视为知识大融合运动中的一部分。在知识大融合中，听觉认知学的发现将为人类对音乐的理解提供洞见，音系学将帮助人们理解诗歌，语义学和语用学将推进我们对小说的理解，道德心理学将对法学体系和哲学产生影响。在不同的领域，丹尼斯·达顿扮演了许多角色，只要需要他，他就会出现。

被我们称为“现代人格”的东西在距今约 160 万年到 1 万年前的更新世（the Pleistocene）进化成形。今天，如果你看到一位来自更新世初期的直系祖先在街上漫步，你很可能会给动物保护协会打电话，让他们派工作人员带着麻醉枪和捕网来把这头“野兽”遣送回动物园。如果你遇到了更新世末期的原始人，你更可能会给移民局打电话，因为在距今约 1 万年的时候，我们的祖先看起来已经和今天的我们没什么两样了。在现代之前的更新世，人类经过了 8 万代的漫长进化。这是极其重要的一段时期，也是我们认识人类心理进化的关键。那些最能体现我们是“人”的特征，也就是语言、宗教、魅力、诱惑、对社会地位的追求以及艺术，都在这一时期涌现，特别是在最后的 10 万年中。

人类人格，包括那些充满想象力、表现力和创造力的部分，都迫切需要一个达尔文式的解释。如果想要研究人格的各个方面，包括审美表达等，我们需要像研究适应性一样，从三个要素来分析。

首先是快感，艺术给了我们直接的快感。几年前，一项来自英国的研究显示，在所有醒着的时间里，英国的成年人大概有6%的时间在读小说、看电影、观赏演出和看电视。而这还不包括虚构类书籍，比如情色文学、机场小说、高尚文学等。如此高比例的时间投入以及快感的回报需要某种解释。

其次是普适性。在过去的40年里，学术界一直持有这样的意识形态，认为艺术是在社会中建立的，因此，在不同地域的文化中，艺术独一无二且各不相同。我将其视为一种意识形态，因为它并非论证的结果，而是直接成了大多数美学对话的前提条件。与此观念相辅相成的还有另一种观点，认为我们几乎不能或是永远不会真正地理解其他文化的艺术，而其他文化也无法理解我们的艺术。每个人都生活在自己的世界里，这个世界中的社会创造了独特的文化，并与世隔绝。

但是，只要稍一思考就会发现，这是不可能的。我们知道巴西人也喜欢日本绘画，意大利歌剧在中国也很受欢迎。贝多芬的音乐和好莱坞的电影都风靡全球。想想吧，来自日本、韩国和中国的钢琴家们拯救了维也纳音乐学院。这种艺术的普适性是事实，而这个事实也需要一个解释。我们不能再继续简单地宣称艺术在不同文化中独一无二、各不相同这种错误的观点了。

最后，我们必须考虑艺术的自发性：艺术总是自发地产生，在童年的经历中就已经开始，而且在世界各地都是这样。想想看，孩子们在三岁的时候，就会玩角色扮演的游戏，能够将想象的世界与现实区分开来。在一次茶话会上，一个小孩正在同自己的泰迪熊玩耍。桌上有三个空杯子，如果你碰倒了其中一个，假装把里面的茶洒了出来，这个孩子绝不会困惑于应该把哪个杯子满上。事实上，如果你假装满上了其他杯子，并且坚持认为你满上的杯子才是刚才假装洒了的那个，很可能会让这个孩子急得哭起来。离开茶话会，这个孩子去看电视，他会看动画片《兔八哥》或是儿童节目《芝麻街》。之后，他会读一会儿书，进入一个虚构的世界，然后再和自己的爸爸妈妈共进晚餐。注意，即使是这样一个三岁的孩子，也能将这些现实与虚构的世界清晰地区分开来。想象一下，从零基础开始，教会一个三岁的孩子这种能力是多么的困难，而如果认为儿童这种复杂的智力是自发的，就更为合理。这正是一个进化适应性的标识。

快感、普适性、自发性这三大特征，我们在跨文化的音乐中、在普遍的故事讲述中，或是在对食物的品味、宠物饲养、运动爱好，还有对破解谜题以及小道消息的着迷中都能看到，而且类似的事物可谓无穷无尽。对于我们如何进化为具有创造力、表现力以及非凡人格的社会生物这个问题，除了溢美之词，达尔文想必还有更多的话要说。进化论的这些方面对于艺术的起源与进化都有着深刻的启示。

你可能好奇我为什么长期以来对艺术体验的产生过程充满兴趣。我真的不知道，可能和我的成长经历有关吧。我在南加州长大，我的父母 20 世纪 30 年代在派拉蒙电影公司（Paramount Pictures）工作时相遇。随后，他们创办了一家书店——南加州达顿书业（the Dutton Books of Southern California）。我想，我人生中最早的记忆，就是坐在家里客厅的地板上，一遍又一遍地听着贝多芬的《第七交响曲》。对于我那孩童时的小脑袋,这支乐曲充满了魔力，给我带来了强烈的愉悦感。

小时候，我上过小提琴课和钢琴课，但对于我记不住的东西却从来不擅长。虽然在阅读乐谱时，我可能有些轻微的阅读障碍，但我的音乐记忆还是相当惊人的，对西方古典音乐的了解相当透彻。

我在加州大学圣巴巴拉分校读大学，刚开始学化学专业，但很快改到了哲学，并对美学深深地着了迷。作为一名本科生，我被教育，或者说，我自己也或多或少地乐意接受维特根斯坦及人类学的主要观点，也就是说文化与艺术是独一无二的，是无从比较的。

然而，这并不意味着这种观点背后有严肃的论证，只不过有一些奇闻轶事支持这种说法罢了。我们这一代接受的教育告诉我们，因纽特人有 500 个词来描述雪。这是一个都市中的趣闻，但这并不是真的。但是，如果你相信这件事，那么你就可能相信因纽特人生活在一个独特的智力世界中，而我们并不是其中的一部分。

让我们再看个同样令人难以置信的故事：当非洲人第一次看到人像照片时，他们不知道怎样解读一张照片，也不知道照片上展示的是一个人。这个故事的笑点在于：迷惑的非洲人无法找出照片上的人与真人之间任何的相似之处。但这也不是真的。我在新几内亚的经历告诉我，这个故事是荒谬的。我能想象，或许当第一辆卡车开进他们的村庄，一个白人从车里走出来并将一张纸推在他们面前时，他们可能会显示出一点疑惑。但是，如果说他们无法认出照片上展示的是一个人像，那就只是疯狂的社会建造主义者们一厢情愿的意识形态了。类似的研究后来被称为“原始人”文化研究，但这个研究并不严谨。

另一个我最喜欢的趣闻是拉维·香卡（Ravi Shankar）[1]在旧金山开音乐会的故事。他走上舞台，开始为他的乐器西塔琴调音。西塔琴是一种印度的大弦弹拨乐器，调起音来非常复杂，他花了足足 10 分钟。当他调好音时，他向观众点头示意，而观众们报以热烈的掌声，以为刚才那是节目单上的第一支曲子。有人说，你看吧，人们真的不能理解别国的文化。

毕业后，我加入了美国和平队（The Peace Corps），并去了南印度。我在海得拉巴（Hyderabad）北边的一个村庄工作。这是一个在印度种姓制度下说德拉威语（Dravidian）的文化聚居地，怎么看都很古老、很陌生。要知道，这儿可显然不是南加州。另一方面，如果你用心观察当地居民无伤大雅的小怪癖、特殊的激情、荒谬的言行、对未来的野心以及他们给自己的生活所

拉维·香卡，印度传统音乐作曲家，西塔琴演奏家，被誉为“地球上最著名的印度音乐家”。1956 年起，他开始游历欧美以推广印度传统音乐。1983 年曾到中国访问演出。1999 年他被授予印度最高公民荣誉 Bharat Ratna，并获得三项格莱美奖。他还是甲壳虫乐队吉他手乔治·哈里森（George Harrison）的恩师，爵士歌手诺拉·琼斯（Norah Jones）的父亲。——译者注

做的规划，你会发现，印度文化也是完全可以理解的。

印度人并不是另一种生物，我们可以理解他们。而且我发现，我们还可以理解他们的音乐，因为我开始在印度学弹西塔琴，师从拉维·香卡的弟子。我现在仍然会弹西塔琴，事实上，我的琴艺还很不错。在我生活的那个印度小镇，我可以在餐厅里自娱自乐地弹一会儿西塔琴就得到免费的食物。直到现在，我还不时地拿起西塔琴弹上一曲，而这距离那时已经快40年了。

而且，我顺便明白了拉维·香卡在旧金山开音乐会的那个故事是怎么回事。那只不过是捏造出来的一个传说，用来支持不同文化之间难以互相理解的观点罢了。没有一个看过调音的人会认为拨弄琴栓和弦线所发出的声响就是一支乐曲。任何一位旧金山的听众，就算再怎么醉酒或是迷糊，也不会将调音误认为是表演：鼓掌只不过是在乏味的调音完成后，舒缓一下心情罢了。

这个故事只是恰好迎合了20世纪60年代的时代思潮。四五十年后的今天，是时候让我们终结这些寓言故事，问问自己为什么艺术是如此普遍了。从前那种认为艺术、人格纯粹是由社会建构的观点，必须为一些更加复杂而有说服力的解释让路了。

在从纽约大学和加州大学圣巴巴拉分校毕业后，我在密歇根大学迪尔伯恩分校谋得一份教哲学的工作，之后我又搬到了新西兰，在那里的艺术学院教授艺术哲学。我教授的课程涵盖了哲学的各个方面——哲学史以及许多哲学的分支，但是美学问题一直困扰着我。我的同事们似乎都认为文化是解释艺术的唯一途径，但这个解释在我看来有些牵强，难以令人满意。

在20世纪80年代末期，我狂热地喜欢上了海洋艺术以及新几内亚人的雕刻艺术。一天，我的太太向我建议道："反正我们离得足够近，为什么不直接去新几内亚，自己找出当地人的美学标准呢？"在那个时候，我已经对欧洲鉴赏家们所认为的"最好的"新几内亚艺术作品相当熟悉了。但是，欧洲的评判标准与新几内亚当地的审美标准一致吗？我在澳大利亚的朋友，一些经常去新几内亚的老水手，帮我找到了一个坐落在赛皮克河畔（Sepik River）

叫作岩彻曼瓜（Yentchenmangua）的村子，雕刻艺术在这个村子依然流传着。这次经历后来还产生了一个意料之外的副产品：在离此处不远的一个博物馆或是画廊里，有一件由我雕刻的逼真的新几内亚雕刻作品，没想到后来它被上了色，还被卖掉了。这次经历教给我一件极其重要的事情：在我看来，新几内亚人对于美好和卓越的标准，与欧洲那些知识渊博的博物馆馆长、鉴赏家和收藏家对于艺术作品的评判标准可谓如出一辙。

我并不是说新几内亚人的每个判断都会和初来乍到、刚刚下船的幼稚旅行者们相一致。就我的经验而言，游客在购买新几内亚艺术品时的决策往往很糟糕。但令人惊奇的是，那些真正了解博物馆里优秀作品的专家，那些非常熟悉新几内亚艺术但是从未来过新几内亚的内行，都拥有和新几内亚本土雕刻者们相同的品位。这告诉我们，艺术形式、知识以及对该领域的熟悉程度决定了艺术品位的趋同。为什么会趋同？这里再一次需要一个解释。

你可以解释说是上帝给我们每个人留下了印记。荣格认为他有方法来论证这个假设。神话大师约瑟夫·坎贝尔（Joseph Campbell）[1]对这些问题也很感兴趣。但真正给出答案的是达尔文。在他最初的作品中，他极其详尽地解释了很多问题，因而不能深入地回答特定的美学问题，但他为我们绘制了蓝图。我们可以用达尔文式的想法做出一些原始而粗糙的解释。我希望再过几年，我关于艺术品位是如何产生的论证会变得更加精练。

[1] 约瑟夫·坎贝尔的著作《千面英雄》《神话的力量》《追随直觉之路》《英雄之旅》中文简体字版已由湛庐文化策划、浙江人民出版社出版。——编者注

此外，我必须坦白，关于艺术品位的进化论起源，我还远远没有达到对所有问题都能给出自己答案的程度。达尔文式的美学并不是牢不可破的教条，目的也不在于用同样沉重的理论取代沉重的后结构主义。真正让我感到惊奇的是，人们对于将达尔文的思想应用到心理学中的抵触，其实只是一种高声叫嚷的漠视，他们甚至不愿去好好考虑一下达尔文的想法。这种抵触的想法难道是其他主义或是宗教教义的延续吗？我不清楚。古生物学家斯蒂芬·杰伊·古尔德（Stephen Jay Gould）正是持这种观点的人之一，他认为进化论可以解释人身上的任何部分，人的指甲、胰腺以及身体的精巧布局，但唯独不能解释人脖子以上的部分，不能解释人的心理和思想。他认为，就人类心理而言，没有任何事情可以从进化论的角度进行解释：我们只不过莫名其妙地发育出了一个具有折叠沟回的大脑，仅此而已。

这种解释站不住脚。我们知道，人类人格有其内在固有、自发形成的特征，比如，语言的进化发展就是当下备受瞩目的研究课题。但人格的其他方面，那些与艺术有关的方面，也是一片广阔的领域。这些与艺术有关的人格从孩童时代就出现，没有或仅需要很少的外界刺激，或是干脆就"自然"发生，因而，在我们看来，这就是社交互动的特征。

我不理解为什么学术界对这些观点依然有如此大的抵触情绪。如果你想做个一元决定论者，那就随你吧，把一切都归咎于"文化"吧。我的论证并不是想把一切都归因于"自然"或者遗传。人类的生活一半由遗传因素决定，另一半由文化决定，我们则生活在两者之间，人类的自由由此产生。莎士比亚的戏剧，简·奥斯汀的小说，贝多芬、瓦格纳的音乐，伦勃朗、葛饰北斋的绘画，这些才是最自由、最人性化的作品。他们的创作是自由的终极表现形式。

不管宣称我们人类富有艺术情怀和表现力的生活仅仅由文化来决定，还是仅仅由基因来决定，都一样没有意义。人类是两者共同的产物。我们为什么不能克服自己对于经济决定论或是文化决定论的怀旧之情呢？为什么不能接受真正的人类现实呢？人类真正的处境，其实是一个在生物学意义上被决定了的、生活在文化中的物种。我们是文化生物这件事也部分地由我们的基因来决定。

什么是艺术？这是个绝好的问题。但在过去的40年间，哲学家们却一直在以错误的方式给出回答。根本的错误在于，他们认为如果我们能够解释为什么马塞尔·杜尚（Marcel Duchamp）伟大的作品《喷泉》（*Fountain*）是一件艺术品，那么也应该能够解释传统的艺术作品是什么。我反对这种研究的流程。我认为，在探究为什么杜尚的作品是艺术作品之前，不妨先问问自己：是什么让贝多芬的《田园交响曲》成为一件艺术品？为什么莎士比亚的《仲夏夜之梦》是一件艺术品？为什么简·奥斯汀的《傲慢与偏见》是一件艺术品？我们应该先从没有争议的范例开始，看看它们有什么共同点，不仅包含西方传统艺术，也应该包含以中国和日本为代表的伟大的东方艺术传统，比如葛饰北斋的画、新几内亚的雕刻品。我们最好先理解这些作品，再去分析现代主义者的实验与挑衅，比如杜尚那极其聪明的现成品艺术。我本人将杜尚视为一个耀眼的天才，但我们对杜尚的敬重应该包含对其实验精神的认可，必须承认他曾在自己的一些作品中，试图通过激怒人们和刺激人们思考的方法，来含蓄地诘问艺术的极限究竟在哪儿。

让我用比喻再解释一下：如果你正在一堂哲学课上给大家讲授伦理，你想让大家弄明白什么是谋杀，你不会一上来就问大家死刑、堕胎或是辅助自杀算不算谋杀。你一定会先举几个清晰的案例，然后再进一步问到别的问题，比如死刑算不算谋杀。我们应该先从清楚简单的案例开始。

人们对边缘案例的兴趣实际上削弱了对“艺术是什么”这个美学问题的讨论。我必须承认这些讨论使艺术哲学的课堂充满了乐趣。杜尚的姿态一定会让学生很感兴趣。伪造艺术品有什么错？在解读文学作品时，存在蓄意的谬解吗？诸如此类的问题制造了许多有趣的难题。但在开心过后，我们必须重新回头解决核心的问题，是什么让希腊史诗《伊利亚特》和毕加索的《格尔尼卡》成了艺术品，然后，我们才能更好地解决杜尚的问题。

~ ~ ~

现代主义长期致力于将事物简化，或者说过度简化，这与19世纪浮夸、自大、荒谬的艺术风格形成鲜明的对比。想象一下维多利亚时期创作的那些画幅巨大、华而不实、多愁善感的绘画作品吧，你会在新西兰的画廊或是博物馆的地下室里发现大量这样的作品：巨大的画布上画着《圣经》题材的作品，比如《圣家族逃往埃及》（*The Flight into Egypt*）。在今天，许多这样的画作恐怕只会被当成又大又黑的怪物，或是浪费储物空间的累赘，没有人知道该拿它们怎么办。

在20世纪末和21世纪初，我们又面临着相同的处境。博物馆里又塞满了画幅巨大的作品。100年后还会有人对它们感兴趣吗？还会有人关心泡在福尔马林里面的鲨鱼吗？[1]这个问题还真是特别棘手：即使泡在福尔马林里，100年后鲨鱼也很可能会腐烂。或者说腐烂也是这个艺术作品的一部分？这是个有趣的问题。我不确定我想要永久收藏这个作品，或是20世纪70年代仅凭尺寸就可以证明这是一件伟大艺术品的巨幅油画。当然，当时并没有证明，现在也依然没有。

在艺术史上，也包括我们的历史，艺术曾多次经历荒唐的时期。这看起来当然很有趣，但作为一名达尔文主义者，我对那些让艺术作品经久不衰、历久弥新的特征更感兴趣，这些特征让艺术作品在500年后依然值得注目、值得聆听、值得阅读。这对我来说正是问题所在。顺便提一下，我觉得艺术家安迪·沃霍尔（Andy Warhol）有这样的机会，美国抽象表现主义绘画大师杰克逊·波洛克（Jackson Pollock）也有这样的机会。但同时，我不确定作曲家阿诺尔德·勋伯格（Arnold Schönberg）的音乐是否会有长久的生命力，尤

[1] 此处指的是新一代英国艺术家达米恩·赫斯特（Damien Hirst）的代表作《生者对死者无动于衷》（*The Physical Impossibility of Death in the Mind of Someone Living*）。这件作品是一条用福尔马林保存在玻璃柜里面的5米多长的虎鲨。这件作品在2004年的拍卖会上以650万英镑的价格卖给了美国对冲基金经理人史蒂夫·科恩（Steve Cohen），并让赫斯特成为排在美国艺术家贾斯珀·约翰斯（Jasper Johns）之后，世界上作品售价第二高的在世艺术家。赫斯特对生物有机体的局限性十分感兴趣，他把动物的尸体浸泡在福尔马林里的系列作品《自然历史》（*Natural History*）有极高的知名度，虎鲨正是其中一件。——译者注

其是他的无调性音乐（atond music）。

作曲家安东·韦伯恩（Anton Webern）曾提出，未来有一天，人类会进步到很高的境界，邮递员在走街串巷忙着自己手中的活儿时，也能用口哨吹出一支无调的乐曲。这是现代主义美好的希望，但却完全脱离了实际。要是勋伯格的旋律在大多数人的脑中不够格又该怎么办？这是一个关于人类基本音乐心理的问题。当然，对十二音体系音乐的接纳，让人们以为音乐只是一个关于文化或者关于抵触改变的问题。但我并不认为这个问题是关于文化或是仅仅关于文化的。

在我思考这个问题的过程中，艾伦·迪萨纳亚克（Ellen Dissanayake）是最早对我产生影响的人之一，她写了三本重要的书——《艺术为何而生？》（*What Is Art For?*）、《审美的人》（*Homo Aestheticus*）、《艺术与亲密》（*Art and Intimacy*），以及许多文章，她对艺术的看法很有启发性。她并不是要试着诋毁艺术，将艺术贬低为野蛮的冲动，或是让艺术作品低于其本身伟大的价值，她只是想以一种有意义的方式将艺术与进化的人类天性结合起来。对学术界最大的讽刺是，这位女士的著作和文章虽然对该领域的研究做出了巨大的贡献，但她却从未得到过一份学术工作。她是西雅图的一名医疗速记员，在工作了一整天之后，她通常利用晚上或是周末的时间来写关于进化美学的开拓性著作。我认为她是我们这个时代最杰出的知识分子之一。

当然，心理学家约翰·图比（John Tooby）和列达·考斯米德（Leda Cosmides）在进化心理学领域的开创性工作也十分重要。史蒂芬·平克非常富有想象力而且见多识广，他一直是学界的灵感所在。约瑟夫·卡罗尔（Joseph Carroll）在文学达尔文主义方面进行着非常精巧而复杂的研究，他有时也同自己年轻的同事乔纳森·歌德夏（Jonathan Gottschall）一起工作。我在新西兰的同事布莱恩·博伊德（Brian Boyd）以其创作的弗拉基米尔·纳博科夫（Vladimir Nabokov）传记而闻名，如今也承担了很多文学进化心理学的研究工作。

这些人对我意义重大，可以这样说，他们帮我克服了自己维特根斯坦式的文化观念，而在这种文化观念中，不同文化的生活方式被认为是无法比较的。这可不仅是福柯或德里达式的问题，维特根斯坦对这些问题都有自己的答案。维特根斯坦的作品表现出了深刻的反自然主义，只不过他通篇模糊的表达让人们很难发现他潜藏的思想。让我们来思考一下维特根斯坦精辟的格言:“如果狮子能开口说话,我们也不能理解它。”这句话看起来似乎非常深刻，但这是真的吗？这是个相当调皮的想法，但维特根斯坦如果认识一两个动物行为学家的话，可能会改变自己的看法。如果狮子开口说话，动物行为学家一定会很清楚它们在说些什么：讨厌的其他狮子，狮群里的异性狮子，可口的斑马，等等。和动物们生活在一起的人们能够理解这些动物，有时候还理解得相当深刻。

但如果应用不当，动物行为学也会将研究引入歧途。在进化美学中，动物常常被用来从人的处境解释进化原理、自然选择和雌雄淘汰。以黑猩猩的艺术为例。我们在更新世进化成人类，早在500万年前就在进化树上与黑猩猩分道扬镳，也就是说，即使是关系最亲近的现存灵长类生物，其实也和我们相距非常遥远。最近一段时间，动物园和灵长类研究中心的工作人员喜欢拿出大张的厚纸让黑猩猩拿着刷子在上面作画。黑猩猩们画得不亦乐乎，在纸上潦草地涂鸦或是画出一些典型的朝上的形象。它们非常享受用厚实的颜料将白色的背景涂抹得支离破碎的乐趣，这和我们用手指绘画或是刚开始在学校学画时获得的乐趣没什么不同：我们从所创造的对比中获得乐趣。

那么，这是“黑猩猩艺术”吗？做出如此论断的人往往不知道黑猩猩行为的其他方面。首先，典型的朝上的形象其实并不是一幅画，也不是一个物品的画像，只是因为黑猩猩无法调转纸的方向或是不能将纸上下颠倒过来罢了。涂鸦也并没有描绘出什么，只是黑猩猩上肢和手掌在机械活动的结果。其次，如果工作人员一直不把纸拿开，结果将不可避免地要成为一团棕色，因为黑猩猩不知道什么时候该停下来。它们在“创作”时没有目标,没有计划，也没有终点。对于我们来说，它们的涂鸦之所以被称为艺术，仅仅是因为工作人员在画布成为一团糟之前将其从黑猩猩旁边拿开了。最后，也是对我来说最明显的是，当黑猩猩们完成“画作”，或者说当画布被工作人员拿走后，它们从不回头去看自己的作品。

因此,对我来说,那些宣称“是的,黑猩猩也有自己的艺术”的人正在犯错。是的，黑猩猩喜欢用一团团的颜料破坏白纸。作为人类，我们能够理解它们的行为，但这并不能让猩猩的作品成为艺术。黑猩猩的行为并不符合任何的文化传统。它们的创造也无法批判——没有任何形式的艺术讨论或评价，也没有任何迹象表明这是一项学来的技能。当然，能够涂鸦离不开它们肌肉的协调动作。将黑猩猩的作品称为艺术或原始艺术是对人类艺术的贬低和误解。

动物确实能够教给我们很多东西，但从一个达尔文主义者的角度看来，人类真的是一个与众不同的物种。

许多现代文化的作品就是要告诉人们：你们正在创造价值。

——《文化大理论》

THE WORK OF A LOT OF MODERN CULTURE IS TO SAY TO PEOPLE: YOU'RE MAKING VALUE.

04

A BIG THEORY OF CULTURE
文化大理论

Brian Eno
布莱恩·伊诺
著名艺术家、作曲家、歌手
U2乐队、酷玩乐队、保罗·西蒙的唱片制作人
著有《炫音之年》（*A Year with Swollen Appendices*）

斯图尔特·布兰德的介绍词

与布莱恩·伊诺的友谊常常让我感到愉快，他的音乐和艺术创作也给我带来了纯粹的喜悦，但除了这些，我还想谈谈其他我很欣赏他的地方。

同所有重要的艺术家一样，布莱恩的工作依从着一个深奥、复杂而又不断演变的参考框架。与大多数艺术家不同，又和大多数科学家一样，布莱恩愿意和大家谈他的参考框架。人们试图理解艺术家所从事的工作，但是许多艺术家担心这种理解会玷污观众对自己艺术作品的体验。但布莱恩一点都不担心，恰恰相反，他想吸引你一起参与其中。

这种尝试虽有风险，但却很有价值。之所以说有风险，是因为一旦观众

或听众明白了艺术家们在做什么，他们就会有评判艺术家工作的标准。

布莱恩的尝试很宝贵，因为它如此引人注目。知情的观众或听众受邀像艺术家一样思考，因此从某种意义上讲，他们也变成了艺术家。这对艺术乃至文明都有好处。

我想，这正是布莱恩的书《炫音之年》如此受欢迎的原因。布莱恩很著名，我们对他本人感兴趣，而他的书和他的人一样潇洒迷人，所以和他打交道是件令人惬意的事。但是，此书真正吸引我们的地方，在于其非凡的揭示力。透过该书，我们看到了一位优秀的艺术家每天都在思考什么，这非常令人振奋。

此外，这种尝试还有一个好处，对于艺术家本身的好处。对于自己进行艺术创作的参考框架，布莱恩不再秘而不宣。他从对自己成功初期思维模式的"忠诚"中解放了出来。你不会对自己已经公开的秘密太过执着，你会继续前进，而作为结果，你的作品也会不断地令人耳目一新。或许这种模式最适合那些容易感到厌倦的艺术家吧。不管怎么说，布莱恩可是著名歌曲《早已经历过》（*Been There, Done That*）的创作者和演唱者呢。而这首歌现在已成了一个非常著名的文化模因。

Edge：跟我们谈谈你的文化理论吧。

伊诺：我想我一直感兴趣的问题，那个潜藏在所有问题背后的问题，我或多或少在我的书中已经给出了暗示。而且在那之后，我就此话题也写了更多东西，这些内容都是为了试着发现一个文化的大理论：为什么人们要从事文化活动？文化活动对我们有什么用？我们究竟把什么叫作文化，又把什么东西包括在文化的范畴之内，把什么剔除在其范畴之外？

我思考这些问题有两个目的。第一，我想要找到一种单一的语言，人们可以用这种语言来畅谈时尚、蛋糕装饰、塞尚、抽象画和建筑。人们可以用这种语言来讨论任何可能被称为没有实际功能而又有风格的行为。实际上，人类在这类行为上所花的时间也越来越多。随着生活条件的改善，人们在“风格”上投入越来越多的时间，或者说，人们越来越注意在事物的不同风格之间做出选择。要想实现这个目标，第一个问题是：真的有这样一种语言可以让我们用来谈论上述所有话题吗？这并不是说一定要为纯艺术单独分出一种语言，要与我们所谈论的其他东西区分开，而是应该找到一种语言来把这些艺术话题串联在一起。

第二个问题是，有没有一种方法能够解释为什么人类会持续不断而且无一例外地参与文化活动？任何人类群体都制造过被我们称为艺术的东西。文化活动对于人类来说似乎是一种生物本能的倾向。如果真是这样，那么这种驱动力的本质是什么？对我们有什么用？当人们说这些问题前人早有著述时，我想说，事实上前人还没有写过，真的。有关这个课题的著述少之又少，只能摆满一个不到半米长的书架。而所完成的工作不过是对文化艺术品的繁杂分类：人们把一些人工制品罗列在一起，然后说这个有点像那个，这些似乎属于一个类别，等等。

但我一直强调，这有点像达尔文提出进化论之前的自然史。在达尔文之前，人们对自然界有很多观察，人们注意到了许多自然事物的存在，然后对这些事物做好翔实的记录并讨论这些事物，称这个与那个有关，这个比那个高一些又比另一个矮一些。其实所有人们曾经对自然所做的判断和观察，也正是现在开展文化行为研究所采用的方法。在达尔文出现后，事情出现了改观。

达尔文提出的理论非常简单，任何人都很容易理解，但意义却极其深远，他的理论给出了一种语言：生存的语言，也就是生物在选择中求生存的动力。你可以把所有被称为生命的个体纳入这个语言框架内。通过这样做，这种语言让这个学科不再只是堆积繁杂的材料，而是真正能够提出关于这些材料的理论。从某种层面上说，达尔文终结了自然史只停留在材料收集的阶段。过去，自然历史学家能做的不过是到户外去观察，而达尔文开启了一个新的时代。在新时代，自然历史学家可以想办法将事物联系起来，进行推断和预测，预言如果甲发生的话，就可以合理地期待乙会发生。而这正是科学的工作。

Edge：但你是个艺术家啊，为什么会谈到达尔文呢？

伊诺：我所感兴趣的大多数关于艺术和文化的问题，其实都需要试着用进化论这样的大理论来进行思考求解。这种理论不偏斜、不神秘，容易理解，同时又能允许对文化进行真正的讨论。另外我觉得大多数的艺术著作都极其糟糕。

我的第一任岳母，也就是我第一位妻子的妈妈，是个非常有趣的女人。她住在剑桥，组织的沙龙有很多非常优秀的科学家参加，其中有著名的生物学家弗朗西斯·克里克（Francis Crick）、化学家约翰·肯德鲁（John Kendrew）、数学家与物理学家赫尔曼·邦迪（Hermann Bondi）等。她的名字叫琼·哈维（Joan Harvey），组织的沙龙叫“剑桥人文主义者”（Cambridge Humanists）。17 岁那年，我遇到了她的女儿，也和她相处得很融洽。一天，琼对我说：“你做的事情很好，只是我不理解为什么像你这样聪明的人会愿意浪费自己的才智去做一名艺术家。”

这个问题在某种程度上触到了我的痛处。我来自一个工薪阶层的家庭，从来没有谁会特别关心我做什么。这是第一次有人如此关心我的所作所为。后来，我结识了许多充满艺术气质的朋友。当然，他们都认为做艺术家是一件很美妙的事情，可从来没有人关心地问一声为什么——艺术的意义何在？或是它给人们真正带来了什么？这就是我有趣的双重生活的开端，我生活的一部分显然是个艺术家，而另一部分，对我来说同样有趣，就是我一直在思考我正在干的是什么，或是其他人正在干什么，我一直在追问这么做究竟为了什么。

Edge：你认为艺术和科学有怎样的区别？

伊诺：如果你问 20 个科学家他们正在做什么，或者科学的意义是什么，我觉得他们中的大多数都会给出类似的答案：我们想要理解这个世界，想要弄清这个世界是如何运行的。如果你问 20 个艺术家同样的问题，你为什么从事艺术工作，或者艺术对人们有什么意义，我可以向你保证，你会得到 15

个不同的答案，而剩下的 5 个人则会告诉你少管闲事。不管怎样，关于艺术的意义是什么这个问题一直没有共识，虽然有些人会说艺术是为了让生活更美好。

我是一名艺术家，但读的大部分都是科学类书籍，这点倒是和大部分其他艺术家一样。我认识的艺术家很少有人会读和艺术有关的书。为什么会这样？我问自己。在艺术领域难道就没有同样高质量的对话吗？大部分艺术家通常谈的都是科学，他们对艺术往往避而不谈，我想这是因为没有一种成熟完善的语言可以用来进行一次关于艺术的对话。

我渐渐构建起一个关于文化的理论雏形，现在也有了一些支持者。我谈论这个理论雏形有段时间了，我还把它精简了一下，使它能够在两天之内表达清楚。

第一个假设，如果可以的话，所有人类群体都或多或少从事一些被我们称为艺术行为的活动。此处的"可以"指的是他们能够满足最基本的生存需求。而即使当人类不能满足基本生存需求时，他们也会参与一些装饰性的、非常复杂的、有风格的行为。这类行为会消耗他们大量的资源，也会耗费许多的精力。因此，第一个问题是，为什么会出现这样的情况？如果真是这样，我们可以合理地推想，人们这么做不只是想获得一些适度的娱乐吧，这么做一定有非常重要的原因。

第二个假设，文化在某种意义上是一个统一场（unified field），而生命在相同的意义上也是一个统一场。这一点我之前也谈到过。因此，我们才想要提出一种语言来解释文化，就像生物学家想要提出一种语言来解释生命现象一样。在生物学家的语言框架下，无须为每种生物发明一套新的术语，我们就可以讨论鲸鱼和阿米巴虫。同样，我们也想在文化现象之下获得类似的结构与可能性，帮助我们定位和理解文化。

Edge：所以说，这是一个艺术版的统一场理论？

伊诺：我想找出一种谈论文化的方式。如果要用它来谈论，它就必须包括所有的文化现象，从被视为最短命、最卑微和最不重要的文化，比如发型、鞋子的样式等，到被看作最神圣、最永恒的范例，都要包括进来。现在，当我试着思考文化对我们有什么用时，我尝试将其代入到特定的情景中，看看文化会对我们产生什么影响。

就拿桌上的这副名牌太阳镜来说吧。这副眼镜非常有型，但它其实并不是必须做成这样。眼镜并不一定要有趣，并不一定要做成椭圆形，要做得奇形怪状，或是做得像太空时代的产品。当我戴上这副太阳镜，我不仅将刺眼的太阳光挡在了眼外，我同时也参与了一项由我自己和世界上所有其他人参与的游戏。戴上眼镜，我便进入到一个模拟器中。我想说的是，我并没有抛弃我原来的样子，成了别人；我只是暂时进入了一个不同的世界，在这个世界中，我突然变成了一个与刚才和你谈话的人完全不同的人。

对于所有的时尚来说，我们所做的就是去扮演别人。我们暂时栖息于另一个世界。如果我决定剪短自己的头发，穿得像个坦克指挥官，我便会与许多东西产生共鸣，比如军备、权势、投降、控制、力量、软弱以及所有诸如此类的事情。当我做出关于时尚的选择时，我正在有效地进行角色扮演。

如果我去电影院看一场电影，我其实是在参与另一种角色扮演。我首先看到一个新世界拔地而起，如果电影足够好的话，我还会理解这个新世界的条件与规则。之后，我会看到一些表现出特定个性的人出现在这个世界，我观看他们的行为以及他们与这个世界如何联系在一起。我眼中发生的一切，基本上是一个早已被设定好的实验。我所看到的其实可以这样来概括：如果世界是这样的话，会发生什么？如果这样的人在这样的背景下遇上了那样的人，会发生什么？

Edge：大家是有意识地去这样做吗？

伊诺： 这种游走于其他世界的游戏能力，这种从我头脑中的一个世界跳到你头脑中可能存在的另一世界，或是跳到所能够想象的数百万其他可能世界的能力，人类运用起来是如此流畅，如此随意，甚至都察觉不到自己正在运用这种能力。我们只有在遇到无法正常使用这项能力的人时，才会注意到这个过程是多么强大。比如，严重自闭的儿童，他们无法在不同的世界中转换，即使在许多方面，他们都能表现出远超常人的智力，但他们无法看到在他们能够感知到的此时此刻的世界之外，还存在着其他世界。这让他们没有能力完成两件重要的事情。第一，他们无法正常合作。因为合作的前提是你不能仅仅理解自己的世界，还必须理解与你合作之人的世界，还要理解你们正在试着合力创造的那个共同的世界。因此，要合作你必须看到另外两个世界在哪里。第二，他们无法撒谎和欺骗。严重自闭的儿童没有欺骗的能力，因为他们无法理解自己能够创造出这样的情景，这种情景可以让你看到一个和他们坚信的世界不一样的世界。

在很大程度上，是合作与欺骗将人类和其他动物区分开的。我们注意到一些高级灵长类动物也有基本的合作与欺骗，但与人类相比，它们的合作与欺骗只能算是非常基本的小儿科。我的看法是，对文化活动持续不断的参与，使我们能够持续不断地练习这种能力，不断地使用大脑的这一大部分，而这部分功能使我们可以在个体或集体的层面，假设、想象、探索、推断其他的世界。

正是在这一点上，艺术与科学有着深刻的联系：每一种都是高度条理化的“假装”，都是在说，如果世界是这样，看看会发生什么？

Edge：接下来，我们聊聊你关于“隐喻”的想法吧。

伊诺：你可以说“另一个世界理论”只是我想法的一部分。我将这个想法的另一部分称为“隐喻理论”。实际上，人类的大部分知识并不是靠数学运算、数据统计或科学定律整理出来的，而是靠隐喻。人们平常需要理解的大多数事情都复杂、难懂、凌乱，而且在不断地变化。事实上，我们对这些事物的描述都模糊不清，并不知道认识这些事物的界限在哪里，更不用说针对这些事物提出一些清晰而有价值的问题了。作为普通人，我们花了很多时间来冲破错综复杂的重重险阻，这个过程要求人与人之间持续地沟通，并不断尝试去理解。

当然，科学正是这个过程的一个极端版本。科学工作的本质就是在试着说："我能把世界的这一部分与剩余的部分区别开来。"事实上，可以说，我们不仅已经区分开来，还能为这部分世界建立一些理论，做出一些预测。

因此，科学给我们提供了一个有效的框架，在这个框架之下，可以建立有用的隐喻。这正是为什么艺术家对科学那么感兴趣。因为科学不断地提出一些宏大的理论，比如混沌理论、复杂性原理等，然后我们就想，啊哈，好的，或许这正是许多事物工作的原理。然后我们就有了一个新的隐喻。同时，我们并不需要完全理解制造这个隐喻的科学原理。

许多这样的隐喻来源于科学，但还有许多隐喻源于文学、诗歌和音乐。我们生活在一个由类比建构的世界中，从这个层面来讲，所有的知识几乎都是相当模糊的。艺术家的工作之一便是发明隐喻、打破隐喻、挑战隐喻、分解隐喻、以新的秩序整合隐喻等。艺术的另一项工作就是时时刻刻地提醒你，你大多数时候的思维过程，正是制造隐喻的过程。

我对语言学家乔治·莱考夫（George Lakoff）[1]的研究很感兴趣。他的著作《我们赖以生存的隐喻》（*Metaphors We Live By*）是本非常有趣的书，这本书将你从旧的思维模式中拽了出来。旧的思维模式有两个部分，理性的部分和直觉的部分，但《我们赖以生存的隐喻》则认为不全是那样的。书中说，实际上有一个连续体，在有些情景中我们可以极其理性，比如用计算器算账的时候、对将要做的事以及对这件事可能

[1] 乔治·莱考夫的著作《别想那只大象》中文简体字版已由湛庐文化策划、浙江人民出版社出版。——编者注

的结果做精确估计的时候。我能够使用自己所有纯粹理性的工具来完成这些任务。但注意，大脑思维是一个连续体，只要我还在思考，就不会中断。在这个连续体的一个端点，我可以完全理性且很有逻辑，但在大多数时候，我必须做一些猜测，而到了另一个端点的时候，我就只能依靠纯粹的直觉了。绝对是纯粹的直觉。

Edge：这两者怎么会结合在一起？或者说两者能结合在一起吗？

伊诺：大多数时候，在我们的印象里，做事情只有这两种分割孤立的方法。但我相信，人在做事情时，是持续不断地在整个连续的波谱上进行调整的。这个调整导航的过程正是形成各种隐喻的过程，是接受各种隐喻有用之处的过程。而艺术家还没有在这个领域真正地研究和创作过。

到目前为止，所有这方面有趣的研究都是站在科学的立场上完成的，因此倾向理性这一端。如果我画出一条从最理性到最直觉的波谱，我想说，我们对波谱的这两个端点处的研究都还没有上路。大部分的时间都在理性与直觉中间不断地谈判。

艺术家一直致力于为极端“直觉”而欢呼，并认为这才是人类存在的巅峰感觉，同时，科学家又自然而然地崇拜另一个极端。艺术家和科学家各得其所，也乐得其所。他们都希望自己能够推进理性或是直觉的边界，然后发表声明，却难免无功而返。我所希望看到的是一次这样的对话，大家承认我们的大部分时间都耗在了理性与直觉的中间，我们应该找到一种新的思维方式。

出于一种作为艺术家的使命感，我思考所有这些问题的根源。我觉得，要找出人类能够继续保持合作的唯一方法可能需要艺术家或是对艺术感兴趣的爱好者意识到自己还有很多工作要做。就我而言，我觉得艺术家必须认真对待这个问题，再保持波希米亚式的放荡不羁可就一点都不好了。当然，我只是就自己的情况而言，我也不知道自己正在做什么。我只是无法忍受，我可不要什么浪漫的态度，说艺术家不应该是这个星球的一部分。这是实实在在的工作，我们必须拿出实际行动。

Edge：那你打算如何开展这项工作呢?

伊诺：我给理查德·道金斯写了信。他在 BBC 第 1 频道给理查德·丁布尔比（Richard Dimbleby）作演说，他在演说中提到，英格兰总是重视艺术而忽略科学。事实上，他是对的。英格兰有一种崇尚自由和人文的文化。这种文化让人觉得艺术是美妙的，而科学，我们只要与之好好相处就可以了。如果发明了新的洗衣机或是别的什么玩意儿只要告诉我们一声就行了。道金斯在自己的演说中让大家觉得人们对艺术的理解要远远好于科学，而我认为事实恰恰相反。一方面，人们对艺术的理解相当贫乏。而之所以能够高高兴兴地聊艺术是因为所谓的观点是无法被挑战的。人们就某个话题开始无聊的谈论，你可以随意地大放厥词，反正最后也没人对你提出质疑。

另一方面，每个人都认可科学的力量，认可克隆技术、核武器等尖端技术的威力，都知道科学既威力无穷又充满危险。在此基础上，也提出了许多对科学的批评。然而，人们没有意识到文化照样威力无穷又充满危险。如果文化只是被当作可以让“残酷”的生活变得更好一点的调味剂来谈论，只是被当作蛋糕上的糖霜，人们便不会意识到，文化其实是一种让我们湮没在其中的介质，而这介质是我们的组成部分，把我们变成了现在的样子，并左右着我们的想法。

道金斯回信说我的信来得正好，因为他现在思考的越来越多的事情是模因，而不是基因。当然，模因与文化有关，文化是模因的景观。

Edge：有了这些想法，你下一步将会研究什么呢?

伊诺：我所寻求的理解之一是开始认真对待由普通人创造的文化。我在一些书中找到了关于这个问题的讨论，比如克里斯托夫·亚历山大（Christopher Alexander）的《建筑模式语言》（*A Pattern Language*）和斯图尔特·布兰德的《建筑如何学习》（*How Buildings Learn*）。去了解那些认为自己不是专家、不是专业人士的普通人如何安排自己的时间，尊重并认真对待他们安排自己时间的方式是非常重要的。我希望看到有朝一日，人们开始正视文化生活，将自己视为有文化的人。人们无法自己控制自己。这可不是一个是否下决心做艺术家的问题。在某种程度上，你也不能控制你自己。这在心理上是很关键的一步，因为文化告诉人们：你去做吧。

我想说的还有另外一个层面，这个层面更加深刻，我以前从来没有讨论过这个问题，因为我觉得这个问题太难解释了。什么是文化价值？文化价值是如何产生的？几乎所有的艺术史都是在试着找出文化客体中的价值源泉。色彩理论、维度理论、黄金分割法等所有这些理念，都假设一些事物天生比另一些事物更加美丽、更有意义。新的文化思维并不是这样的。新的文化思维认为是我们给事物赋予了价值，是我们在事物中创造出了价值。是“赋予”这个行动让事物有了价值，这一点非常重要。因为许多，甚至可以说全部的基本理念，都是建构在认为有一些事物具有天然内在的价值、共鸣和意义这个假设之上的。同时，所有实用主义作品都从另一假设出发：不，是我们，是我们创造了意义。

文化正是要带领人们去理解这个问题。许多现代文化的作品就是要告诉人们：你们正在创造价值。当马塞尔·杜尚展出小便池时，他称自己的行为是“慎重的审美中立”，他当时是这么说的：“看吧，我可以把任何东西放进艺术画廊里，我可以让你一起参与进来，并通过这种方式使它具有价值。”他说得很清楚，这是你与展品之间的交易，并在此情此景中创造了价值。

做金融交易的人或许能够理解这种思维方式，价值是由人与人之间的信任体系所赋予的。但这又不像宗教通常理解的那样。当然，这绝不是本质主义者可以理解的。对我而言，许多我们这个时代真正重要的“瓶颈”问题正是来源于难以理解“是人赋予了事物价值”的含义。事物中的价值不是之前就到了那儿，也不是本来就在那儿，更不会一直在那儿。它也不是由别的什么人创造好，然后留给我们去发现的。是我们自己创造了价值，把价值放在了那儿。

参与文化活动是帮助理解上述思维的一种方法。当然，过去的艺术史总是用下面的例子来支持旧的理念——噢，是的，米开朗琪罗的《圣母哀子像》是美丽的，因为它的比例与神圣的黄金分割比例产生了共鸣，直指我们的内心，因此美的价值是固有的。我们只是一个雷达的接收器，我早已不再接受这种古老的发射－接收模型。价值产生于交易。客体本身几乎可以是毫不相关的，就像杜尚的小便池一样。实际上，他也可以选一把铁锹或是一个车轮。

正如杜尚所言，他所做的是创造了一个情景：观众走进来，然后创造价值。许多20世纪的艺术都与此有关，这些艺术作品提醒我们，是我们让它们有了价值，在我们赋予它们价值之前，它们的存在并不蕴含价值。

我们就像上帝一样，必须做好这个角色。

——《吾众为神，须善为之》

WE ARE AS GODS AND HAVE TO GET GOOD AT IT.

05

WE ARE AS GODS AND HAVE TO GET GOOD AT IT

吾众为神，须善为之

Stewart Brand
斯图尔特·布兰德
美国作家，《全球概览》（*The Whole Earth Catalog*）创始人
著有《地球的法则》（*Whole Earth Discipline*）

大约在40年前，我曾戴过一个徽章，上面写着："为什么我们还没有一张地球的全景照片？"不久之后，就有了这样的照片。这对我们来说意味着什么呢？

人类进入了太空，有了俯瞰地球的能力，这种转变与气候变化有很大的关系。来自太空的地球照片，让人类有了上帝般的视角。作为回应，40年前，我曾在《全球概览》中写道："我们就像上帝一样，或许我们可以做好这个角色。"

现在，我想说："我们就像上帝一样，必须做好这个角色。"全球气候变化很可能成为毁灭文明的巨大灾难，它迫使我们必须好好表现。灾难过后，地球会没事，我们的生活也可能恢复平静。但是，如果全球气温持续升高，

我们就会失去大量的物种，很可能还会失去热带雨林。因此，这是一个全球性的问题，一个全球性的现象，而不仅仅是发生在局部地区的小问题。俯瞰地球全景的视角现在已经不只是关乎美学的问题了，也不单纯只是一个简单的视角了。

实际上，它意味着我们正面临着世界性的问题，需要世界规模的解决方案，而且需要采用人类从未有过的管理方式。它要求我们使用初现曙光的科学技术，启动生态学家们所谓的生态工程。海狸在做生态工程，蚯蚓也在做。它们可不会经常发动遍及整个星球这样大规模的生态工程，而人类则必须给整个地球动工。

环保运动的很多情感和美学反对给地球动工。环保运动确实做了许多正确的事情，比如从很早就开始担忧气候变化。环保运动也想把从前成功的经验当作解决当前问题的方法之一。可是，解决问题不能光靠经验，还要靠工程技术。环保主义者不喜欢工程，但要解决问题，就要利用更多先进的科技，环保主义者别无选择，必须接受这样的现实。他们对气候科学感兴趣，却对核科学不感冒，他们喜欢气候科学，却对基因工程不感兴趣。这种态度需要改变。

但也有许多事情，环保运动可能不会改变。环保运动者仿佛已经走在成功的大道上，因为人们信任他们，至少在气候及其他一些问题上是信任的。他们想把每件事物都变成绿色的。对我来说，这不过是20世纪70年代历史的重演。[1]那时，人们应该关注太阳能、风能和诸如此类的"好东西"。

环保主义者们一定会坚持这些，不会改变。但从

[1] 20世纪70年代，在石油输出国组织（OPEC）的操控下，西方出现两次石油危机，影响很大，波及人们的日常生活。两次危机分别发生在1973年和1978—1979年。石油危机刺激了绿色环保主义思潮的发展。作者此处暗指环保主义者们提倡的太阳能、风能并不划算，而且，大众在危机过后，对"绿色环保"的热情也有所消退。——译者注

某种程度上来说，环保主义者们是否做出改变并引领潮流已经无关紧要了，因为当下的政治形势表明，人类并没有全球性的机构来解决这一全球性的问题。联合国提供了许多优质信息，你可以从联合国那里得到关于城市、贫民窟、人口以及其他课题的最优质数据。没有联合国，我们就不会有这些全球范围内的优质数据，但是联合国并没有管理的实际权力。

要解决全球气候问题需要统一的指挥和行动。我们可能并不需要一个地球政府，但是我认为，如果人们在全球气候灾难的不归路上越走越远，那最后还得指望一个糟糕的地球政府。而现在，我们迫切需要当今世界的几个主要政府力量能够在全球范围内携手合作解决这些问题。

这也会使环保主义者及其拥护者们不悦，他们不想让政府过多地介入。因为从右翼的罗纳德·里根（Ronald Reagan）的政策到左倾的“世界地球日”活动，政府长期以来都声名狼藉。但不要忘了，一直以来，是政府在运作基础设施，是政府在运作能源系统。如果欧洲和北美的国家，以及印度等国的政府都能尽职做好自己的工作，让煤炭变得非法，取缔燃料能源，并相应地调整自己的经济结构，那么，我们还是有机会成功的。这些政府有权力这样做，它们可以携手合作来完成这项工作，效果会好很多。它们需要比现在更加重视科技的力量。

上述这些国家正是温室气体的生产大户，繁荣让人们走上所谓的“能源阶梯”，也就是说，生活水平的提高使人们需要越来越多的电力供应。供电现在基本靠煤炭，这会排放大量的温室气体，而温室气体正在烘烤着地球，人们应该转而向核能求助。我们应该更加认真地探索空间而非地面的太阳能技术，因为在地面收集太阳能会占用大量的土地面积，让土地割裂化，而且阳光在到达地面时已经太过稀薄，没什么能量了。可以想想在接下来的几年中会发生什么，然后再来讨论政府和大众能否对这些状况应付自如。也许要经历几次严重的灾难，人们才会把这个问题当回事吧。

我对核能的看法发生了巨大的转变，这是这些年来我思想上最大的变化。我过去曾人云亦云地认为核能是糟糕的，因为核能会带来长期存放核废料的问题，所以应该另辟蹊径。我当时并没有通盘考虑所谓的“蹊径”是什么，后来才发现，其他的方法不过是大量燃烧煤炭，向大气中排放大量的温室气体。反对核能让我自己也给环境问题添了麻烦。

后来，我意识到，过多地考虑核废料的问题是愚蠢的。我们一直在讨论如何将核废料隔离起来万无一失地保存 1 万年，就好像 1 万年后的人类还和今天一样似的。可以确定的是，100 年或是 200 年以后的人类也绝不会和现在的人类一样。切尔诺贝利的经验告诉我们，当核反应堆发生巨大的事故时，野生动物绝对会很“欢喜”，因为事故将人类赶走了。如今，在发生过人类历史上最糟糕的核事故的土地上，有着欧洲最好的野生动物保护区。这一点，以及各种其他原因加到一起，让我的想法发生了 180 度大转弯，从认为“核能是坏的”变成了认为“核能是好的”。要想通这件事，还有一个简单的思路：气候变化意味着要停止燃烧煤炭，而停止燃烧煤炭就意味着要使用核能。

使用核能的理念必须得到当地人的支持。我们必须解决“别放在我的院子里”（NIMBY，“not in my backyard”）的问题。就我而言，即使把核电站建在我的家乡加利福尼亚州的索萨利托市（Sausalito）也没什么问题，把核废料长期储存在索萨利托市，我也可以接受。就算是现在，我们也不过是把核废料放在大桶里，然后扔在核反应堆背后的停车场里。在美国和世界其他地方，这样的反应堆数以百计。其实，核废料的储存并不是一个大问题，法国就巧妙地解决了这个问题。如果你想将核废料埋在地下，会有很多合适的好地方。当你仔细审视这个问题的细节时，你会发现，这个产业在实践操作上虽然还不是非常成熟，但是从微反应堆和其他一些创新上看来，它具有非常光明的前景。当你再看那些非常棘手、让计划无法继续的问题时，你会发现，这不过是一些技术问题，用工程技术解决了就好，这样你就可以腾出手来去解决一些更有趣的问题了。

我曾就这个问题发表过相当多的公开演说。我关于核能的演说主要有长短两种形式。短的演说主要用在参加座谈会的时候，我会直接说核能看起来很不错。这会引起观众的一片嘘声，还往往会招来座谈会上其他嘉宾的轮番诘问。人们早已攒好了许多反对核能的论点：资金成本昂贵、核废料处理、引起核武器扩散等。人们说，所有这些原因综合起来，足以证明推广核能的不可行。但是，当你据理力争，一点一点回击他们的论点时，在许多情况下，人们实际上会感到很宽慰，然后耸耸肩说："好吧，我现在知道真相了，核能看起来也没有那么糟糕。"说服他们的过程颇费一番口舌，这也让我的演说不知不觉就变得很长。除非有人说，如果某人喜欢核能，那我也喜欢核能，但这本身并不是一种很好的说服方式。否则，为了说服人们，确实要进行详细论证。

我在和听众们交流时，还出现了另一个有趣的问题——全球范围内的海量计算会消耗数量庞大的能源。网络运行需要消耗大量的能量进行云计算，我们显然需要清洁的能源来提供这部分能量。或许，一部分云计算的服务器可以放在地球之外的地方。有一种我认为貌似可行的方案可以实现这一想法，不过也仅仅是貌似可行而已。让服务器在宇宙空间工作最大的开销是将设备送上轨道，而现在，为了防止某些小行星撞向地球并造成严重的问题，让小行星偏离轨道已经成为可能。就在 21 世纪，我们一直关注着一颗危险的小行星，它有 20% 的概率会撞上地球。我们现在有了走出地球的能力，能够给那些可能成为问题的小行星做上标记并移动它们，先是撞击，然后通过特殊的航行器"重力拖拉机"来改变它们的轨道。这么做是值得的，往往也不会太过昂贵。

任何一个进行航天开发的国家都可以这么做。不管怎样，这些国家总有深入太空、观测小行星的任务。在观测小行星的同时，最好给这些小行星安装信号收发器，以便判断它们是否真的会成为威胁。如果是，就移动它们。

到目前为止，私营公司还没有像俄罗斯、美国、印度、日本或是中国那样大规模的空间项目，也不具备将质量如此大的设备发射升空的能力。但是，可以想象，私营公司终将具备这样的能力。这个想法之所以如此诱人，是因为一旦你可以移动一颗小行星，那么你也可以在小行星上进行开采，而从经济的角度来看，富含金属的小行星和纯金差不多。它们可是由数量极其庞大，而且极其贵重的金属构成的。

就环境问题而言，开采小行星上的资源对环境的影响很小。因为小行星上没有让你担忧的物种，也不需要担心土著部落。最可能面对的问题是很多国家同时宣称对某个小行星的所有权。但只要开始开采小行星上的资源，整个太空经济就从“从事科学研究太昂贵了”变成了“这其实是一项很有价值的商业投资”。然后，你就有钱将设备从地球表面运上太空，甚至可以利用从小行星上开采的资源直接在太空中制造出很多设备。你不再需要受制于重力了。如果能做到这些，那么太空太阳能技术也变得非常可行。也许还可以实现原创媒介理论家马歇尔·麦克卢汉（Marshall McLuhan）的想法：在人造卫星升空之后，自然不复存在，留下的只有艺术。如果真是这样，那我们将可以在地球以外的太空里从事大量的艺术创作了。

空间物理学家劳伦斯·史密斯（Laurence Smith）的文章《我们是否会逃向“北极环”？》（*Will We Decamp for the Northern Rim?*）[1]中，指出了一些进行管理创新的可能性。

在劳伦斯·史密斯的文章中，“Northern Rim”指的是北极圈的环形边缘及北极圈以南的地区，这里将其称为“北极环”。这个地区地域广阔，毗邻海洋，具有重要的经济意义，主权分属于美国、加拿大、丹麦、冰岛、瑞典、挪威、芬兰以及俄罗斯，相当于全球陆地总面积的30%。这里拥有面积最大的森林，以及未开采的矿藏、淡水、能源等资源，约有10亿人口，而且人口数仍在不断上涨。——译者注

对于某些偏远的地区，史密斯比专门研究这些地域的人们掌握了更多来自实地的证据。他用这些信息向人们展示了森林里正在发生什么，高原冻土带正在经历怎样的变化，北极冰川怎么样了，在北极冰川上生活的人们和动物又怎么样了。无论如何，现在的“北极环”地区变得极其重要。因为冰川正在消融，所以，

西北航道[1]正在开放，俄罗斯以北的航海线路也在解冻。所有这一切将彻底改变世界航运，也将因此而改变世界经济格局。数个世纪以来，人们疯狂地寻找可以通航的西北航道，而现在人们终于找到了，但发现西北航道的方式真是太残酷了，人们直接把冰川融化了。这是个大事件。而现在，人们可以在北冰洋通航了。

西北航道（Northwest Passage），位于北美大陆和北极群岛之间的航海线路。——译者注

格陵兰岛的岛民估计也会欢迎全球气候变化，特别是如果他们的土地上能够种植一些作物的话。如果全球气温持续升高，热带的区域将从赤道地区向南北扩大，热带地区也将变得更干燥、更炎热，人们将向两极转移。南半球并没有那么多的土地，而北半球则有足够多的土地。

西伯利亚和加拿大开始成为优质的黄金地带，人们或许想去那儿看看。这片土地上有极昼极夜，半年都是晚上，也有一些其他不尽如人意的地方。但就是这片土地，越来越多的人开始打它的主意了，想要从它的地下钻出石油，想要在这里找到铀矿，诸如此类，不一而足。最后大家可能还想定居在这片土地上。

“北极环”地区之所以重要，还因为这里存储着大量的甲烷，这些甲烷以水合物的形式被压缩在永久冻土层中[2]。如果冻土层融化，就会将这些甲烷释放出来，而甲烷是一种比二氧化碳强上20倍的温室气体。甲烷在大气中停留的时间不长，但它的破坏效率极高，能够引起温室气体的大量增加和全球气温的剧烈增长。我们又该如何解决这个问题呢？毫无疑问，“北极环”将是一个有趣的全球焦点地区。

甲烷水合物，可表示为$CH_4 \cdot nH_2O$，又称可燃冰。——译者注

“北极环”地区覆盖了8个国家。因为涉及的国家

少，要在“北极环”地区施行一些世界政策就相对容易，比如针对永久冻土、冰川，或是两极上空的平流层采取一些措施。如果在平流层中排放二氧化硫，就会形成硫酸盐，使大气变得稀薄一些，从而缓和温室效应。我们在研究菲律宾的皮纳图博火山喷发时发现了这一点，火山喷发缓解了多年积累的温室效应。

如果把许多二氧化硫排放进大气平流层，这些二氧化硫就会把一切冷却。但你只能在北方地区采取这样的措施。注意，只有几个国家被包含在“北极环”中。因此，尝试一下这种方法可以帮助我们判断这类大型的人类工程是否有效。我认为，地球工程目前正在缓慢但稳固地向前迈进。过去，它是完全的禁忌，而现在，人们已经不得不认真地考虑它了。我们必须严肃认真地进行调研，从科学家们那儿借鉴这些想法，然后投入到工程应用中。是时候必须动手做些事情了。

太阳能也值得好好讨论。我自己使用太阳能已经有 30 年了。太阳能可以给栅栏和大门供电，电动栅栏能把牛挡在院子外，大门可以自动打开。太阳能热水器可以给游泳池里的水加热。你没有必要使用丙烷，在个人家居层面，太阳能足够用了。

但在工业层面，问题就出现了。阳光很稀薄，收集能量所需的空间太大了。风能也有类似的问题。在南加州，大约 80 个太阳能项目即将启动，总计需要使用 2 600 平方千米的土地。这 2 600 平方千米的土地可不是荒地啊，这些土地是沙漠景观，是非常漂亮的自然风景。有许多人关注着这些风景，也有许多人一直致力于保护这些风景。

如果以工业化的规模在这片土地上采集太阳能发电，你需要用推土机“推倒”这片美丽的风景，把这儿铲得非常平整。这是工业技术对自然风景的摧残。风能也是一样。虽然风能对土地表面的损害要小一些，但一个风力发电厂也需要建在一片有很多风的区域，等到风力发电机完全覆盖了这片土地，你能做的事情恐怕只剩下放放牛了。

虽然这也可以接受，但大量的土地并未得到足够多的能源。同时，现在的技术还没有办法把收集到的风能和太阳能储存起来。也就是说，这些能量事实上并没有进入通用电网的基本负载中。要知道，全天候运作的基本负载才是让城市生活成为可能的能源。

太阳能与风能的缺点，在环保主义者及其他所有人面前，正逐渐变得越来越明显。我们也逐渐习惯了做事要权衡利弊。如果要真正地做些实事、要进行大胆的尝试，就需要更多更复杂的利弊权衡。风力发电场和核反应堆一样需要巨额的投资，在初始阶段都非常昂贵。有时候，最初的投资者可能承受不了这样的巨额投入。很可能在换了两三个投资者之后，才逐渐开始盈利。这是常态。我并不认为我们理解基础设施，也不认为我们了解基础设施的经济效益，我们只会画出宏伟的蓝图。

人们建造一些设施，可能有用，也可能没用；会为一些设施买单，可能有用,也可能没用。我们已经历了太多这样的事情,认为太阳能和风能很重要，但也不是那么的重要。这就是为什么我们需要更进一步，一方面要推进太阳能和风能的开发，让它们变得更有效率，另一方面，还要继续寻找其他能源，既不能是燃料，也不能像太阳能和风能那样占用大量的土地。

生物技术和所有其他的技术一样，发展迅速而且影响深远。当我们面临能源问题时，首先想到的事情之一就是向生物技术寻求帮助，看看生物技术有没有什么好的解决方案可以提高效率，不管是微生物还是别的什么技术。我们先是研发了生物燃料，将食物转化为燃料。虽然这个方案效果不甚理想，但也值得一试。

而在将来，生物燃料绝对是一种能源问题解决方案。美国哈佛大学遗传学教授乔治·丘奇（George Church）所憧憬的美好愿景——植物会按照需求生产出不同种类的燃料，并通过管道运送给你，终有一天会实现。如果你需要航空燃料，它就会像枫糖浆一样从植物里流出来。我们离实现这样的理想还有一段路要走，而且可能并没有想象得那么遥远。不过，我觉得这可能不是全部的解决方案。因为它只不过是另一种形式的太阳能，需要占用太多的土地。到目前为止，各种生产能源的生物科技都是基于各种形式的光合作用，这就意味着要利用抵达地球表面的稀薄阳光。

还有一些人想要更加充分地利用煤炭。美国生物学家克雷格·文特尔（Craig Venter）[1]想要将地下的煤炭转变成甲烷，因为气态燃料具有比煤炭更高的效率和更少的危害。这种方法可能会奏效。我们必须放手去做，大胆尝试每种可能，甚至去尝试那些还不确定的方法，因为并不是每种方法都会有效。我们面对的问题可不是单靠一种方法就能解决的，要想获得“真正”的能源，还要经历一段漫长的探索之路。以太网之父鲍勃·麦特卡夫（Bob Metcalfe）称这样的能源为“用之不竭的清洁能源”。有了这样的能源，就不需要再担心能源的问题了。我喜欢“用之不竭的清洁能源”这个词。从小接受的教育告诉我们，生活要节俭，不节俭的生活是不合宜的，而这个词违反了诸如此类深入人心的教条。

克雷格·文特尔的著作《生命的未来》中文简体字版已由湛庐文化策划、浙江人民出版社出版。——编者注

就我个人而言，我并不认为“用之不竭的清洁能源”会是一个伟大的发明，但我喜欢这个概念，因为它就像一个诱饵，诱使想要得到它的人们去创造。“用之不竭的清洁能源”，喜欢它，就去创造它吧！

要问我对美国气候政策的未来有什么建议，我觉得应该从能源、农业、气候和城市政策这几方面来谈，当然，还有教育。城市是绿色的，应该在美国和世界的其他地方推动城市化建设。核能是绿色的，应该在美国和世界的每个角落推广核能。基因工程生产的粮食作物、医疗作物以及任何其他绿色的作物也应该在所有地方推广。我们要为美国制定气候政策，这个政策将成为所有想要保护环境的人效仿的榜样，而所有的人也会步调一致地采取相同的行动来落实这个政策。只要将上文提及的所有政策凝聚在这个理念的周围，那么当我们告别 21 世纪时，人类世界的样子至少会同我们进入这个世界时一样美好。

城市之所以是绿色环保的，是因为它的能源利用更有效率。在城市中给众多的人口供暖或提供冷气并不需要多少电力。人们实现位移所消耗的能量也要更少一些，这是因为在人口较多的城市里，人们能够使用公共交通工具。因此，大规模人口聚居是有意义的。相比之下，住在偏远的郊区并不是那么有意义。而事实证明，人们也更喜欢住在城市地区。

因此，全世界每个月都有数以百万计的人们涌向城市。虽然有些人只能在贫民窟的棚户区中生活，但即便这样，城市给他们带来的机遇也比在乡村时要好很多。世界正在永久地失去农民文化，西方的崛起已近尾声。所有新兴的城市都在西方世界以外的地方，也就是地球的南部。生活在那儿的人们，是新世界的青年才俊和创新力量，他们随身带着手机，可以更快地将手机变成盈利的系统，而且他们的手机信号也比我们所在的北方更好更快。

现在，有超过一半的世界人口居住在城市里。就空间而言，这些人口只占用了世界非冰封土地的 2.8%。在城市里居住的人口很快就会达到 70%~80%，而那时候所占的非冰封土地可能会达到 3%。人们搬离了乡村，不再生火做饭和取暖了，于是，森林回来了；人们不再为了吃肉而捕杀野生动物了，于是，动物们回来了；人们也不再抽取地下水了，于是，地下的蓄水层回来了。所有这一切都是人潮从乡村涌向城市的副产品。从这个角度来说，城市是绿色环保的。

人们汇聚于城市，不是因为有人要求他们这样做，而是因为他们想要住在城市里。在 20 世纪 60 年代，我曾见识过一次逆城市化潮流，有些当时的流行观念认为，城市不好而乡村好。于是人们开始在乡下的村镇定居以排遣无聊的情绪。但没过多久，人们就开始回流城市，城市里的生意又重新开张。这就是我们这一代人的写照，人们喜欢乡村的生活，但又受够了乡村的生活。

我们面临的另一个难题被我称为“伤害问题”。环保运动的一个特别之处在于它与左派政治或者至少是自由化政治纠缠在了一起，这有许多不好的影响。这意味着许多保守派人士无法接受气候变化正在发生的事实，因为一旦承认，就意味着他们承认美国政治家、环境学家阿尔·戈尔（Al Gore）在某些事情上的做法是正确的。他们可不能接受这样的想法。这就是我们陷入的荒谬处境。但是，当你以是否给人民带来了好处为标准，开始审视各种环保运动的功过是非时，你会发现“绿色革命”（the Green Revolution）[1]给大众带来了好处，它避免了饥荒和战争。出于某些原因，环保主义者倾向于认为“绿色革命”不是一件好事，但他们错了。

[1] 绿色革命，最初指代一种农业技术推广，是20世纪60年代某些西方发达国家将高产谷物品种和农业技术推广到亚洲、非洲和南美洲的部分地区，促使其粮食增产的一项技术改革活动。但它导致化肥、农药的大量使用和土壤退化。90年代初，又发现其高产谷物中矿物质和维生素含量很低，长期食用会导致维生素和矿物质缺乏，从而削弱人们抵御传染病和从事体力劳动的能力。作者在文中认为“绿色革命”利大于弊。——译者注

美国遗传学家和植物病理学家诺曼·博洛格（Norman Borlaug）和其他科学家们给亚非拉地区（现在被称为发展中国家）带去的，实际上是西方农业实践的结晶。这套农耕技术包括化肥、除草剂和杀虫剂，以及通过繁殖育种得到更好的粮食作物品种（人们现在通过基因工程来育种）等。“绿色革命”给这些地区带去了大量可以利用的粮食，而在此之前，这些地区的农业生产从未有过如此之高的生产力。因此，可以说“绿色革命”以一种良善的方式改变了世界。

视“绿色革命”为一件坏事的观点，在我看来，

是因为这是自由主义原则的自相矛盾，并且这种趋势还在愈演愈烈。有一种迷信的观点认为转基因工程，也就是把一个物种的基因转移到另一个物种中的基因工程是反自然的。但其实不然，这种方式是基因在自然界中传播最自然不过的方式了。但是，如果你除了达尔文式的农业繁衍外一无所知，你就会认为基因工程有不对的地方了。

欧洲人决定将基因工程和转基因食物划为恶劣的事物，非常非常恶劣的事物，而且是绝对的禁忌。这让基因工程成了像动物权利或者堕胎这样的话题，足以威胁和惹恼科学家们，并毁掉他们的研究计划。他们的研究被认为是邪恶的，是弗兰肯斯坦式的怪胎，转基因食品则是弗兰肯斯坦式的食物。①

“弗兰肯斯坦”是英国作家玛丽·雪莱（Mary Shelley）同名小说中一个疯狂科学家的名字，他用许多碎尸块拼接成一个“人”，并用闪电将其激活。弗兰肯斯坦已经成为科幻史上的经典，很多幻想类影视作品中经常出现这个怪物的翻版。“弗兰肯斯坦”一词后来用以指代“顽固的人”或“人形怪物”，以及“脱离控制的创造物”等。——译者注

这已经伤害了非洲。非洲依赖欧洲的市场来销售它们的经济作物。非洲是最需要先进技术的农耕地区，尤其需要品种优良的庄稼，而基因工程可以比任何其他方式更快地得到优良的品种。但在非洲国家中，只有南非反对欧洲的立场。因为只有南非有足够多的科学家知道环保主义者们的话什么时候是有用的，什么时候没有用。

非洲的大部分地区相信环保主义者的言论，相信转基因作物或多或少是有毒的，或多或少不是什么好东西。而饥饿便是直接的后果。事实上，非洲是最需要这些农业技术的地区，但是由于环保主义者的存在，非洲地区获得转基因农业技术的时间可能被推迟了二三十年。事情的后果很严重，对非洲人民而言是一种伤害。环保主义者们犯下了大错。

据我所知，所有环保组织都反对基因工程和转基因食品，有些还相当激进，尤其是那些总部设在欧洲的组织。美国的环保组织相对温和一些，但就算态度再好也会温和地反对。但没有人是真正中立的，更没有人强力地支持转基因食品。

这真是个大问题。事实证明，目前，这些转基因作物在经济上和生态上都益处良多。它们带来了更高的产量，节省了更多的耕地面积，使你无须喷洒杀虫剂，因为植物自己就会免疫害虫。比如抗草甘膦大豆的推广，让你不再需要大量地喷洒除草剂，因为大豆在野草刚长出来时就会杀死它们，让你在和野草的对抗中直接获胜。

所有的转基因植物至少是对环境友好的，而且大多数情况下，是对环境有益的。转基因的科学原理非常清晰，但就因为它和某些迷信而悲观的观念冲突，科学就被忽略了。由于某些个人和组织对转基因粮食作物非理性的反感，穷人们将不得不忍饥挨饿。在德国的一次大会上，克雷格·文特尔被质问："你是在扮演上帝吗？"他回答说："我们可不是在过家家。"

现在回头梳理一下。伙计们，承认吧，其实我们一直在扮演上帝。有什么新奇的呢？我们就像上帝一样，必须做好这个角色。

确实，有些生物技术的从业人员将自己的工作称为"玩弄自然"，也就是说他们会把不同生物的基因整合在一起。但生物整合依然遵循着自然过程，只不过是更好地利用了这一过程。所以，其实并没有什么新奇的地方，只不过是有些人不熟悉这一自然过程罢了，就如同有些人不知道微生物是如何生存的一样。微生物们整天做的事情，正是我们现在每天在实验室里做的事情。你不知道微生物在做什么其实也没什么大不了的，不过，如果你明白微生物到底在干些什么，事情就大不一样了。

这个星球的大气层其实是由微生物来运转的，这正是地球的一个奇异之处。我们正渐渐地发现这个系统真正的运作方式。海洋在这个过程中扮演的角色特别值得关注，海洋微生物的生态在化学物质迁移、二氧化碳管理、海洋碳汇[1]等问题上都起着重要的作用。另外，我们的技术已经发展到纳米级别。随着对整个生态中的微生物基因进行全基因组测序，我们开始理解它们的生命以及它们是如何运作这个世界的。因此，我想，对当前问题的解决方案是：如果你有一个不确定该如何回答的问题，那就去问问微生物吧。

碳汇（carbon sequestration 或 carbon sink），指从空气中清除二氧化碳的过程、活动和机制，一般特指森林吸收并储存二氧化碳的多少。文中指海洋吸收和储存二氧化碳的能力。——译者注

GOOGLE IS TURING'S CATHEDRAL, AWAITING ITS SOUL.

谷歌就是图灵的大教堂，
在等待自己灵魂的到来。

——《图灵的大教堂》

Google
is
Turing's
cathedral,
awaiting
its
soul.

06

TURING'S CATHEDRAL

图灵的大教堂

值约翰·冯·诺伊曼提议发明数字计算机60周年之际访问谷歌公司

George Dyson
乔治·戴森
美国非小说作家、历史学家
著有《图灵的大教堂》

数字世界中存在两种位制（bits）[1]，一种代表结构（空间不同），另一种代表序列（时间不同）。艾伦·图灵（Alan Turing）提出了数字计算机的构想，约翰·冯·诺伊曼（John von Neumann）将它变为现实。数字计算机是一种可以根据特定规则在两种位制之间进行转换的装置。

即二进制的位，在计算技术名词中简称为“位”。——译者注

1945 年 10 月 24 日，任教于美国新泽西州普林斯顿高等研究院的数学家冯·诺伊曼开始筹集资金来建造一台以电子速度进行数字计算的机器。他曾在写给刘易斯·施特劳斯（Lewis Strauss）的信中说道：“我相

信正在设计中的装置，它将代表随后出现的一大类机器，由于全新的特性，只有当它真正运行后，许多功能才会凸显出来。而它最重要的功能是什么，现在还无从知晓，因为这些功能离我们目前的现实太遥远了。”

消息一传出，冯·诺伊曼便得到了陆军、海军和空军的支持，美国原子能委员会（AEC）很快就成了冯·诺伊曼最主要的赞助人。这样的合作实在是让人难以拒绝。1949 年，普林斯顿高等研究院的行政管理部门曾这样描述道：“美国陆军的军方合同规定由陆军导弹研究实验室进行监督，而美国原子能委员会的合同则由冯·诺伊曼出面监督。”1951 年，这台机器终于正式投入运行。它拥有 5 000 字节的随机存储器（内存）：该存储器有一个 32 × 32 × 40 的二进制数字矩阵，以电荷闪烁的模式进行储存，在 40 根阴极射线管表面，亮光的组合模式每毫秒变化一次。

编码基于一定的构建原则：一对 5 位的坐标能精确定位一串包含 40 位数字的信息储存位置。这 40 位数字不仅可以是数据（表达意思的数字，numbers that mean things），还可以是可执行的指令（发布指令的数字，numbers that do things），这意味着代码可以控制其他存储位置，并执行命令。

为了打破数据数字和命令数字的界限，冯·诺伊曼发明了存储程序计算机，这一发明把我们带入了一个全新的世界。计算机处理器中存储位置和指令的连锁反应与原子弹内核的连锁反应极为相似，这并非巧合。冯·诺伊曼项目背后的推动力正是为了推动大量蒙特·卡罗模拟（Monte Carlo Simulation）过程，而这些模拟过程是为了研究亚临界裂变物质的内爆如何突破临界并最终引起核弹爆炸的。

专家们成功地利用蒙特·卡罗模拟造出了浓缩的、可预测的可裂变核弹（原子弹）。同时，通过更多的蒙特·卡罗模拟和更多的斯坦·乌拉姆模拟（Stan Ulam Simulation），还成功造出了“超级核弹”，也就是氢弹。但是，数字计算机计算能力的“爆炸”使核弹的发明相形见绌。初始的芯片拥有 4×10^4 位，以千赫速度运算。随着冯·诺伊曼的设计原型不断复制扩大，单个矩阵达到

10^9 位，其速度达到 10^9 赫兹，并可以同时与一个扩展地址矩阵相连接，该地址矩阵包含了近 10^9 个远程主机。芯片的扩张仍在不断加速，现在每秒会生产超过 10^{10} 个晶体管。这些晶体管会被集成在各类设备中，不仅包括计算机，还包括各种拥有 IP 地址的设备。现在这种 32 位的 IP 地址在未来 10 年甚至不到 10 年的时间里，就会耗尽。

20 世纪 50 年代初，内存出现故障的平均时间以分钟来衡量。没有人会想到一个每个比特的计算都要求准确地址和精确时间的系统，其大小竟然能扩大 10^{13} 倍，同时运转时间也变为原来的一百万分之一。1957 年，冯·诺伊曼英年早逝。他在去世前，对生物学充满兴趣，希望理解生物是如何利用不可靠的材料建造出高度有序有机体的，并希望通过该研究获得灵感，研发出类似的技术。他认为自己当时关于计算机的构想在不久的将来便会被其他设想所替代。因为他觉得即使我们可以完全调试好程序，也绝不能指望拥有百万记忆容量的计算机会持续以 1 000 赫兹速度不出差错地平稳运行。

50 年后，固态微电子的出现使冯·诺伊曼矩阵变得更为强大。现在的问题不再是如何用简陋的硬件得到可靠结果，而是如何用“马虎”的代码得到可靠结果。冯·诺伊曼结构在今天得以保留，但以图灵－冯·诺伊曼机器为基础，新的设计构想也开始酝酿发展。接下来会如何？当冯·诺伊曼的构想陷入停滞状态，又该何去何从呢？

作为生物体，每个人都拥有两个不同的信息库：由基因传递的信息和储存在大脑中的信息。这两者依托的架构皆与冯·诺伊曼结构不同。因此，当冯·诺伊曼卸任美国原子能委员会主席时（他的前任就是刘易斯·施特劳斯），他对人体信息库充满兴趣，并开始规划相关的研究。不幸的是，癌症让他后续的研究无法继续。他将自己对人脑信息储存的研究写在了《计算机与人脑》（*The Computer and the Brain*）一书中，该书在他离世后出版。在书中，他写道：

> 神经系统中所使用的信息系统，其本质是统计性质的。换句话说，它不是规定的符号、数字的精确位置问题，而是信息出现的统计性质问题。因此，神经系统所运用的记数系统，与我们所熟悉的一般算数和数学系统完全不同。……很明显，消息的其他统计性质也是可以被运用的：频率，是一个单一的脉冲序列性质，但每个相关的神经，都包含大量的神经纤维，而每一根神经纤维，都能传送许多的脉冲序列。所以，完全有理由设想，这些脉冲序列之间一定的（统计的）关系也可以传送信息。……无论中央神经系统使用什么语言，它的标志是：它比我们通常使用的逻辑深度和算术深度都要小。

好友斯坦·乌拉姆（Stan Ulam）曾问冯·诺伊曼："是什么使你如此确定数学逻辑符合我们的思维方式呢？"

不管是在神经系统还是概率搜索引擎中，脉冲频率编码（pulse-frequency coding）都是基于对连接主体以及给定目标间连接频率的统计。正如冯·诺伊曼在 1948 年时所说："为了帮助我们理解高度复杂的自动机，特别是中枢神经系统，我们需要一个新的、本质上符合逻辑的理论。然而，在这个过程中，逻辑在很大程度上会'蜕变'为神经科学，而非相反的路径。"

1953 年，DNA 结构的发现引发了一场分子生物学的革命，分子生物学由此蓬勃发展，而冯·诺伊曼却在这一时期不幸离世。现在，我们知道生命基于一系列数字编码指令，在序列和结构（由核苷酸向蛋白质）间转换，完全符合图灵曾经的描述。核糖体和其他细胞器起到加工作用，包括识别、复制、解码序列结构等。这个过程与计算机原理惊人的相似性使我们忽略了两者发出指令的方式其实全然不同。

在数字计算机中，指令以命令（地址）的形式完成。"地址"是一个确切的（绝对或相对的）记忆位置，计算的过程大致可以描述为：用从"这个位置"找到的数据"执行此命令"，然后把计算结果存在"那个位置"。每个计算过程不仅要求确切的指令，同时还要求准确定义存储数据的地址（"这个位置""那个位置"）和执行命令的时间。很难想象，由几百人的团队编写数百万条代码的程序，可以在计算机中良好地运行。不过，一旦某一位数据出现了位置错误或时间错误，整个程序就会中止。

生物学过程则截然不同，没有冯·诺伊曼式的地址矩阵，只有一团分子。生物体的指令很简单：用合成的下一个“那种物质”来“做这件事”，但其结果却要稳定得多。生物过程中没有毫不容错的统一地址系统，也没有毫不容错的统一时间。生物拥有将杂乱无章的局部过程变得正常而有序的能力。而正是这种独特的能力，将生物体内的信息处理过程和数字计算机内的信息处理过程区别开来。

当然，差不多自数字计算机诞生以来，人们就一直憧憬着任务导向型的编程语言和非同步的信息处理。朱利安·毕格罗（Julian Bigelow）是冯·诺伊曼研发数字计算机时的首席架构工程师。除了冯·诺伊曼结构外，他和许多其他科学家一直在构想其他的计算机结构，内容寻址存储器（content-addressable memory）便是其中之一。毕格罗在1965年写道：

> 对于人造电子计算机，由于各个运算事件必须在时间上按照一定的先后次序执行，这就导致在很大程度上，计算装置必须由在空间上严格独立的元件来制造。因此，要想在给定的计算机上完成想要的时间序列计算过程，基本上就是要搞清楚各地址序列间的相互作用……“地址”问题的麻烦还不止于此。有研究表明，这种模式有可能导致存储在矩阵单位中的许多原始信息由于没有生成在“机器空间”中的明确坐标地址，而无法在进入计算过程时被提取出来。

基于硬件的内容寻址存储器在一些特定的高速网络路由器中得到了小范围的应用，而基于模板的内容定位，在谷歌出现以前一直没有得到普及。在冯·诺伊曼矩阵之上，谷歌正在建造一层新的、内容可寻址的结构。细节非常复杂而原理却很简单：这是一幅地图。正如荷兰商人（和其他国家的商人）在16世纪得到的经验，持有地图的人可以得到大量的财富。

我们将之称为搜索引擎，这一层“内容寻址”的结构可以更容易找到所需的信息、分享想法或是回溯。这是一次巨大的飞跃，但还不足以像冯·诺伊曼当年的发现一样，成为一场改变世界的革命。1945 年，是冯·诺伊曼将数字信息分成两类，可以表达意思的数字和可以发布指令的数字。

然而，一旦我们大致画出数字世界的地图，并通过地图来搜索有用的信息和路径，数字世界便将不可避免地被可以利用这些结果来“做”事情的代码所“殖民”。基于模板的内容寻址系统一旦出现，就像打开了一扇门，代码可以直接与其他代码相互作用，从“每一个比特数据都需要一个准确地址”的繁文缛节中解放出来。你可以这样写代码指令（事实上有些人已经这么写了）：用“那个数据做这件事情”，不再需要明确定义调用数据的“地址”和“时间”。这场革命将从一些简单、基本的代码和任务开始，类似核苷酸分子“独自外出”，带回氨基酸来合成蛋白质这样的简单任务。这绝对是一次巨变，就像 1945 年一样。

艾伦·图灵最早提出了这一设想。1948 年，他在给英国国家物理实验室写的一份关于智能机器的报告中建议：“智力活动主要由多种搜索活动构成。”1936 年，正是图灵向冯·诺伊曼展示，虽然无法解决全部的问题，但数字计算机可以解决绝大多数有限且明确的问题。然而，计算机可能会花很长时间才能给出答案（这种情况下需要制造更快的计算机），也可能会花很长时间才能提出问题（这种情况下需要雇用更多的程序员）。计算机给出答案的能力变得越来越强，但也只能回答程序员们有能力提出的问题。

我们可以将计算世界分为三个部分：可计算的问题；不可计算的问题（可以准确描述但缺乏有效的求解方法）；原则上可以计算，但实际操作中无法用明确的语言提出让机器理解的问题。

大部分的计算都属于第一部分，而大部分的生活（与思考）则属于第三部分。在现实世界中，大多数时候，找到问题的答案比提出问题更为简单。比如，画点什么看起来像猫的东西，就比准确描述什么让猫看起来像猫要更为简单。小孩子随手涂鸦，但最终还是会画出一个像猫的东西。有了问题，答案总会找上门来，反之却不成立。世界开始变得有意义，而无意义的涂鸦（和大量的神经元）将被抛在脑后。

正因如此，谷歌才这么出色。已知宇宙中的所有答案都在那儿，天才的算法为它们画好了地图，让答案通向人们提出的问题。

1958年，在IBM发表的一次演讲中，图灵以前的助手、密码分析师欧文·古德（Irving Good）说道："建造一台具有初始随机性的计算机，支持者的理由之一是如果该计算机足够大，它将包括所需的每一个网络。"由神经元、计算机、文字或想法组成的网络，都包含着答案，等待着被发现，等待着问题被清晰地定义。找到清楚的答案比提出清楚的问题要简单得多。而有些答案将永远沉睡，因为无法提出相应的问题。

英国科幻小说家赫伯特·乔治·威尔斯在其1938年的《世界脑》（*World Brain*）一书中写道："每个人都将有权使用全人类的知识储备，这甚至可能在短期内实现。这个新的、全人类的大脑并不需要被安置在某个特殊的地方，而是可以精确而完整地复制到任意一个地方，秘鲁、中国、冰岛、中非或是任何可以保障该大脑免于危险和打扰的地方。这个大脑可以同时拥有颅骨生物般的智慧和阿米巴虫那种扩张的生命力。"威尔斯不仅预见到了万维网的分布式智能，还预见到了这种智能进行聚合的必然性，以及权力与知识终将受其辖制的趋势。"在一个全球性组织中，所有知识和想法公开透明。人们呼唤这样一种存在，我将其称为'世界脑'。在这样的世界中，也只能在这样的世界中，才有望出现一个真正称职的世界事务管理者……我们不想要独裁者，也不想要寡头政治或阶级规则，我们想要的是有自我意识而又广泛分布的世界智能。"

我对谷歌的访问怎么样呢？尽管有许多新奇怪诞的家具和玩具，我感觉自己就像走进了一座14世纪的大教堂——不是14世纪，而是12世纪。那时，这座教堂还在建设中，每个人都在忙着雕刻这儿的一块石头或是那儿的一块石头，而无形的建筑师则把一切都恰到好处地整合在了一起。这里的气氛轻松愉快，然而空气中又弥漫着一种可以感觉到的肃穆。"我们扫描这些书并不是为了让人来读，"带我参观的主人之一解释道，"我们希望有朝一日人工智能可以读这些书。”[1]

我想到了艾伦·图灵在《计算机与智能》(*Computing Machinery and Intelligence*)一文中说过的话，这篇文章影响深远，奠定了人类探索真正的人工智能的基础。图灵在文中写道：“在试图建造这种机器时，我们不应该不敬地僭夺上帝创造灵魂的权力，而是应该像生育孩子一样。无论是制造机器还是生育孩子，我们都不过是上帝的工具，为上帝创造的灵魂提供一个容器。”

谷歌就是图灵的大教堂，在等待自己灵魂的到来。我们也希望如此。用一个洞察力超乎常人的朋友的话说：“当我在谷歌的时候，那时还是谷歌首次公开募股（IPO）之前，我觉得那儿舒适得简直有点过分。快乐的金毛犬在草坪上不紧不慢地穿过洒水的喷头。人们冲你招手、微笑，到处都是玩具。我瞬间开始怀疑，难以想象的邪恶或许正发生在某个黑暗的角落。如果恶魔要来人间，还有更好的藏身之地吗？”

30年来，我一直在想，当一个真正的人工智能出现时，会有什么征兆呢？当然不会有明确的启示，要不然很可能会在人类中间引发一场停用所有机器的运动。预兆可能是异常的财富积累和创造，或是对原始信息、存储空间、处理速度等不可遏制的饥渴，还可能是试图获得永不中断、充分自治的能源供给。但我觉得，真正的预兆，将是一群围绕人工智能的人类，他们快乐、知足，智力和身体都得到了良好的培养。不需要真正的信徒，也不需要下载人类大脑或是做其他类似的邪恶事，我们和某种成长中的“存在”之间是一种渐进、温和、普遍、互利的交流和联系。现在，

[1] 谷歌公司有一个叫作“谷歌图书”（Google Books）的项目，致力于纸书电子化，也就是将大量书籍扫描为电子版，从而建立一个电子图书馆。——译者注

这依然是一个无法检验的假说。

科幻作家西蒙·英格斯（Simon Ings）对未来的描述或许最为贴切："当机器超过我们，变得太过复杂、太过高效，让我们难以驾驭时，它们会迅速而悄无声息地完成这一切，一切是那么'有用'，只有傻瓜或先知才敢抱怨。"

注：乔治·戴森的《图灵的大教堂》中文简体字版已由湛庐文化策划、浙江人民出版社出版。——编者注

NO MOMENT IN TECHNOLOGY HISTORY HAS EVER BEEN MORE EXCITING OR DANGEROUS THAN NOW.

—

THE INTERNET IS LIKE A NEW COMPUTER RUNNING A FLASHY, EXCITING DEMO.

科学技术史上从未有过像现在这样激动人心或万分紧急的时刻。互联网就像一台新式电脑，运行着瞬息万变而又令人振奋的演示。

——《是时候认真对待互联网了》

07

TIME TO START TAKING THE INTERNET SERIOUSLY

是时候认真对待互联网了

David Gelernter
戴维·盖勒特
耶鲁大学计算机科学教授、计算机科学家
镜像世界技术首席科学家
著有《镜像世界》（*Mirror Worlds Technologies*）

1 科学技术史上从未有过像现在这样激动人心或万分紧急的时刻。互联网就像一台新式电脑，运行着瞬息万变而又令人振奋的演示。15 年来，我们一直痴迷于此。但现在是时候着手改变，让互联网对我们唯命是从了。

2 当前所面临的困境是，互联网存在根本性的难题。如果现在进入了信息时代，那我们对什么了如指掌呢，孩子们又知道哪些父母不了解的东西呢？是的，孩子们知道如何使用电脑，但这不能与驾车技术相提并论。之后，我还将谈到这个难题。

3 下面是一个比较容易的问题，答案显而易见。电脑所普及之处，几乎每个人都会使用文字处理器编辑文字。因此，文字处理器可说是历史上最成功的发明之一了。它对大多数人来说不仅有用，而且到了不可或缺的地步。

若确实如此，它到底有什么突出贡献呢？我们说，我们离不开它，但假如必须舍弃，又会造成什么影响呢？文字处理器提高现代写作质量了吗？它的不可或缺又带来了什么样的成就呢？

4 它提高的不是我们的写作质量，而是数量，“我们”的意思是社会整体。就其本身而言，互联网也没有提升我们接触到的信息的质量，而只是在数量上实现了飞跃。其实，赢得数量比赢得质量要更为容易。互联网小试身手的时代已然过去，现在是时候让它攻坚克难了。

5 想想网络搜索。现代搜索引擎将全球范围内的图书馆和企业目录结合在了一起，搜索只需转瞬即可，这是一个快如闪电的辉煌工程。这些搜索引擎就像文字处理器一样必不可少。不过，它们解决的也只是容易的问题。相对于找到正确的信息，找到合适的人更有难度。人类的经验和专业知识才是互联网上最宝贵的资源，前提是我们能够找到。使用搜索引擎寻找（或被找到）合适的人比普通的互联网搜索更难，也更为微妙。小问题已经在着手处理了；未来，我们将迎难而上，解决棘手的问题，而绝不会仅仅满足于科技树上唾手可得的果子或是飞来横财。

6 我们知道互联网上产生了“信息过载”的问题，它可以分为两个方面：信息源数量剧增以及单个信息源信息流剧增。相较而言，第一个方面处理起来更难：好比一边是五个人同时开腔，七嘴八舌，一边是一个人口齿伶俐，巧舌如簧。当然是前者更让人摸不着头脑，尤其是你还可以叫那单独的一个人暂停，或者返回重复听。多重信息源整合是解决信息过载的关键。比如，博客和其他文章网站就整合了许多来源不同的信息。不过，信息过载的问题一时之间难以解决，除非每个互联网用户都可以自我选择待整合的信息源，并且要将最重要的信息源纳入其中：自己的个人信息，例如电子邮件和其他信息，提醒和各种文件。要做到这一点，我们只需要调整整个网络空间，让时间代替空间成为主轴。

7 在上一段中，我曾写到“每个互联网用户”，其实所有计算系统的用户都应该有简洁、统一的操作系统和界面。互联网用户至今尚未实现这一点。

8 实际业务：在私人机器和信息云之间的拉锯战中，谁能获胜呢？你是愿意将个人信息存储在自己的个人计算机中，还是远在云端的无名服务器中，抑或是两者兼有？答案：在信息云中。云将接管你的个人计算机。无论何时，它都可以将你需要的信息移动到你的手机、笔记本电脑、pad、pod，但会始终保存信息的副本。当你对任何文件进行更改时，相应的更改也会立即反映到云中。这项服务的大部分功能早就实现了应用。

9 由于个人信息存储在云中，只在需要的时候对个人计算机进行快速访问，你所有的个人计算机都会自动实现信息共享；就算你启动运行新的计算机，也能照常有效工作；计算机丢失或被盗也无须担心，其中所包含的信息将瞬间蒸发。云会确保信息安全加密、分布和保存。

10 实际业务：小型计算机近来已成为人们关注的焦点，今后 10 年也将进入手机的时代。小型设备将继续蓬勃发展，但电子设备迎来的一项最重要的新发展将发生在显示屏的规格上。无论是在办公室还是在家里，越来越多的人都将抛弃传统的台式机和笔记本电脑，转而选择大屏幕的电脑。也许你会坐到距离屏幕两米开外舒适的椅子上，腿上放着键盘和控制器。工作会变得更容易，视疲劳也会跟着减轻，这一点非常重要。大屏幕电脑的出现将会给办公楼带来形态上的变化，由此打造出全新专属建筑结构。上班族多半时间会待在大屏幕电脑的模块房中，虽然可能会比今天的大多数私人办公室要小，但却更为舒适。届时，新型建筑将围绕一个个大屏幕电脑设计建造，相应的模块房则围绕中心庭院层层堆叠，层叠的模块房构成了圆柱形建筑的墙体，随着楼层的升高，随之呈螺旋状上升……

11 互联网建立的新型经济制度只可能基于有偿工作原则，绝不会基于自愿工作原则，不过它会推动建立起历史上最好的经济制度，在此之下的新型市场（例如，教育领域的免费市场）将改变世界。好消息！网络将让现有的大学从此消失（少数非常著名且美丽的校园除外）。网络永远不可能拥有思想，但却可以帮助我们转变思维方式，如果可能，还可以改变时代精神。但同时也充满了危险：虚拟的大学有利，但虚拟的国家却不然。对于虚拟的国家而言，其成员可以随意居住在任何地方，只靠互联网联系起来，他们四处散布可以形成极大的威胁，就像玻璃的碎片，棱角锋利，极易使人破皮流血。我们清楚虚拟的国家会变成什么样子：基地组织就是一个先例。

12 简而言之：是时候认真对待互联网了，再也不能放任不管了。

13 传统的网站是静态的，而互联网则专门处理流动、变化的信息。因此，“信息速度”十分重要，不仅包含这些事实，还包括速度和流动方向。现在典型的网站就像是彩色玻璃窗，由许多小板块组合而成。现在还没有好方法能改进彩色玻璃，也没有人希望它改变。所以，互联网正被另外一种不同的网络结构所取代也就不足为奇了。

14 相较而言，一种被称为网络信息流（cyberstream）或者生活信息流（lifestream）的结构比传统网站更适合互联网，因为它能展现信息的流动，就像哗哗流淌的鲜活信息河流，而不是一潭死水。

15 每个月，都会有越来越多的信息以生活信息流的形式涌现，其中一些称为博客、“订阅源”、“活动流”、“事件流”、Twitter 流等。所有这些数据流都是网络结构中的专有例子，在 20 世纪 90 年代中期，我们称这种网络结构为生活信息流：它由各种数字文件构成，根据创建或到达的时间排列，可进行实时改变；你可以聚焦其中，从而使之转变为不同的数据流；它也有过去、现在和未来。它的未来以时间的速度流经现在成为过去。

16 你的个人信息，所有通信、文件、照片、视频，包括“跨网”信息、电话、语音邮件、短信，都将被存储在云中的生活信息流里。

17 虽然不存在明确的方法可以让两个标准网站合二为一，但是融合两条数据流的方法却是显而易见的。你只需将它们像洗两副牌一样混杂起来，保证时间先后顺序不变，把早期文档放在前面即可。融合尤为重要，因为我们必须能够在网络空间中增添和删减信息流。通过融合可以将信息流添加到一起。既然融合任意一组数据流都很容易，那么整合信息流结构的多个网站这一问题也可迎刃而解，我们可将数据流组视为一个单位，而非活动中许多独立的点。整合对于解决信息过载问题也意义重大。通过搜索或聚焦，可以对信息流进行删减。比如就“雪”进行搜索，意味着筛除每一个与“雪”不相关的信息流元素。从主信息流中筛除“非雪”信息流，就会产生“雪”信息流。混合和搜索信息流是新网络空间中的加减法。

18 几乎所有互联网上流动、改变的信息都将通过流的形式进行传播。这样，你将能收集和融合所有你感兴趣的信息流。世界新闻或朋友的消息，描述价格、拍卖或任何领域的新发现，以及交通、天气、市场等信息流都将被收集并融合成为一条信息流。然后你个人的生活流也将融入其中。其结果就是你的主信息流，它区别于其他所有的信息流，会快速传递你所关心的所有数字信息。

19 你可以转动旋钮和减慢主信息流的传阅速度：不太重要的信息流元素会略过，不会分散你的注意力，但仍会在信息流中保留，当你对其进行搜索的时候就会出现。你可以对生活流进行倒带，回顾一下过去。如果一个看似重要的文件或消息在你面前一扫而过却来不及处理时，你可以将它复制，再安排到未来的文件或消息中去（比如，将它复制安排到当天晚上 10 点）；未来时间来到时，文件就会再次出现。你可以转动不同的旋钮，让快速传递的信息流分散为几个较慢的信息流，前提是你的屏幕上有足够的空间足以展示所有这些信息流。只要你愿意，你还可以将那些单独的信息流再次融合在一起。

20 有时，你会想听而不是看这些信息流，也许你在驾车，或坐着听一个无聊的会议或演讲。这时，软件就会为你大声将文本阅读出来，最终还会为你描述图片。当你在看高清电视时，也许会让信息流在屏幕的一侧显示，这样你就可以时时与生活各方面保持联系。

21 只要运转你的生命流，软件就可轻易了解到你的习惯，也能轻易找出哪封电子邮件、社会最新事件或新闻故事，你可能会觉得重要、有趣。因此，软件轻易就能突显出你可能认为重要的信息流元素，让其他信息流快速经过而不引起你的注意。

22 生活流将使软件比今天更容易获取到你的生活细节，并预测你未来的行动。这对隐私的潜在损害很大，也是在此讨论的一个很重要的问题。简单地说，问题在于，过去的几十年里许多来源对隐私的毁灭性打击是会使我们因此而沮丧、投降，还是让我们为维护剩下的权益做更顽强的斗争。

23 互联网的未来不是 Web 2.0 或 Web 200.0，而是后网络，其中时间将取代空间成为其组织原则，不是许多层彩绘玻璃窗，也不基于空间的信息，那不过就像市场里的蔬菜。网络将会由许多信息流组成，按照时间排列流动。作为一个整体，网络空间就相当于互联网中每条融合起来的信息流：整个世界都在讲述自身的故事。但是世界自身的故事充满了私人信息，遗憾的是这些信息不允许任何人听。

24 10 年前，我就写到了生活流日益突出的重要性。科技记者埃里克·施恩菲尔德（Erik Schonfeld）在一个新闻报道中曾问道："某个大公司是否可以采用社会网络的核心通信模式——生活流，再重新出让给 IM 客户。"（报道的标题是 *Bebo Zeroes In On Lifestreaming For The Masses*）"生活流"现在是一个普遍使用的词，信息流也已遍布整个网络。10 年前，我将未来的计算机描述成"海滩上挖的坑，信息就像海水一样从网络空间中涌出来"。现如今，无线覆盖范围的快速扩张和移动电子设备的不断增长意味着几乎无论身处何地，只要你打开笔记本或手机，信息就会涌现；用不了多久，这种"无处不在"也将实现。

25 从中我们得知：对未来科技做出正确的预测是很容易的；作家要记得将自己的预测以恰当且富有诗意的语言记下来，这样就可以轻易证实其正确性。

26 如果我们认为时间与空间正交，那么基于信息流和时间的网络空间就是传统互联网在数字时空偏向一侧的结果。传统的网页型互联网（实际上）是由许多平面嵌板混乱连接而成。我们需要等同于时间片段的深层网站，而非平面网站。平面网站中的信息是根据空间进行安排的。当我们在屏幕上看到这样一个深层网站，自然而然就会回想过去，同时延伸到（或超越）屏幕中去，在屏幕前面未来也将向前延伸；未来朝着屏幕而来，跃然于屏幕之上，接着又深入到屏幕之外的空间。

27 互联网是一个大话题，不是手机或视频游戏平台或人工智能可以与之同日而语的，它堪比教育，作用不可小觑。因此要小心：成了一名教师，就要精通一些你能教授的主题；就读教育学校，就要掌握一些知识；在互联网上工作，就要熟悉互联网的某个领域，如工程、软件、计算机科学、通信理论、经济或商业、文学或设计。不要在网络学校中一无所得。互联网学院中精英荟萃，不乏令人钦佩的高人。但是，如果这些学院之于互联网与学校之于教育一样，发挥着相同的效果，那么它们的出现就是一场灾难。

28 回到根本的问题：如果这是一个信息时代，那么有什么事物，是孩子们知道而父母不了解的呢？答案是“现在”——孩子们了解现在。

29 网络文化是一种现时文化。互联网会告诉你，你的朋友正在做什么，实时世界又发生了什么新闻，还有商店、市场和天气的实时情况，最新舆论、趋势和时尚等。互联网使我们每个人和无数的网站形成了即时的联系，在当前同一时刻可以延伸到各个地方。

30 现时文化是现代最重要的文化现象之一：西方世界的注意力逐渐从深层且狭窄的领域，如家庭或村庄及其历史，转移到更广泛却更为浅显的领域，如较大的社区、国家和世界。名人崇拜、民意调查的重要性、历史教学水平衰退、学术界和其他知识精英群体观点和态度的统一性，都是某个现象的一个方面。现时文化只注重现在，不管其他。在终极网络文化中，徜徉在现时文化中，就像比萨饼浸泡在海水中，又仿佛沐浴在热带倾盆大雨中，每个人都是一样的谈吐，一样的着装，一样的思想。

31 正如我在篇首所写，在科学技术史上从未有过像“现在”这样激动人心或者说万分危急的时刻。我们对现在了解越多，对以后的了解也就越少。互联网大幅提升信息的供应量，人类思维能力却没有得到相应提升。一些科学家讨论过人为地提升思维和记忆能力，但他们所讨论的不再是人类，而是一些新物种，对此我们一无所知。在这个领域中，我们就是傻瓜，一味地怀疑自己的无知。现时文化的影响就类似于在大城市中的光污染，使星星黯然失色，微不可察。现时信息洪流将过去完全淹没了。

32 但是，对于了解过去以及时间的实质而言，互联网将是有史以来最强大的发明。一旦我们发现了对某种设备持有的偏见，就可以将之改正过来。人们对互联网就存在很大的偏见，认为它只注重现在。但是，利用生活流（信息根据时间而非空间来安排），历史学家也可以收集、讨论并逐步细化历史事实的时间轴。这样的时间轴虽不是历史，但却是历史的原材料。他们将就此展开激烈辩论和商议，而且轻易就能对并列的两个版本（以及提供相应依据的证据）进行比较。图片、视频和文字将围绕这些信息流堆积起来。最终，这些都将成为网络空间中共同的文化古迹。

33 不久以后，所有个人、家庭和其他机构的历史将以可见的信息流形式出现。生活流就是有形的时间：生命迅速滑过时间的海洋，生活流就是其航道中遗留下来的尾迹。在空气清凉的表面上析出露珠；在网络空间表皮的时间脉络上则结出信息流的结晶。信息流涓涓流淌，接着奔腾穿过网络空间消融的冰泉，我们对“现时文化”的痴迷也随之消逝，堤坝将被修复，受损的现代文明广场也将得到整理。

34 曾经通过望远镜观察月亮特写的人一定见过，随着地球缓缓旋转，月亮慢慢飘出视野。在未来，网络空间也将会飘移：如果你长时间停留在对一个主题的研究上，你的注意力就会变得松散，思维也会出现偏离，网络据此会做出应对，通过自身慢慢调整转向新的主题、新的领域，虽然表面上新主题与原主题并无明显联系，但存在深层的情感联系，这种联系无疑只对你个人有意义。

35 今天的互联网终究还是一台机器，它会使我们的偏见加深。信息选择的范围越广，我们就越挑剔，所选择的也仅限于自己的兴趣所在，而其他的则一概不问。 在网络上，我们只满足于阅读片面性的信息，要么符合原有观念，要么与早已知晓或者已有论断的事实保持一致。在传统的报纸上，你所阅读的可能是10个主题各不相同的故事；而在网络上，很多人会花费相同的时间阅读关于同一主题的10个故事。不过，一旦我们理解了对某一设备存在的偏见，就可以将之纠正过来。在这个网络世纪中，最难解也是最有趣的一个问题就是如何将“飘移”应用到网络当中，这样你的思想有时就会游走到意料之外的领域（当你累了的时候，你的思维就会游走）。触碰这台机器，就会将你带回到原来的主题。有时，我们需要外界的帮助，以便克服理性，让我们的思绪徜徉、变幻，一如入梦。

36 让人类思维方式朝着做梦时的逻辑逆向发展，就好比将重达数百万吨的大型喷气式客机向后推动几厘米，这可能是互联网最伟大的成就。不过，对此还尚未有定论。

I DO
SOMETHING
FOR YOU

AND

SOMEBODY ELSE
HELPS
ME IN RETURN.

我帮助了你，未来会有其他人来帮助我。

——《间接互惠、评估硬连线与声誉》

08

INDIRECT RECIPROCITY, ASSESSMENT HARDWIRING, AND REPUTATION

间接互惠、评估硬连线与声誉

Karl Sigmund
卡尔 · 西格蒙德
维也纳大学数学教授，进化博弈论先驱之一
著有《生命的博弈》（*Games of Life*）

每天，每户家庭中都会看到直接互惠的现象。比如，如果我妻子做饭，那么我便刷碗。如果不是这样，我们之间的合作便不存在了。这是一个普通场景，许多专家对其他类似情况也已做过相关研究。20 世纪 80 年代末，我在澳大利亚山区度假期间遇到了马丁 · 诺瓦克（Martin Nowak），于是我们便开始共同研究直接互惠。当时我正在教授关于罗伯特 · 阿克塞尔罗德（Robert Axelrod）的课程。阿克塞尔罗德所著的《合作的进化》（*The Evolution of Cooperation*）一书在当时早已是经典之作，这对于直接互惠研究大有帮助。书中呈现了许多阿克塞尔罗德个人的研究成果，同时也为后人的研究做了铺垫。在阿克塞尔罗德撰写此书期间，心理学家、哲学家、数学家早已写了成百篇论文来探讨囚徒困境（prisoner’s dilemma）问题。随后，论文数量不断增加，开辟了一个新的研究领域。囚徒困境最简单的例子便是：如果两个人被关在两间不同的房间，每个人均有选择是否给对方礼物的权利。根据囚徒困境的博弈规则，一方如果选择给另一方送礼物，他本人需要交 1 美元，而游戏组织者会给另一方 3 美元。双方必须在同一时间做出决定。若两人均决定给予对方礼物,那么彼此都能以 1 美元的付出代价而收到 3 美元。这样一来，双方均可净赚 2 美元。但若双方均不愿意给予,那么他们不需要付出任何代价，但是也没有任何收入。这个游戏的冲突点在于：若一方愿意给予另一方礼物，但另一方却无意支出，那么给予的一方则吃亏了。他付出 1 美元，但是却毫无收获，然而另一方则净赚 3 美元。

在最简单的囚徒困境理论中，该实验只进行一次。如果两人之间没有过多的交流，很明显，你只需考虑两种情况。另一方也许会给自己礼物，那么便欣然接受且无须付出任何代价作为回报。这样你不花费一分一毫就可以净赚 3 美元。若另一方并没有给予，那么自己并不用付出也依然处于优势地位。若你给予另一方，但他却没有回报，则该行为愚蠢至极。在上述两种情况下，不管对方如何选择，你自己最好的防御策略便是静观其变。

但如果另一方和你的想法如出一辙，那么双方则都将一无所获。如果双方都愿意慷慨付出，那么两人均可赚取 2 美元。这意味着理性思考其他选择后，一味追求自我利益而做出看似有利于自己的决定，事实上对自己并不有利。如果在不了解对方的情况下，仅仅跟着自己的直觉走，同时试着慷慨地与对方合作，结果反倒会很好。团队收益和个人所得之间存在很大差别，团队合作下双方均可获得 2 美元收益，但若只追求个人利益，则两败俱伤、毫无所获。

接下来的 10 年中，我和马丁·诺瓦克为囚徒困境的研究增添了许多乐趣，同时也获得了成功。当时，我们不断寻找其他简单且有趣的经济学实验和场景。比如，诺瓦克引入了空间囚徒困境理论。在这个理论中，你不需要和周围每个人建立联系，只需和与你最接近的邻居进行互动沟通，然后和囚徒困境中的另一方进行200回合的实验游戏。这样的实验更具现实性，因为通常来说，你并不会和维也纳镇上的每个人都有联系，相反你只拥有一个非常小的社交圈。

囚徒困境理论的研究持续了很长时间，令我感到欣慰的是，我们在6年前开创了间接互惠的新理论。我和马丁·诺瓦克是首先提出该理论的人，并运用数学模型对此进行精确分析。同时，我们也撰写了第一篇关于如何分析该理论的论文，随后我们进行了许多实验。目前，我们已拥有几十个团队共同积极参与研究。

事实上，我们的文献里已谈论过相关理论，但却没有引起关注。大家认为囚徒困境可以以“以牙还牙策略”（Tit-for-Tat）进行。该策略认为，无论何时你遇到一个新的对手，第一回合中你应当与他合作，接下来的回合中，你就模仿他在上一回合的策略进行便可。但现实生活是十分微妙的。当你遇到一个新的对手，你或许早已略微知晓他的底细。你虽从未与他交流，但他曾与别人有过接触。如果你知道他的策略是防御他人，那么你也可采取防御策略，这对你有利。我们将这样的做法称为“以牙还牙观察者”（Observer Tit-for-Tat）。

这与以牙还牙策略大致相似，只是在这个策略中你不一定会与对方合作，除非你知道对方在与别人的接触中表现得非常友好。

让我来详细阐述一下。以牙还牙策略完全是自然产生的，尽管它最先由博弈论家阿纳托尔·拉波波特（Anatol Rapoport）提出。拉波波特提出了所有策略的最简形式，其中包括两条公式翻译编程程序（Fortran programming）。该策略很简单，指的是当你并不了解

① Fortran源自“公式翻译”（Formula Translation）的缩写，是一种编程语言。它是世界上最早出现的计算机高级程序设计语言，广泛应用于科学和工程计算领域。——译者注

对方时，在第一回合就与他合作，让他产生轻易获利的疑虑。在接下来的回合中，你只需模仿他在上一回合的策略即可。如果他很可恶，那么你也不必留情。如果他很友善且有合作意愿，那么你也表现友善且与他进行合作。这个策略在计算机竞赛中运用得相当成功。

然而，在计算机竞赛中，你可以排除任何错误的可能性。在真实生活中，我们却无法避免犯错。我们常常将事情计划得天衣无缝，然而却总是遇到万事俱备、只欠东风的情况。你可能会误解朋友的行为，也可能因为当天某人冒犯了你而使你心情低落，你却把报复情绪转嫁给第三者。所有这些事情都会在现实生活中发生。

如果你采用以牙还牙策略，同时又被这些错误所困，那么你很可能陷入不必要的互相折磨而一发不可收拾。比如，若你的对手也采用以牙还牙策略，他在上一回合中叛变，那么你在这一回合则同样会选择出卖他。接着，他又会在下一回合中出卖你，你也会继续出卖他，不断拉扯，结果只能变成无止境的积怨。这样的状况只能等到下一次错误来终结，尽管下一个错误也许会让情况变得更为糟糕。这样的情况是双方都要在同一回合中同时出卖彼此，而不是交替叛变，但是一旦情况如此，那也是无望至极了。

生态学家罗伯特·梅（Robert May）在《自然》（*Nature*）上发表的一篇文章中提到，我们的确需要采用一些更为慷慨大方的策略，需要时常原谅他人。我和马丁在一篇文章中便提出了“慷慨以牙还牙策略”（Generous Tit-for-Tat)。只要对方善意比对，那么你以善意比对的可能性为100%。但若对方恶意为之，那么在获益成本的基础上分析权衡，你也恶意报复的可能性仅为35%。因此，由于错误叛变而引发的互相惩罚回合极有可能在一至两个回合之后便被打破。如此一来，双方又会恢复到友好状态，相互合作，直至下一个错误出现。很明显，慷慨以牙还牙策略解决那些因错误引发的问题十分有效。

随后，我们发现了一种比慷慨以牙还牙策略更行之有效的方法，名为巴甫洛夫策略（Pavlov's strategy）。该策略的名字也许不是最为恰当的，但已约定俗成。该策略认为，你只有在对方在上一回合表现出合作意愿的前提下才会与他进行合作。以下为详细说明：

- 若均有合作意愿，则你选择合作。
- 若均有叛变心理，则你应选择继续合作。
- 若你选择合作，然而对方却选择叛变，那么你在下一回合则可以叛变。
- 若你选择叛变，然而对方选择合作，那么你在下一回合中则应继续叛变。

乍一看，你会觉得这个策略十分荒谬。但是，计算机模拟后证明，当双方犯错相似时，该策略行之有效。结果表明，巴甫洛夫策略非常受欢迎，几乎每个人都会采用它。该策略非常稳定，同时也比以牙还牙策略更有效。

我们后来发现该策略并非高深莫测，这是我们所能想象的最为简单的学习机制。所谓的赢守失转（win-stay/lose-shift）在动物研究中早已运用近百年时间了，例如驯马。该策略认为，如果某人收效甚微，那么他不太可能重复先前举措。但如果某人收效甚好并且获得大胜，那么他很可能重复之前的行为。这就是关于奖励和惩罚的实际行为。如果我们在囚徒困境理论的背景下学习以上这些，我们就有了巴甫洛夫策略。比如，依据囚徒困境理论，如果你出卖了对方但对方却与你合作，那么就是剥削了对方且收益丰厚。你因此会很满足，于是重复之前的作为，在下一回合中继续出卖对方。但如果你选择合作，对方选择叛变，那么你则会被压榨。你会很不乐意，于是就选择叛变。因为你会认为既然在上一回合已经选择合作了，你便会在下一回合出卖对方。

这些属于理论实验范畴，但研究动物行为学的学生也做了许多现实生活中的实验。他们甚至用这些实验来研究人类行为。德国马克斯·普朗克研究所主任曼弗雷德·米林斯基（Manfred Milinski）和一位直率且倔强的动物行为学专业学生开始研究人的本性这一新领域。米林斯基邀请来自瑞士和德国的学生参与囚徒困境博弈实验，以求获得关于人们是否愿意采用巴甫洛夫策略的信息。他发现，巴甫洛夫策略确实非常受欢迎。

我们将这些想法称为“间接互惠”，罗伯特·特里弗斯（Robert Trivers）

在 20 世纪 70 年代一篇广为人知的论文中首次提出该概念。我记得特里弗斯在研究泛利他主义时隐晦地提出了间接互惠概念。它意味着你可以将东西归还给别人，而不是那个你欠他东西的人。他认为该理论同样适用于高层次的合作。但是，由于当时该问题并不是特里弗斯的研究重点，因此他并没有对此做更为细致的研究。他对动物行为学颇感兴趣，但是间接互惠理论至今还未被证明是否存在于动物行为之中。也许在某些情况下可能存在，不过动物行为学家们还在为其利弊展开辩论。

然而，间接互惠对人类社会有着巨大影响。美国棒球运动员尤吉·贝拉（Yogi Berra）曾有一桩趣事，他说："我很认真地去参加其他朋友的葬礼，不然我担心以后没有朋友参加我的葬礼。"此话并非像听上去那么荒谬。比如，如果大学里的一名同事每次都非常认真地参加每名教职工的葬礼，那么其他教职工也会参加他未来的葬礼。其他事情也是如此，因此我们马上想到了直接互惠，我为你做了什么，日后你也会为我做些什么。这样的想法也存在于间接互惠中，我帮助了你，未来会有其他人来帮助我。

巴尔扎克曾说过，巨大财富的背后都隐藏着罪恶。该观点荒谬怪诞、不切实际且已完全过时了。事实上，巨大幸运或成功的背后必然是某些行为，尤其是慷慨大方之举。我正在搜集这样的例子以支持我的研究项目。比如，罗斯柴尔德家族（The Rothchild family）[1]在拿破仑战争期间依然全力保护其英国客户的储蓄资金。当时他们面临巨大的来自政府的压力，被要求放弃坚守保护资产，但是罗斯柴尔德家族全心全意维护

[1] 该家族原本是一个在德国生活的犹太商家族，18 世纪末期，罗斯柴尔德家族创建了整个欧洲的金融和银行现代化制度。在奥地利和英国，罗斯柴尔德家族成员先后被王室赐予贵族身份。——译者注

英国客户的利益。这以后，罗斯柴尔德家族获得了大家的信任，事业如日中天，变得极为富有。

许多学者在研究特里弗斯的论点后推演出了间接互惠模型，但这些模型存在很多偏差。他们也阅读了阿克塞尔罗德的研究，模拟间接互惠，并且尝试用博弈理论来解释该现象。然而，这些尝试均以失败告终。他们认为，互惠现象只能在两人小组之间，并且需要互动一段时间才会发生。还有一个观点认为间接互惠背后隐藏的原则是：如果我得到了好处，我更愿意将此好处继续给予下一个到来的人。这些解释并非完全错误，但是实验表明，若要解释间接互惠稳定性问题，仅仅依靠这些原则便无法成立。

著名科学家理查德·亚历山大（Richard Alexander）在《达尔文主义道德的进化》（*The Darwinian Evolution of Morals*）一书中质疑：什么是道德？我们是如何形成好与坏的观念的？我们常常依据一个人对社会的贡献来进行评价，我们总是评估他人的名望，且更愿意将名望给予那些拥有良好名誉、曾经热心帮助他人的人。这对某些人适用，而我却不是这么认为。如果要给予拥有良好名誉的人帮助，我更愿意帮助其中在合作里体现出其自身价值的人。

马丁·诺瓦克理解我的想法，于是他建立了一个简易模型。该模型就是一些数值分数，它告诉我们某个人曾经给予他人帮助的次数。我们建立此模型是为了研究该分数是否会影响我们对这个人的帮助。我更愿意给予拥有高分数的人帮助，拒绝那些低分之人。如此简易的模型却十分有效，它也使许多经济学家大受启发，在此基础之上开展了很多实验。

在此种类型的实验中，我们集合了 10 位互不认识且保持匿名状态的参与者。他们知道的信息仅仅是：每个人均有 1 个号码，从 1 至 10。我们随意抽取两人，指定其中一人扮演捐赠者角色，另一人扮演接受者。捐赠者可以以付出 1 美元的代价给予对方 3 美元收入。如果我们假定该捐赠者自私且理性，那么他将保留自己的 1 美元。在这样的情况下，他并不会受到任何惩罚。经过多次实验后我们发现，在完全匿名的状态下，人们一开始会选择给予对方，大约持续一两次回合。但当他们发现没有收到即时回报时，就会停止给予。

然而，如果捐赠者知道每位参与者的编号代表着他曾经给予帮助的次数，情况就会大为不同。比如，该接受者曾给予他人 5 次，只拒绝 1 次，那么他的分数便会相当高。同时，我们也发现，捐赠者也更愿意给予这些高分者。米林斯基和一些别的学者曾研究过该例子，现在它几乎成了一种交易了。已有数十篇论文研究这个简易实验，这表明间接互惠在简单条件下同样成立。

但与此同时，也有理论学家持不同观点。他们认为有一个非常简单的理由便可使该模型无法实施，那就是：如果你带有偏见，认为接受者是叛徒，从来不曾给予，那么你就不会去帮助他。这样一来，你因为想要惩罚他而不给予他，你自己的分数便会降低。即使这种不给予帮助的行为在你看来完全合理，但是第三者与你进行实验时只看重你的分数。第三者只会认为："你从来不曾给予他人，你定是个坏人，既然如此，你也休想从我这儿获得好处。"

由于惩罚他人，你降低了自己的分数，同时你也需要在下一回合中承受第三者对你的偏见和行为。因此我们说，惩罚他人需要付出巨大代价，这个代价就是自己的后期收益。

理论学家们又问道："既然惩罚他人会让自身利益受损，你为何还要这么做？"我们将它称为社会两难困境。惩罚他人在某种意义上而言是利他行为，如果你没有惩罚他人的可能性，那么整个团队的合作便会消失。但是这样的利他主义行为却让自身付出了代价。你自身的思辨告诉你，常常给予他人是更为明智的选择，因为这样一来你的分值便会得到最大化上升，同时你获得他人给予的可能性也就越大。

我常常思考不同形式的合作，现在我基本构思出了间接互惠的几个方面。目前，在电子交易和电子商务的大背景下，经济学家们对此观点也乐此不疲、兴趣浓厚。在这样的情况下，我们同样拥有许多匿名状态下的互动，这种互动不是固定在两人之间，而是在大范围的复杂群体中。因此，你几乎不可能再次遇到同一人。于是我们就有了信任、名誉，这些尤为重要。谷歌浏览器独占鳌头、易贝卖家与买家信誉良好、亚马逊读者评论颇多，这些都是基于信任。但是，这些互动交流中也存在一些固有的道德危险。

在关注特定案例之前，我们先一起探讨下过去那些习以为常之事。在古埃及或是中世纪城镇的集市，你每天都会看到同一个人。不是你从他那儿购物，就是他从你这儿购物。时光飞逝，你们一起慢慢变老。然而，现在情势却截然不同。在如今的互联网商务时代，你将从一个素未谋面之人处购物，你将要信任一个只知道邮箱地址的机构。这些网络交易涉及大量资金，也存在大量诈骗的可能性。因此，你必须确定这家电子商务公司值得信任，或是出售信息切实可靠,不会出售毫无价值的垃圾商品。同时,你也必须信任商家，在收到商品之前就把货款支付给对方。在收到商品之后，你又需要检查它们是否货真价实。

当然，在这样的电子商务时代，我们也可能对商家进行评价和反馈，以让对方知道顾客对其产品和服务是否满意。这样就逐渐建立起了现代社会每一个商家的信誉度评价机制。我们每天在这个社会中都会遇到各色各样的陌生人，而非同一人。

由于我从不使用易贝，也从不在亚马逊网站上买书，因此，不久前我才意识到这些关于互联网商业观点的言外之意。我的学生告诉我，目前信誉是一个非常值得关注的亮点。我多次试着写一篇介绍间接互惠的文章，于是许多人就会问我，为什么我总是追溯史前人类进化历史，而不关注目前互联网的进化与发展？现在，经济学家们就此话题已写了至少 10 篇论文，但是这些论文均处于酝酿准备阶段，目前还未发表。

不知谷歌公司的先驱们是否会意识到这些由进化生物学衍生而来的理论,我想这是个有趣的问题。我和他们没什么接触,不过对于“谷歌”这个词，我应当拥有潜在的功劳。

布林一家从俄罗斯第一次来到维也纳时,谷歌创始人谢尔盖·布林（Sergey Brin）还只是个三岁孩童。他们一家在我家住了一段时间。谢尔盖的父亲迈克尔·布林（Michael Brin）是我的朋友兼同事，他是一位数学家，专门研究遍历理论（ergodic theory）和动力系统。动力系统也是我当时的研究领域。布林一家来我家后，我们给他们提供的第一份食物便是 Guglbupf，这是一种著名的澳大利亚甜食。小谢尔盖对该甜食印象十分深刻，但我打赌他一定记不得了。官方说来，谷歌的名字来源于 10 的 100 次方（googol）这个天文数字，但真正的原因大家都已记不清了。

20 世纪 80 年代初期，我还没有对互联网多加思考。当时我正在阅读理查德·亚历山大关于道德的进化的相关文章，研究人们如何评估彼此。亚历山大认为不同的文化有截然不同的道德观，不同的文化自然也会产生不同的语言。然而，目前许多语言学家们普遍认为我们存在一种通用语言。同样，尽管不同的文化拥有不同的道德观，但在某种意义上也可能存在一种通用道德观。即使在不同的文化背景和模式下，这种通用道德观也能随时评估彼此。也许这些评估依赖于一个国家的文化或文明，但是基本而言，评估他人的标准是相对不变的。

评估硬性标准同样也适用于电子商务。如果你看到两人，其中一个人拒绝给另一人礼物，那么你会作何判断？如果你仅仅只是看到单方面行为，你也许会认为那个事实上没有给予对方礼物的潜在捐赠者品行不好。但是如果你知道那个潜在接受者拥有不良信誉，那么你也许就会认为不给他礼物是正确的选择。

当人们观察互动过程时，是否真的会观察得细致入微？目前，我们正在通过实验研究这个问题。他们是孤立看待事件吗？人们会关注参与人员的地位名望吗？诚然，若我们在整个互动环节开始前能同时考虑捐赠者和接受者的道德感的话，整个评估过程会更成熟可靠。

在电子商务中，你将会希望用最小参数来对道德感进行定量评估。结果不是零就是一，因为这样更易于操作。但如果我们想要用不同的方式来评估两个人，那么，对于好和坏的定义就会有很多不同的可能性。你也许会认为拒绝一个不良品行的人是好人，或者帮助一个不良品行的人则是坏人。如果分析所有可能性，我们将会得到一个惊人数字，也就是 4 096 种可能性。那么在特定时间内，哪种可能性会发挥作用呢？这个问题需要实验来解决，但是目前还未得出结果。我知道最近有几个团队正在对此进行研究。虽然我不是个实验专家，但是我对此领域越来越感兴趣。

不知谷歌、易贝和亚马逊的先驱们是否意识到这些理论来源于进化生物学，我想这会是个有趣的问题。一个人的名誉深深嵌入我们的脑海中，不仅仅是资深教授，我们每个人都非常在乎。当人们感觉他人认为自己在这个社会毫无价值时，就会变得无比绝望、自暴自弃。

我想强调的是，我们一直在探讨人的本质问题。官方说法认为人或多或少都是自私且理性的，这个观点不足为信。除了经济学家们，几乎没有人在意它。现在，经济学家们也开始否认他们曾经对该观点有所关注了。许多实验表明，对公平的倾向性、同情之举、慷慨之举等自发行为对人的一生有重大影响。

IT OUGHT TO BE POSSIBLE TO
PRACTICAL WAY TO MAXIMIZ
ON THE WEB WITHOUT TURN
THE BEST GUIDING PRINCIPL
INDIVIDUALS FIRST.

我们应该可以找到一种人文的、实用的方法，在不把自己变成白痴的前提下，最大化集体的价值。最好的指导原则永远是首先看重个人力量。

——《新网络集体主义的危害》

FIND A HUMANISTIC AND
VALUE OF THE COLLECTIVE
G OURSELVES INTO IDIOTS.
IS TO ALWAYS CHERISH

09

THE HAZARDS OF THE NEW ONLINE COLLECTIVISM

新网络集体主义的危害

Jaron Lanier

杰伦 · 拉尼尔

虚拟现实之父

计算机科学家、作家、艺术家、哲学家

《时代周刊》2010年100位最具影响力的人之一

维基百科将我标识为电影导演（至少此刻是这样）。的确，在大约 15 年前，我拍摄了一部实验短片。这一点真可怕，就像难以想象先锋派电影之母玛雅 · 黛伦（Maya Deren）与变形（morphing）有什么联系一样。我拍摄的这部电影仅在一个电影节上放映过一次，而且从未发行。要是以后再也不会有人看到这部电影我会非常高兴。

在现实中，不导演电影并不难。但我已经多次试图从维基百科中的导演界“退休”，但每次都有人不让我退。每次我修改了我的维基百科条目，不到一天我又再次成了电影导演。在我看来，没有比让这些坚定的维基百科“幽灵”看我拍的老电影更合适的惩罚方式了。

在过去几周里，记者已经两次问到了我的导演生涯。“幽灵”的幻想已经进入了世界试图保持真实的部分。我知道自己已经不再纠结于这件事了。我在维基百科条目中存在的错误看上去还有几分吸引人，甚至让我更加有魅力了。

阅读维基百科条目就像仔细阅读《圣经》。虽然很难确定，但仍有许多匿名作者和编辑的细微痕迹。在我所遇到的特例中，“幽灵”可能是相当甜蜜的 Mondo 2000 文化的成员或继任者。Mondo 2000 文化将迷幻实验与计算机联系在一起。他们似乎非常重视把我的想法与那些迷幻前辈联系起来，尽管联系的方式在我看来有些草率且不正确。所有不吻合这一特殊亚文化群体奇怪癖好的编辑都将被立即移除。这就说得通了。还有什么人如此关注这一点，又如此积极呢？

~ ~ ~

我所关心的问题并不在维基百科本身。针对维基百科的批评已经很多了，尤其是在去年，但维基百科仅仅是个实验，还有改变与成长的空间。至少维基百科成功揭示了那些拥有最大决心和最多时间的网络用户在想什么。这相当令人感兴趣。

真正的问题在于我们看待和使用维基百科的方式，以及维基百科是如何迅速变得如此重要的。这还是新网络集体主义更大规模诉求的一种体现。这种网络集体主义认为集体是万能的，并试图将权力集中于某种瓶颈，从而对集体产生强大的影响。这不同于代议制民主或精英政治。在不同的历史时期，当强加给人们极左或极右的倾向时，这种观念将产生灾难性后果。事实是，杰出的技术专家和未来学家（许多还是我认识和喜欢的），让这种观念重见天日，但威胁丝毫没有减少。

《自然》上有一项研究广为人知。这项研究比较了维基百科与《不列颠百科全书》的准确度，结果让人惊讶。然而，关于这项研究有效性的争论还在持续。挑选出用于比较的项目刚好是维基百科所擅长的：大部分人不太关注的科学主题，比如动力学同位素效应（Kinetic isotope effect）和安德烈·维萨里（Andreas Vesalius），这些在百科全书中都难以查到。原因在于要找到合适的作者来研究和审查多个主题，需要花费大量的时间。但这些刚好都是维基百科所擅长的。关于这些项目争议很少，同时，网络具有足够多的有能力的专业研究生类型的用户，这些用户往往还具有年轻人的狂热。

维基百科世界的一个核心理念是，其中存在的所有问题都将随着过程的展开而被逐渐纠正。这与超级自由主义者（Hyper-Libertarian）的主张类似，他们完全信赖自由市场。这也类似于超级左翼分子（Hyper-Lefty），他们可以通过协商一致的决策过程来达成共识。在我看来，以上这些例子中，经验证据都会导致喜忧参半的结果。有时松散结构的集体活动会带来持续的改进，有时则不会。大部分的结果在我们有生之年可能都看不到。

后面我将列举出什么样的约束将会让集体做出更理智的选择。不过首先重要的是不忽视文本的价值。原因在于集体是否能做出理智选择这一问题本身就充满吸引力。一篇文章很难说清楚，理想的文章应当包含多个准确的参考文献。这同样也是个性的一种表现。

比如，维基百科上大部分技术或科学信息在维基百科出现之前就已经存在于网络了。我们可以使用谷歌或其他搜索引擎查找维基百科的相关信息。我发现有一些特殊文本是直接从原始大学或实验室网站复制至维基百科页面的。当这种情况发生时，所有文本都会丢失部分价值。由于现在搜索引擎可能直接将搜索结果指向维基百科，网络在日常使用中似乎开始变得单调了。

如果了解某些文字的上下文，并且对作者十分熟悉，我们要比在维基百科上匿名的、人造权威的（faux-authoritative）、与上下文无关的同样文本中所能理解的含义要多得多。问题不仅仅是身份认证和问责制，而在于某些更微妙的东西。我们应当从整体上理解作者想表达的意思。应当试图理解作者的个性，从而理解语言的完整含义。个人网页如此，期刊和书籍也是如此。就连《不列颠百科全书》都有按语（editorial voice），虽然被有些人批评为过于“白人化”（Dead White Men）了。

如果是一个致力于消灭电影院的讽刺网站声称我曾是个导演，这就说得通了，那就将是真实的文本。但如果是在没有上下文的维基百科，就变成了胡言乱语。

Myspace 是最近兴起的又一网站，它的影响力甚至比维基百科还要大。与维基百科类似，Myspace 只是增加了少许网络已有的威力，但在使用上却产生了相当大的变化。Myspace 几乎都是关于用户自身的，但 Myspace 不会假装自己是万能的。我们还是能感受到 Myspace 用户的个性的。但 Myspace 网页能传递作者是值得信赖的权威的信息，这一点实际上是非常罕见的。基于这一点，让我们为 Myspace 欢呼吧！

与维基百科相比，Myspace 是一个更丰富且多层次的信息来源，尽管这两个网站的主题几乎并不重叠。如果我们想了解人们对某个电视剧的看法，Myspace 能提供的信息要比维基百科中类似的庞大条目多得多。

~ ~ ~

维基百科绝不是愚昧的集体主义的唯一在线恋物网站。网上出现了一场疯狂的竞赛——成为最“元”（Meta）的网站，成为最高级的聚合网站，并将其他所有网站的特征进行归类。

这一竞赛无意间起源于创建在线目的地（online destination）目录，比如早期的雅虎。然后是 AltaVista，用户可以使用网络所有内容的反向数据库进行搜索。然后是谷歌，它增加了网页排名算法。然后是博客，在质量与重要性方面参差不齐。这导致了 Boing Boing 等元博客（Meta-blog）的出现。这类元博客由已表明身份的人运营，主要作用是汇集其他博客的内容。在以上这些例子中，起主导作用的还是真正的人。个人或多人展示其个性并承担责任。

这些基于网络的设计假设价值来源于人们自身。在所有这些设计中，很明确的一点是，网络由人组成，并且最终价值始终来源于与真实的人的联系。

即使谷歌都认为自身的“元”还不足以导致问题，正如它自身当前所宜称的。页面排名的某一层难以对作者身份产生威胁，但多层的累积可能导致无意义的黑暗，这就是另一回事了。

在过去的一两年间，趋势变成了移除人类的痕迹，目的是将网络内容的出现尽可能模拟成超自然神谕。这就是越界使用互联网，将互联网变成妄想的表现。

《全球概览》前编辑、《连线》(*Wired*) 创始主编凯文·凯利是我的一个朋友。他思考所谓的“蜂巢思维”(Hive Mind) 已经有很长时间了。他运营着一个叫酷工具 (Cool Tools) 的网站，相当于博客与早期《全球概览》的结合。在酷工具网站上，包括我在内的贡献者，并不是蜂巢，因为我们并没有隐藏身份。

凯利评估了包括 Digg 和 Reddit 在内的多个“共识网络过滤器”(Consensus Web filters)。这些共识网络过滤器从其他所有聚合网站挑选内容。这种网站要比他们所聚合的网站更为“元”化。这种网站所呈现的内容不由人工挑选，而仅仅只是算法。最“元”化的网站可能成为所有瓶颈之母，并获得无限资金来源。

这种程度的“元性”(Meta-ness) 仅持续了一个月。后来，凯利评估了一个叫 Popurls 的网站。这个网站聚合共识网络过滤器，从而出现了新的“全元”(most Meta)。我们现在读的内容是大多数由业余作家匿名编辑的内容经集体挑选，然后由集体算法筛选，然后由另一集体算法筛选后得到的内容。

Popurls 好吗？ 2006 年 5 月 27 日我正在写关于这一主题的文章。在这之前的几天，一种治疗糖尿病的实验方法宣称可以防止神经损伤。这对于数千万美国人来说是个重大新闻。而 Popurls 上压根提都没提。Popurls 显示的新闻是“学生创同时吃冰激凌世界纪录，并遭受有史以来最严重的冰激凌头痛”。主流新闻媒体今天的报道重点是爪哇发生的严重地震。Popurls 提到了一点点，但很快就被从谷歌新闻等聚合网站聚合的新闻所淹没。Popurls 报道地震的唯一原因只有挖掘所有聚合层次找到最初来源才能发现。这些最初来源是由署名专业作者和编辑实际编写的高深条目。但在Popurls看来，在没有上下文或作者的前提下，冰激凌新闻和爪哇地震重要性完全相等。

凯文·凯利曾这样评论Popurls网站："不会再有比这更好体现蜂巢思维的方式了。"然而，蜂巢思维绝大部分都是愚蠢和枯燥的，为什么还值得关注呢?

~ ~ ~

在我之前的斥责式作品中，读者也许能感受到我对所谓的"人工智能"以及消除个人特征的不满，变为对"全元"的不满。以上这两种情况，都存在一种假设，也就是不同于个体人类智慧的某种东西，要么即将出现，要么已经出现。这一假设的问题在于，人们太愿意降低标准，以体现传说中新人的聪明了。就如同人们愿意竭尽全力让自己变傻，从而让人工智能显得很聪明一样，比如有人能够与臭名昭著的微软回形针帮助助手进行交流，人们也愿意变得包容和愚蠢，以显示元聚合网站的聚合能力。

人工智能文化与匿名网络集体主义的独特诱惑间存在某种教育关系。人们认为谷歌的巨型服务器和维基百科可能成为孕育人工智能的温床。今天早上，Popurls向我推荐了一条链接，链接引用了拉里·佩奇（Larry Page）关于人工智能可能于近几年内在谷歌内部出现的猜测。乔治·戴森想知道这种实体是否已经在网络中存在，也许就在谷歌内部。在这里我不想讨论这种超自然实体是否存在，而是想强调，降低对人工智能的智力的期望是多么的不成熟和危险。

互联网的迷人之处在于可以将人们联系起来。价值在于人。如果我们开始将互联网本身看作有话要说的实体，我们就低估了人的价值，并且将自身变成了白痴。

~ ~ ~

令问题更复杂的是，对于思考和写作的人而言，新的商业模式目前尚未出现。比如，报纸整体都面临严重的衰退，原因在于互联网满足了早上喝咖啡时好奇的眼睛。更为严重的是，互联网还接过了分类广告。当前谷歌新闻的资金来源要比世界上绝大多数的优秀记者更有保障，谷歌新闻的前景也更好。虽然是这些优秀的记者创造了谷歌新闻的大部分内容。聚合网站比被聚合的更富有。

对于网络内容创造者而言，新商业模式本身就是个复杂而又难以解决的问题，但我们至少应当看到，进行专业且良好的写作需要时间，大部分作者需要稿酬。成为受欢迎的博主不难，只需要向粉丝进行表演即可。我们还可以通过煽动粉丝获得关注。这些行为都没有错。但我所认为的真正的写作，至少是可以流传的写作，则是另外一件事。这包括了对某种观点的阐述，而不仅仅是对昨天某个谈话中的举动的反应。

所有元数据的人工改进并不局限于网络文化。这种改进对美国的决策产生了深远影响。

我们现在所经历的，是错误的集体谬论的惊人上升。很多精英组织都被这种想法吸引。他们受到维基百科的崛起、谷歌的财富，以及企业争相成为最元化公司努力的影响。政府部门、高级合作规划部门及主流大学都存在类似问题。

作为顾问，我曾被要求测试某种想法或为某一问题找到新的解决办法。在过去的几年里，我经常致力于解决不同的问题。你可能会发现我与其他咨询顾问一起填写调查表格，或对集体论文进行修改。我所说的和所做的要比之前少得多，虽然我获得的报酬并没有减少。也许我不应抱怨，但大型机构行为却会产生深远影响。我是时候站出来反对集体主义潮流了。

不难理解为什么集体主义谬论在大型组织中如此盛行：如果原则没有错，那么个人不需要冒险或承担责任。我们生活在巨大的不确定性和对无限责任恐惧的时代，而且我们还必须在不盲从于高管的机构中供职，更不用说基层人员了。任何不愿意说错话的个人，躲在维基或其他元聚合网站后面要安全得多。

最近，我参与了一些报酬丰厚的维基与元的高级调查，从而有机会了解调查结果。我已经成了关于维基的维基的一部分。我所了解的，是洞察力和敏锐的流失、对经过深思熟虑的想法的细微差别的无视，以及将组织奉为神明的趋势。为什么大家不斥责最近兴起的集体职权的滥用？在我看来，原因在于以前不好的观念被包装成新技术后，变得光鲜动人。

~ ~ ~

集体以各种各样的方式出现在我们周围。困扰大型机构的问题也开始困扰流行文化。比如，引入新的流行歌手是出了名的难。在最近十年里，即使是最成功的新晋歌手也仅有第一张专辑比较火，唯一的例外是《美国偶像》（*American Idol*）。和维基百科一样，它本身并没有错，问题在于其内在运行机制。

这个歌唱比赛中投票的人数比总统选举还要多，其中一个原因是信息技术带来的超级便利。观众可以通过电话或短信投票，而很多人还投了不止一次。观众感受到了关爱，从而也会给予回应。从产生机制上来说，赢家是受欢迎的。

但约翰·列侬参加这个比赛的话也许不会赢。他也许都进不了决赛。但如果他赢了，他最终将会成为不同的人，成为不同的艺术家。我们可以给吉米·亨德里克斯（Jimi Hendrix）、猫王、乔妮·米切尔（Joni Mitchell）、艾灵顿公爵（Duke Ellington）、大卫·布莱恩（David Byrne）、闪耀大师（Grandmaster Flash）、鲍勃·迪伦（千万别！）下同样的结论。这项比赛对几乎所有流行音乐人都产生了重大影响。

流行音乐如此，新闻行业也是如此。《纽约时报》最近发表了一些支持智能设计伪观点的专栏文章。这真让人感到惊讶！《纽约时报》已经成为发表普通观点的报纸。当《美国偶像》取代流行音乐的追随者成为主流时，某些东西就失去了。但当智能设计与真实科学分享严肃报纸的版面时，一切都将失去。

为什么《纽约时报》会沦落至如此地步？我无法回答，但可以想象过程应该与我最近在咨询中看到的情况类似。聚合集体应该是更安全的发展途径。你可以在不承诺任何内容的情况下囊括一切内容。你可以看上去很有趣，而不必担心犯错。

只有当理智想法真正重要时才是例外。在这种情况下，主流观点可能错得离谱，而且只有最好的观点才能始终具有价值。科学就是如此。

~ ~ ~

集体也有聪明的时候。在某些特例中，集体可能充满智慧。比如，在商学院，有专门向新生展示的演示。有一种演示是，在教室前面放置一大罐糖豆。每个学生都猜测罐中有多少糖豆。虽然答案五花八门，但答案的平均数往往很接近实际的数量。

这是特殊集体智慧的体现。正是这种特例被人们誉为“群体的智慧”，虽然我个人认为“智慧”在这里带有误导性。这种体现是让亚当·斯密“看不见的手”更聪明的原因之一，也与谷歌的页面排名算法得以奏效的原因存在某种联系。这种方法很早以前就适应了未来主义，当时的称呼是德尔菲法。这种现象是真实存在的，而且非常有用。

但这种方法不是万能的。集体也可能是愚昧的。看看郁金香狂热和股票泡沫吧！

集体之所以有价值，是因为其智力和愚昧的顶点与个人通常所表现的不同。集体与个人的智慧都是非常重要的。比如，让市场正常运转的原因，是集体和个人智慧的有机结合。市场不能仅由竞争决定价格，还需要企业家们首先提供产品。换句话说，聪明的个人，市场中的赢家，能提出由集体行为回答的问题。他们将糖豆放入罐中。

还有一些回答不应由个人提供。比如，当由政府官员制定价格时，往往不如能恰当获取信息的、不受操控的、没有失控的内部倾向的集体所制定的价格。但当集体设计产品时，我们将得到由委员会设计的产品。这将是某种意义上的负面体现。

这里我必须对 Linux 等类似成果做评价。许多“开放”和“免费”的软件，与维基百科和努力成为“最元”网站的竞赛存在重要区别。Linux 程序员不是匿名的。事实上，个人荣誉是维系 Linux 相关企业运转的重要激励因素之一。但开源软件和维基百科也存在相似之处。他们在审美上都缺乏连贯性和设计的敏感性。

这些行为在构建网络服务器等底层信息管道层时最为高效。但在设计良好的用户界面或用户体验时，则效果不佳。如果维基百科的用户界面采用与条目内容相同的开放方式的话，马上就会陷入难以理解的混乱。集体能有效解决可由确定性能参数评估结果的问题，但在需要品位和见解的时候却表现不佳。

~ ~ ~

集体在某些时候不会比任何个人更聪明，在某些重要的时候，也许会更愚蠢。有趣的是，是否可以找出个人比集体聪明的地方。

关于这一主题的研究有很长的历史，而且不同的学科都有很多内容可以说。我认为有效的集体思想和无意义的谎言之间的界限是，集体在满足以下三个条件时可能更聪明：当不是定义自身问题时；当答案的好坏能通过简单的结果（比如某个数值）评估时；当集体获取信息的渠道依赖于个人的高度质量控制时。只有满足所有这些条件，集体才可能比个人更聪明。如果违背了任何一个条件，集体就不再可靠，甚至还可能更糟。

与此同时，在极少数情况下，个人如果获得了巨大的权力，并且其行为的后果不会对其自身产生影响时，他可能会走向极度愚昧。

如果上述标准有任何优点的话，那将出现不幸的趋同现象。最愚昧集体的产生条件同样能产生最愚昧的个人。

~ ~ ~

我所知道的所有真实集体智慧的例子也说明了集体是如何被善意的个人引导或启发的。这些个人关注集体，有的时候还对典型蜂巢思维的失败模式加以纠正。人们与集体间的平衡是民主、科学界和其他许多长期项目的核心。这方面有很多经验可以借鉴。这些古老的观念为解决如何更好地利用蜂巢思维提供了新思路。

在互联网出现之前，有一些关于人格本位（personality-based）质量控制如何提升集体智慧的著名的例子。比如，独立新闻媒体的名声较好的强有力的记者能提供关于政客的趣闻，比如报道"水门事件"的伍德沃德（Woodward）和伯恩斯坦（Bernstein）。还有一部分作者撰写产品评测报告，比如《华尔街日报》的沃尔特·莫斯伯格（Walt Mossberg）和《纽约时报》的戴维·波格（David Pogue）。这样的记者会告知集体选举结果和定价的决心。

没有独立的新闻媒体以及个人强有力的发声，集体就会变得愚昧、不可信，如同很多历史事件一再证明的那样。

科学界同样通过包含检查与平衡的过程实现对质量的追求，并最终建立在善意和"盲目的"精英主义的基础之上。"盲目的"的意思是，理想情况下，任何人都可以进入，但只有在精英治理的前提下。学院的终身职位体制和许多其他方面的目的都是为了支持独立学者的观点，而不仅仅是过程或集体。

再举个例子：企业家不是市场上唯一的"英雄"。美国中央银行在经济中的作用不同于官员在计划经济中的作用。设定利率看起来似乎是某种回答，但实际上是提问。比如，美联储要求市场回答为了降低通货膨胀能进行怎样的最佳优化。虽然这可能不是每个人都想问的问题，但至少是一致的。

是的，政府、学校和媒体有太多的丑闻。没有制度是完美的，但我们发展到今天这种程度，受益于所有这些机构。的确有很多不好的记者、自欺欺人的院校科学家，以及无能的官员等。蜂巢思维是否能起到监督他们的作用？在互联网出现之前，许多事例证明回答是“可以”，但在整个过程中必须有信号处理的过程。

~ ~ ~

在互联网出现之前，对集体最成功的调节机制可以部分理解为对时间域的调节。比如，如果集体行动过于迅速，而不是提供单一答案，该怎么办？维基百科最活跃的条目就存在这一问题。在公开市场的某些投机活动中也可见到类似情形。

代议制民主的一项功能是低通筛查（low-pass filtering）。设想一下，如果由维基百科负责撰写法律，会发生什么？想想都可怕。那些精力充沛的人们将疯狂地、永无止境地修改税法的措辞。互联网将被淹没。

通过减缓选举与庭审进程可以避免这种混乱，虽然这些方式不是导致这种局面的唯一原因。有序民主的宣称效应不仅仅能加快达成一致的艰难过程，还能降低集体突然变得过度兴奋的可能。当太多变化需要解决时，他们不会相互抵消。专业读者可能会想到信号处理中的类似机制。

最近，维基百科为最活跃的条目，比如“乔治·W. 布什总统”，增加了粗糙的低通筛查。现在对某个用户可以移除他人的文本片段的时间间隔做出了限制。我猜想这最终会变为民主的一面镜子，就像互联网出现之前那样。

相反的问题也会出现。蜂巢思维可能处于正确的轨道，但移动得太慢。有的时候，如果时间足够，集体也能创造辉煌成就，但时间并不足够。比如，如果市场有足够时间应对全球变暖，那这一问题将最终得到解决；保险费率会上升，等等。但在这些情况中，时间是不够的。原因在于已有投资的滞留效应，市场反应被放慢了。因此其他过程必须进行干预，比如由个人起作用的政治。

蜂巢问题过慢的另一个例子是，在过去的几千年里，有很多技术在形成清晰的经验做法前，在形成良好的同行评审技术文献和基于此的教育前，在形成确定发明价值的有效市场前，发展都比较缓慢。对现代性关注的关键在于，结构和约束是加速技术发展的必要因素，而不仅仅是对集体的单纯开放与妥协。

让我们假设，通过一段时间，正如忠实信徒所宣称的那样，维基百科的确会通过某些方式有所改善，但我们可能仍然需要更快、更好的某些东西。部分维基百科用户明确表达希望看到维基所包含的教育。在不久的将来，通信和教育可能可以通过匿名的互联网聚合进行。我们在面对蜂巢思维突然的、危险的授权时，将会十分脆弱。历史一再证明，如果蜂巢思维失去引导，将变成残忍的傻瓜，而这些还只是一小部分。我知道在技术乌托邦主义的庇护下，社会灾难在未来突然出现是完全有可能的。如果维基百科等网站想要更具影响力，他们应当学习在互联网出现之前就已经运行良好的机制，从而不断改进自身。

蜂巢思维应当被视为某种工具。向集体授权不代表向个人授权。正好相反。可以在个人和蜂巢思维间建立有效的反馈回路，不过蜂巢思维本身过于混乱，难以有效地感知反馈。

~ ~ ~

以上是关于如何约束存在潜在威胁的集体，不让其脱离正常轨道的一些想法。如果真的发生问题，我们希望不会真的伤害到自己。

我们所拥有的，已经足够好，或者我们所拥有的，能灵活地进行自我修复，这是所有假象中最危险的。通过避免这种无稽之谈，我们应该可以找到一种人文的、实用的方法，在不把自己变成白痴的前提下，最大化集体的价值。最好的指导原则永远是首先看重个人力量。

UNDERSTANDING HOW THES

CHALLENGES OF OUR AGE.

个人发展和团队发展同时存在却又相互竞争，它们如何与社会以及智能发展联系在一起，这是当前时代所面临的最大挑战。

——《对杰伦·拉尼尔新网络集体主义的评论》

COHABITING AND COMPETING
EEP PATTERNS OF
ORK IS ONE OF THE GREAT

Understanding how these cohabiting and competing revolutions connect to deep patterns of intellectual and social work is one of the great challenges of our age.

10

ON JARON LANIER'S NEW ONLINE COLLECTIVISM

对杰伦·拉尼尔新网络集体主义的评论

Douglas Rushkoff
道格拉斯·洛西科夫
美国媒体理论家、作家
著有《当下的冲击》（*Present Shock*）

Clay Shirky
克莱·舍基
互联网先知
共享经济、自媒体预言者
著有《认识盈余》（*Cognitive Surplus*）、《小米之道》（*Little Rice*）、《人人时代》（*Here Comes Everybody*）

Kevin Kelly
凯文·凯利
《连线》杂志创始主编
著有《科技想要什么》（*What Technology Wants*）

Larry Sanger
拉里·桑格
维基百科创立者之一
数字宇宙（Digital Universe Foundation）合作项目主席
纲要文本项目(Text Outline Project)主席

Yochai Benkler
尤查·本科勒
互联网思想家、哈佛大学教授
著有《合作的财富》（*The Penguin and the Leviathan*）

Cory Doctorow
科利·多克托罗
科幻小说作家、技术激进主义者
《波音波音》（*Boing Boing*）的编辑者之一
著有《制造商》（*Makers*）

Esther Dyson
埃丝特·戴森
ED投资公司董事长
计算机产业分析家

Jimmy Wales
吉米·威尔士
维基百科创始人，维基媒体基金会理事会荣誉主席、董事会成员

George Dyson
乔治·戴森
科学历史学家、作家
著有《图灵的大教堂》

克莱·舍基的介绍词：

杰伦·拉尼尔的《新网络集体主义的危害》(见第 9 章)一文在 Edge 上出现时，我想他一定引起了互联网的轩然大波。和约翰·布罗克曼进行一番交谈后，我们决定选取一些好的反馈文章呈现给大家。

拉尼尔的文章切中要点，因为个人身份和集体标识之间总是存在紧张关系。这两者无法分割却也无法比较。这十年以来，很明显，数字力量的崛起给个人发展提供了巨大空间。目前，我们也可以清晰地看到世界互联网的发展也为团队发展提供了新机会。

个人发展和团队发展同时存在却又相互竞争，它们如何与社会以及智能发展联系在一起，这是当前时代所面临的最大挑战。这里集合了一些富有见解的文章，从宽泛的哲学问题到特定的技术发展真理，我们将会仔细剖析这个挑战的复杂性及微妙性。

● 道格拉斯·洛西科夫

尽管我们之前已对维基百科和《美国偶像》进行过比较，但是数字集权主义这个辩论话题显得更为理性、更具有意义。拉尼尔并不是谴责这种集体性的、全民参与的行为，而是试图寻找方法来合理制约其过度发展。简而言之，这次辩论的目的是提醒我们个人不要过度沉迷于蜂巢思维之中。我们称这种蜂巢思维为集体智慧，其快速发展会淹没我们的个人思想。

的确如此，信仰集体主义能给我们带来的好处就像盲目信仰上帝或独裁者一样无法预测。

我曾有一段时间非常担心维基百科参与者或是《美国偶像》节目特邀投票者将会重塑我们的社会秩序。同时，我也担心任何反对合作行为的言论，在解释为何结果会变得如此的真正原因时，理由是否恰当合适。我们

在解释为何结果会变得如此的真正原因时，理由是否恰当合适。我们的集体智慧并不是凭空出世的，而是借助于拥有特定基础的媒介平台迅速发展。

不能继续假装认为我们最喜爱的去中介化行为在任何实际意义上可以被称为革命。像维基百科这样的项目并没有抛弃所有的精英分子，它仅仅是用互动媒体精英取代了学术精英。而互动媒体精英可能指一名 14 岁的青少年，仅仅因为他可以上网，他马上就成了一名接受过教育、精通技术的人才。因此，他便可以利用课余时间上网研究调查，无偿向维基百科上传词条。尽管此人并不属于《不列颠百科全书》编委会，但他的地位同编委会的成员也差不多了。

我认同拉尼尔的观点。许多互联网用户对其自创数据库满怀信心，然而最近一系列的文章却对此表示质疑。文章认为全民网络危险且毫无目的性。但是，这不是谴责全民网络的正当理由。

尽管凯文·凯利多次谈及蜂巢思维这个比喻，但网络化合作并不像完全公平竞争的工蜂寄居地。它像是一门存在相互依存关系的生态学。我们不妨看一看那些运作良好的互联网集体智慧平台，比如易贝和 Slashdot, 你马上就会知道最近谁又晋升了，谁的影响力又扩大了。在大多数情况下，这些名声荣誉是通过一种更接近于精英统治的程序，或是通过一系列比我们获得学位更为公平的过滤程序而获得的。

然而，比起早期的原始信息（仅是内容），目前大量网站和团体项目有了更多的集合信息（含有链接）。这也许是对整个后现代主义时期西方文化的批判。我和大家一样都产生了审美疲劳，链接无处不在。维基百科用闪烁的链接使我们回到过去，播放古老的音乐而不是产生新的创作，但我们却无法怪罪于它。

诚然，对于互联网文化倾向重新架构我们的社会以及信息汇总现象，最强烈的抗议呼声来自那些身价丧失过多、全然不在乎名声信誉的人。大部分从事科技工作的人都知道，最伟大的成就从来不是个人努力所得，而是集体智慧的成果。DNA 双螺旋结构的发现和美国曼哈顿计划一样，都是许多团队共同努力的结果。但是，其最终荣誉只颁发给了两位科学家。因此，索要著作权只是关乎个人自尊和版税的问题。媒体的主要目的就是打破个人创作者和观众的界限，使其进行融合。即便如此，集体主义也绝不会编织出交响曲或是写成一部小说。

如果你想知道为什么用某一特定媒介的人，其行为也会相似，那么，你应该研究这个叫 bias 的媒介本身的运转模式。能上网的孩子们常常从电脑上取样并重新合成音乐。电脑虽比不上打击乐器,但极其擅长取样与重组。同样，我们发明网页是为了将科学论文和其脚注连接起来。因此，网页更偏向于联系事物而不是创造事物。打个比方来说，我们并不会责怪烤面包机不能搅拌黄油。

我们曾希望这种突如其来的集体智慧只基于拥有一台计算机、一种互联网以及一个接口的形式，但是这个可能性不复存在了。对此，我们感到非常沮丧。拉尼尔关于蜂巢思维的比喻只是过去对我们未来社会的乐观设想，解释了虚拟社会的行为趋势，而这些现象他不曾经历过。

在任何文化复兴最艰难的阶段，许多非主流先驱者一定会发表许多目的论性质的预言。这些人既可能是你，也可能是我。

正如你从一开始就清楚知道的，互联网的美好在于它将人们联系在一起。这无关互联网的内容，而关乎其联系的功能。

互联网本身并无哲学家论调，不会声称此媒介中有上帝存在。我和拉尼尔观点相同。虽无上帝存在，但是参与者会让互联网发生变化。这些用户以一种从未设想过的方式与别人建立联系。互联网本身并不会自发产生我们期盼已久的合作型社会，它仅仅是为我们创造条件，使我们可以在网络中模仿现实生活。

在任何情况下，集体主义的真正价值不在于其能进行汇总或实现平均。恰恰相反，它的价值在于将陌生人相互联系起来。当许多存在罕见症状的人在网上找到了相似状况的人时，我们就能建立某种疾病的子分类。Craigslist网站的建立者十分了不起，这并不是因为他能汇集信息，而是他能在用户中建立非常真实且实际的联系，帮助人们寻找工作、买房租房或寻找领养宠物的家庭。而网站的创始人克雷格·纽马克（Craig Newmark）广为人知也并不是因为他的设想有多明智，而是他在维持该网站用户联系上付出了许多时间与精力。

同时，线下集体主义者们正在努力打破原有的自上而下的系统，这为从经济到教育等领域的发展创造了新的可能性。如此一来，身处异乡、未就业的日本民众便可花时间照顾附近老人以赚取生活费。与此同时，也许正有人在遥远的家乡照顾他们的家人。纽约公立学校系统只有直接干预社区民众教育，其未来才有发展希望。他们这种社区时代乌托邦式的免费教育模式也许会让我们这些愤世之人感到畏怯，但却会让教师和学生兴奋无比。

我和许多人一样，对于目前的《美国偶像》节目和日益迎合大众品位的《纽约时报》深感困惑，但我并不会因为他们存在的问题而指责合作或技术乌托邦主义。

在这些事件中，我们并没看到危险的新形式数字民粹主义崛起，但是文化生态学的重要组成部分——音乐和新闻，却被消费资本主义所取代了。

事实上，大众市场的疏远效应在很大程度上促使我们向集体主义方向发展。总之，网络集体主义行为的兴起本身就是一种制约，对于政治腐败、市场力量和强硬的个人主义行为产生的反常规结果能有所缓解。

一个人签的支票会变成另一个人账户的盈余。

崇尚个人主义的拉尼尔想要治理集体主义，这就好像是文艺复兴时期的行为（文艺复兴时期大力推崇古希腊文化），接着又在启蒙运动时代因为崇尚民主而受到赞誉。从这之后，这一切就慢慢演变为我们今天所看到的竞争、消费和消费主义。

虽然装饰网站图片的标签也许永远无法独立运转，但它们却使用户可以参与其中，更好地体验集体行动所带来的美好。这是疏离社会向集体行为尝试的第一步。

众智生活正在向我们走来，我们拭目以待！

尤查·本科勒

拉尼尔文章中的观点极富见解，我认同其中的许多看法。该文章标题新颖，内容翔实，旨在表明拉尼尔对共同合作产生的网络信息有所不满。或者我们把它称为并行生产（peer production）。

那么，我认同的观点有哪些呢？首先，拉尼尔认为分散式生产在某些工作中十分有效。这些工作包括维基百科中偏向科学性的词条定义和免费开源软件。比起《不列颠百科全书》这样运转相对缓慢的机构，维基百科平台通过互联网更易于整合有识之士、可用信息和多样性理据。而开源软件则或许在某些场合中更加模块化，对整体协调的审美要求相对较低，譬如其界面设置。

其次，拉尼尔认为普遍的集体主义并不总是意味着更好。对于一个系统而言，其自身需要避免平庸，抵制通过技术手段的恶意破坏，比如低级过滤。

正如大家在克莱·舍基的文章中所见，以上观点和社交软件设计为主的核心问题相似。同时，它们也与我在《科斯的企鹅》（*Coase's Penguin*）一文中的观点相似，大家会发现我只是简单修改了拉尼尔的语言，以表明我们看法一致。那么，接下来我将谈谈我们看法的不同之处。

拉尼尔有两个担忧。首先，作为信息、知识和文化的核心，个体性逐渐消失，独一无二、富有责任心和参与感的个体性价值正在贬值。第二个担忧在我看来比较表面化，或者说受时空限制，那就是拉尼尔担心蜂巢思维和元网站会不断涌现，紧接着人类又将不断以这样的意识建立商业模式。

我和拉尼尔一样，都将个人视为伦理道德的承载者，同时又会促进社会创新，带来新的见解。但不同于拉尼尔的是，我认为，网络信息经济时代会使个人实际能力得到提高，这是一种长期影响。同时，这也促进了过去 50 年间市场和政府的运转。于我而言，市场、政府（不管是民主还是其他形式）、社会关系以及技术平台形式多样，个体都存在于这些部分重合的系统之中。这些机构为个体提供所需，同时又对个体行为加以限制。由于过去 150 年间成本限制、组织更迭和法律改编等原因，除了社会生产和大众生产，我们的信息、知识和文化生产系统呈现出了工业形式。小甜甜布兰妮和《美国偶像》是工业化时代信息经济的产物，并非正在兴起的网络信息经济时代所造成。

拉尼尔谴责《纽约时报》每况愈下，而我认为这也正是工业化时代信息经济所致。最近，我写了一篇文章，主要为了说明网络世界促进了大众媒介发展，这也正是拉尼尔所赞美的第四等级（Fourth Estate，新闻界之别称），以及博客有时能帮助我们纠正大众媒体出现的错误。毕竟，是拉斯·齐克（Russ Kick）的《记忆洞》（*Memory Hole*）而不是《纽约时报》首先发布了从伊拉克战场带回的军事人员照片。同时，也正是活动家比夫·哈里斯（Bev Harris）创立了黑箱投票网站（Black Box Voting），领导学术小组艾维·鲁宾（Avi Rubin）、斯沃斯莫尔（Swarthmore）的一些学生以及 2002 年后上千人复印关于 Diebold 投票机的资料，才使加利福尼亚州和马里兰州许多投票机得到检查与召回。主流媒体在当时坐视不管，只会象征性地重复那些采购机器的政府工作人员和销售人员的安慰说辞，以使民众放心。目前，那些声称互联网使社会民主化的论调已过时了。

忽略 20 世纪 90 年代关于网络世界民主性的天真看法，以及对碎片化社会和巴别塔崛起的深刻担忧，我们可以对在网络上和博客上所拥有的日益增多的数据做出解释。事实上，我们清楚知道自身并非聪慧的小鼠。我们也不会在布朗运动（Brownian motion）[1]类似的理论中徘徊思虑良久。我们常常因

这是1826年英国植物学家布朗（1773—1858）用显微镜观察悬浮在水中的花粉时发现的。液体分子不停地做无规则的运动，不断地随机撞击悬浮微粒。当悬浮的微粒足够小的时候，受到的来自各个方向的液体分子的撞击作用是不平衡的。在某一瞬间，微粒在另一个方向受到的撞击作用超强的时候，致使微粒又向其他方向运动，这样就引起了微粒的无规则的运动，即布朗运动。——译者注

关心的话题而聚众讨论，我们寻找关心同样话题的人，我们不断交流、相互联系。听其言，观其行。通过这样的分散式系统，我们进行自主选择，随后逐渐形成每个人不同的观念来看待事物的相关性和重要性。虽然该系统并不是完美无缺，但比起20世纪统治世界且由广告维持的媒介，它就显得更为稳固了。

维基百科满足了我们的所有想象，并不在于它本身的完美，而是它在许多方面确实做得不错。该想法在5年前看来简直是荒谬至极。我们不将维基百科与当前一些主流商业百科网站相比，而是将它与准商业和准职业性标准的《不列颠百科全书》相比。维基百科实在令人惊叹。但是，毕竟维基百科是成千上万大多出于善意的个人贡献所造就，这些人或许满腹经纶，但是也常常会悍然不顾“经济人”假设或是利维坦恶魔这样的知识背景。总体而言，维基百科并不存在作者姓名不详的问题。大多数的参与者都会在词条定义后面注上自己的身份和社区信息，虽然常常不是自己的真实姓名。

维基百科也许并不是完全替代《不列颠百科全书》的最佳选择。但是，这两者的出发点、认可度和组织都不尽相同，因此为我们提供了多样选择。维基百科为信息产生提供了新空间，供我们学习和研究。同时，作为在信息界一种如此多样化、与别者毫不相关的系统，维基百科与市场、公司、政府的运转方式均不相同。在这个多元系统中，信息生产效率和自由空间都得到了提高，满足了人们的需求。在任何情况下，我们都不需要去评判某个系统是否比其他系统更为优越。

以上观点使拉尼尔对于集体智慧的批判理由显得有些站不住脚。我们试图将群体的智慧去个人化，使那些参与者，那些试图创造一个更高水平信息集合与汇总以真正实现智慧的人，或是将维基百科视为萃取人类智慧的互联网新生者都能聚集在一起。事实上，我不确定是否有人对此持有双重看法，如果有的话，我也希望他们能维护自己的观点。

在此，我想说明拉尼尔谴责的集中信息过滤完全是为了在信息数字网络中重建类似价值的标签，因为以金钱为基础的价格系统已经失调。该发展方向或对或错，抑或完美抑或不完美，但是，它绝不是集体主义。

以谷歌算法为例。它集合了数百万潜心设计网页者的意见，这些意见仅仅来自那些对此颇为上心、努力在自己主页插入链接至其他页面的人。换句话说，这是一种相对稀缺或昂贵的选择。在任何集体工作中，它并不要求个人隐匿自己的身份、隐藏自我偏好和行为。没有人会在共识建立会议上投入自己的黄金时间。整个过程只是简单体现了这些工作人员是如何利用他们的宝贵资源，比如时间、网页空间以及对读者关注度的期待。这些背后的努力就构成了其市场价格。若有人声称在这个如何利用宝贵资源的新兴模式中已发现卓越智慧，那么他该是经济学家米尔顿·弗里德曼（Milton Friedman）的追随者。

在这一点上，拉尼尔可能对任何形式的市场扼杀个人创造性和独特表达性进行批判，也可能对过多筛选步骤降低了信息质量进行批判，而这些信息是人们利用宝贵资源创造所得。因此，我们说这些过多筛选步骤表现得十分差劲。在其他情况下，拉尼尔的看法和我们是一致的。我们都将发展社会生产和大众生产视为以国家为基础、市场为基础，自营体系之外的另一种选择。它们能够提高生产力，促进创新和自由发展。

总的来说，拉尼尔的观点有许多不尽如人意之处。他的许多想法值得借鉴，但是我认为其中最大的问题在于拉尼尔对价格体系在信息生产中的作用过度乐观。以网络为基础的社会群体贡献生产同时兼有个体性与合作性，它为我们提供了除市场、公司、政府以及传统非营利组织之外的新生产模式。个人均可参与其中，贡献信息、知识和文化。这样的新生产模式为我们带来了机遇与挑战，它与新网络集体主义截然不同。该模式旨在提高个人能力，涉及范围广大，需要个人拥有独特见解、动力和时间来参与其中贡献数据、交流信息。同时，通过技术和社会网络充分发挥个人自主性，对于个人或是自由团体均适用。

克莱·舍基

拉尼尔看到集体主义行为所带来的负面影响这件事情并没错。每一次革新总会使一部分人损失利益，在这个事件中，集体主义行为使专业技能和反传统行为都受到了影响。然而，新网络集体主义就目前形势而言存在两方面的判断失误。首先，新网络集体主义对蜂巢思维进行批判，但蜂巢思维仅仅是那些事实上并不了解维基百科是如何运作之人口中的流行语。这使对于蜂巢思维的批判言论显得十分模糊与晦涩。其次，新网络集体主义最初的前提是：认为运用集体主义思想处理智力性工作会产生负面影响。然而这些负面影响的言论传播尤为迅速，充斥了 RSS 订阅、《美国偶像》以及《纽约时报》的评论专栏。这使此事件过度泛化了，因此，我们应当对维基百科的管理方式进行一番讨论。与此同时，内容还应包括其实际运转模式，但又不能与其他团队行为混为一谈。

两大错误批判中较为明显的言论其实早已在拉尼尔文章中有所体现："我所关心的问题并不在维基百科本身。针对维基百科的批评已经很多了，尤其是在去年，但维基百科仅仅是个实验，还有改变与成长的空间。至少维基百科成功揭示了那些拥有最大决心和最多时间的网络用户在想什么。这相当令人感兴趣。真正的问题在于我们看待和使用维基百科的方式，以及维基百科是如何迅速变得如此重要的。"维基百科适应新环境新挑战的能力强大，但我们只看到了其表面现象。接下来，批判又指向了人们将维基百科视为黄金时代集体主义意识化身这一行为。我们认为，这些使用蜂巢思维来讨论维基百科和一些社交软件的人总是太过轻信，他们的言论往往显得夸张与讽刺。事实上，维基百科并不是人们口中所说那般，这是新网络集体主义有失偏颇之处。

蜂巢思维的提出者和诽谤者们对维基百科本身并不感兴趣，因为他们对其细节问题所知甚少。费尔南达·维埃加斯（Fernanda Viegas）在其书中写到，维基百科并不是匿名集体主义者创造的一项实验，它是一种特殊生产形式，有其自身的运行模式以及维护编辑权利的一整套程序。确实，大家总是认为人人均可编辑维基百科词条，但是事实上只有一小部分人可参与其中，维基百科通过一些对话页（talk pages）、锁保护（lock protection）、投票选文章、邮箱名单等机制来维护编辑权利。此外，获得提议的编辑内容必须有个人署名，匿名文章则将接受更为严格的审查。同时，这些署名参与者也将在对话页接受公开评议。

维基百科被视为最具参与感的社群，它使用一系列的监管机制来管理这些可供参考的文档。新网络集体主义却忽视了这一点，维基百科词条贡献者们的出发点与开源项目 Linux 基本相似，而不应将此二者相对立进行评判。这两个系统中都存在一大批散漫的参与者和一小部分无私奉献的维护者。但是，它们发展的部分动力均来源于工作人员对于其周边知识渊博同伴的欣赏，而非关注普罗大众。因此，我的观点恰恰和拉尼尔相反，我认为维基百科中所表现出的个人动力振奋人心，若没有这些动力，维基百科将无以为继。

由于受到某些深陷集体主义批判泥淖系统的影响，新网络集体主义的争议也愈加复杂了。反观《美国偶像》，我们发现它由最初的人气竞争演变成了随后的绝对权利人气大比拼。因此，其负面影响并非来源于这些新形式的集体行为，而是其背后历史相当悠久的选举制度。谴责《美国偶像》的集体主义行为也同新网络集体主义一样，有失偏颇。举国上下约有 1/5 的人收看了当季《美国偶像》的大结局。然而，当时全国有近 3/5 的观众收看了另外一部电影。过去 30 年中，电视或是其他媒体的集体性在不断下降。因此，如果我们认为目前这种有害的集体主义行为与日益集中的媒体服务紧密相关，那么我们反倒安全了。

Popurls 也竟被离奇地牵扯进这场争议之中，而事实上，Popurls 中并不存在多元集体主义计算程序，它仅仅只是汇总 RSS 订阅消息。如果你想有所发现，那么不妨去看看雅虎网站。我们收集的一些序列系统均包含了不同内容，实时展现了计算程序和用户之间的互动关系。这并非我们之前所说的蜂巢思维支配工作。虽然你看到一些对于 Popurls 的粗略批判，但你无法真正了解其中缘由。RSS 集合器确有不完善之处，我们应当意识到其序列算法、团队编辑工具和投票均存在问题，然后试着努力完善。但是投票存在缺陷并不意味着序列算法也有缺陷，序列算法有漏洞也不一定意味着集合器存在漏洞。以维基百科为例，匿名编造约翰·席根塔勒（John Seigenthaler) 以及肯尼迪虚假和诽谤消息的事件令我们深省，并立即采取新措施解决此类问题。维基百科实行了一系列措施，它极其关注个人责任感，使整体情况有所改善。

我们在此讨论了计算机时代给社会带来的一些改变。个人计算机的发明使个人创造性大大提高，互联网使团队协作也因此变得尤为方便。实际生活中，个人生活和团队协作总是存在矛盾性，因此，计算机和互联网所带来的一系列改变也会存在这般问题。若我们要谈论各种集体行为的利弊，那么我们应当对现在的各类设备设施进行一番研究，而不是一味讽刺或希望它消失。

科利·多克托罗

拉尼尔认为我们的社会正在向集体化发展，而我却不以为然，我认为社会正在逐渐远离集体主义。诸多原因成就了今天的维基百科，使其成为一个拥有如此丰富资源的平台。但其中最有趣的莫过于维基百科信息的产生十分迅速，几乎无须任何成本投入，其背后的创作人也不拘泥于传统。

人类并不是合格的未来主义者。对于将来重要且有用之事，我们总是判断失误。我们认为电视是将歌剧带进美国人客厅的最好方式，也想将电视作为一种教育媒介。我们发明了功能超文本以使物理论文草案分享给更多人。

在你的文档内容还未被允许上传前，如果你想让系统管理员认可该文档的价值，那么你最好期待系统管理员拥有超人类的预测能力，但事实上他们并不具有该能力。一般而言，使重要之事步入正轨的最好方式是减少对它的阻碍。重要事物是所有事物的一部分，因此，如果你拥有越多的事物，那么拥有重要之事的可能性也就越大。

现存的商业模式总是对未来事物做出错误评判。如果你有任何创意，想要打破原有商业模式，那么，这些商业模式负责人则会想尽办法、说尽各种理由来劝你放弃。普通旅行机构总是有一套陈词滥调，使顾客认为他在旅行网站预定的航班不会顺利起飞。那么，旅行机构的动因何在呢？

其实，旅行机构的做法也是合乎情理的，他们只是想改变你原有的航班计划。但是，目前互联网旅行机构却能提供更为优质的服务，互联网机构价格相对实惠，且随时随地可提供服务。顾客可请互联网旅行机构为其规划旅行路线和出行时刻表。顾客也可以在网上货比三家，这些是我们以前根本无法体验的服务。

《不列颠百科全书》具有一定的权威性，有固定编辑，投入成本相对较高，整体结构较为单一。如果我们以这样的标准衡量维基百科，那么它定是不合格的。但是维基百科有其自身的特征，它无须投入成本、信息更新及时、存在一定的竞争性，并且面向普罗大众。

将“光量子”“哲学”“同伴压力”等词条融入百科全书之中，并且使它可以面向大众，这样的设想在互联网集体主义出现之前几乎是天方夜谭。维基百科则是一项伟大的试验，它使与众不同的个人努力汇集一起成为可能。更令人惊叹的还在于，维基百科的多元系统框架——通用公共授权（GNU），能使任何人进入维基百科，并针对一些问题提出自己的看法。

维基百科的内容十分精彩。但如果你仅仅停留在初始界面，那么其中的内容不免有些枯燥无聊。那就好像是查收邮件，阅读邮件列表，并且只看每封邮件的标题。维基百科的初始界面内容仅仅是对于事件最直接的表述。

因此，如果你想要深入探究事件本质，那么你需要进入“历史”和“讨论”的界面。那里才是维基百科的精华所在，你才能发现事件真相。

《不列颠百科全书》告诉我们已故者的老生常谈，而维基百科却让我们感受当下互联网用户观点的百花齐放。

《不列颠百科全书》的真相似乎是一种幻想。因为事实上，任何事物的解决方式不止一种，有人会赞成，也有人会反对。在维基百科上，你可以见到思想的碰撞，挖掘自己最能接受的事实真相。

诚然，阅读维基百科就像是训练我们的文学修养。我们需要掌握一些技能将其中复杂的层层句式进行分解，这使维基百科像一部真正的小说。如果我们按照阅读《不列颠百科全书》时的方式来阅读维基百科，那么自然显得有些无聊。但如果我们以适合维基百科的方式来阅读，一定会让你豁然开朗。

尽管拉尼尔不这么认为，但是不可否认的是，像乌班图（Ubuntu Linux）[1]和火狐（Firefox）这样的免费软件均拥有舒适美观的用户界面。想必设计这些用户界面和其代码库的创作者们都想要获得赏识和认同。但是，除非你试着去阅读火狐设计者的原稿，也就是其原代码，否则你永远无法知道是谁设计了你最喜爱的用户界面。

乌班图是一个以桌面应用为主的 Linux 操作系统，其名称来自非洲南部祖鲁语或豪萨语的“ubuntu”一词，意思是“人性”“我的存在是因为大家的存在”，是非洲传统的一种价值观，类似“仁爱”思想。——译者注

维基百科并不像博客那般淹没个人呼声。维基百科的作者常常是一些多产的博客作家，他们时常在各种网站上谈论作品。对于那些热爱维基百科的用户而言，它创造了一种额外资源，会使人陶醉其中。

因此，维基百科和《不列颠百科全书》都错了。对于系统而言，最重要的并不是其如何运转，而是它如何衰败。修改一篇维基百科的文章相当容易，但要加入其中的激烈讨论就要耗费更多的精力。这便是你为真相所要付出的代价，不过这比你开启个人不列颠百科之旅可是要实惠多了。

凯文·凯利

正如其宣称的那样，维基百科是一部由读者创办的免费百科全书，读者可能是互联网上的任何人。如此壮举着实令人惊叹，但鉴于其创始理念如此与众不同，且人人得以接触，一系列的问题便随之而来了。维基百科还有其他作用吗？维基百科会成为其他信息或是其他创意想法的仿照模板吗？维基百科这样的运行模式会指引未来新事物的发展吗？维基百科是未来一整个世纪发展的代理人吗？我们应当关注未来的什么发展呢？

维基百科仅发展几年便有如此大的影响力，这简直就像神话般的存在。但是，其目前发展似乎也陷入了困境。不管怎样，维基百科拥有一批有识之士，他们不断进行学术争辩。同时，维基百科引领着去中心化潮流，主张个性自由发展。由于还未有更好的表述，按我的话来说，维基百科还体现了蜂巢思维。不仅仅是维基百科具有该现象，网络本身，以及粉丝圈、投票观众、链接汇总信息、共识过滤器、开源社区等集体机制，目前均处于一种不受约束但却相互联系的关系之中。

但是，如果我们仔细观察就不难发现，上述创新机制中没有一项完全具备蜂巢思维的特征。同样，我们所认为的典范——维基百科也离自下而上的运行模式相去甚远。仔细研究后人们就会发现，维基百科拥有一名精英作为其中心，想必这消息定会让人们大吃一惊。同时，维基百科还有许多精心设置的管理模式，乍一看很难发现。

如此也就不难理解为什么维基百科能在短时间内产生巨大影响。对于最原始的达尔文主义而言，其主要不利条件在于它研究的是生物学中数以亿万年计的漫长时期。吉米·威尔士的设计理念是自上而下，同时也使维基百科的运转模式更为灵活明智。人们深刻明白自下而上的模式多么糟糕和愚蠢。若这样的事情发生在生物学自然选择中，唯一结果就是死亡。还有什么会比这样的做法更愚蠢呢？我想或许只有一个二进制比特位了吧。

我们过于着急想要见到一个完完全全的蜂巢思维模式。我们已在技术系统中引入了智能设计，这种自上而下的控制模式能使系统朝着预期目标加速发展。每一种技术系统，包括维基百科在内，均有此设计。而其中的创新之处在于，我们从未像现在运用网络操作这般，将更多的蜂巢思维注入系统之中。过去，我们只能设计和控制系统，而现在，我们可以运用蜂巢思维对它进行无数设计。Web 2.0 模式是我们探索发展的第一步，它使我们对无数可能性进行排列组合，就像是微调数字而获得无限可能。比如，我们会有木讷的作者和聪明的筛选者，或是聪明的作者和木讷的筛选者，等等。

如果说蜂巢思维如此愚笨，那么我们为什么还要花费这般精力呢？

因为，即使它有些美中不足，但蜂巢思维还是充满了智慧的火花。更为重要的是，那些聪明的设计者们可以充分运用蜂巢思维所制造的原材料。但是，如果我们只听从蜂巢思维的想法，就显得太过愚笨。不过，如果我们完全忽略所有蜂巢思维的观念，那只能说是愚蠢至极了。

那么，我们就来看看下层设计之间的关系。我希望我们都能意识到大量自下而上的设计模式并非长久之计，至少在我们有生之年如此。我们将会发现，维基百科会拥有越来越多的设计、控制和结构模式。我估计，50 年后，维基百科上相当一部分文章都将会接受严格编辑、同行评阅、校对锁定以及权威性认证等。读者将从中大受裨益。同时，维基百科内容的覆盖领域将会越来越开放和广泛，这将使所有人都从中受益。

另外，或许我的上述观点带有异端邪说的色彩，但我认为维基百科模式并不只是适合撰写通用的百科全书。维基百科的文章长度可能恰好符合那些聪明行动族的要求，但也有可能一本书的长度不太合适。虽然 2006 版维基百科程序并不是编写一本教科书或各类百科知识、宣传新闻的最佳方式，但随着不断进步与更新，2056 版维基百科或许可以实现上述目标。

我的另一个观点可能又有点像异端邪说。我认为蜂巢思维将会写出更多的教科书、数据库和新闻，而这个数量将远远超出我们现在所能预想的范围。

总而言之，自下而上的蜂巢思维模式总能带给我们意想不到的惊喜。如此看来，维基百科虽然错综复杂，但我们不能以理论思维去评价，而应将它置于实际生活中，它的价值才得以体现。它证明了那些看似愚蠢的行为事实上比我们所想的更为明智。同时，自下而上的蜂巢思维模式使我们的发展永无止境。而我们却焦躁不安、缺乏耐心，设计出自上而下的模式来操控维基百科，使其朝着我们预计的目标发展。

勿忘初心，并努力完善蜂巢思维模式，我们将比预期目标走得更远；遥望未来，蜂巢思维远远不够，我们仍需自上而下的设计管理。

然而我们终究只是浩瀚宇宙中的渺小个体，蜂巢思维便是我们现在最好的选择。

祝愿维基百科不断向前发展！

● 埃丝特·戴森

由于蜂巢思维产生的作品量巨大，我正忙于阅读，所以我尽量简而言之。我认为其中的争论点主要是在于投票和信息汇集方面：我们应该让问题完全由那些匿名用户的绝对数量来决定，还是由那些注册过的参与用户决定。第一种设想在数量和引领趋势上占有优势，但它并不能为系统的进化带来创新意识。因为进化并不是盲目投票，需要遵循一定的规则和程序，比如基因物质和蛋白质（我对此领域并不专业，有些生物学家也许会帮我指正），来使整个变化都能与整体相一致。譬如，同时增加两条腿，或增加些肌肉以支撑增加的身体重量。这正如网络世界，某些争议可能占上风，也可能站不住脚，与此同时，共识也会有所增加。但所有这些争议和共识都有据可循，且经过一番深思熟虑，这与我们所说的集体主义概念实在是相去甚远。

这样一来，我们也就不难从理论上去理解产生代议制政府的原因了。特定的一部分人群委任一些“专家”，聚在一起商讨大事，这些事物之间也理应存在相互关联。不管怎么说，这仅仅只是设想。我们很容易便能同时投票选择缴纳低税，且拥有更多便利服务。但是，我们无法设计一个相互关联的系统帮我们实现以上愿景。

在维基百科上，人们相互交流，思想不断碰撞，而不是对别人的文章进行编辑修改或者直接替换。只有这样，我们才能不断进步，有所收获。同时，在这个系统中，这些文章作者均拥有身份，不管真假，但是都始终保持一致。他们也都对自己的言论负责，这与 Edge 的模式非常相似。

拉里·桑格

拉尼尔文章的观点究竟是什么？他认为某种形式的集体主义正在逐渐占据主导地位，这样的趋势极为糟糕。对于认为集体主义行为十分明智，需要这样的机制来汇聚力量和影响力，使集体主义带领人们迈向真理的观点，拉尼尔进行了强烈批判。

我赞同拉尼尔的观点，集体主义确实是个糟糕现象，我们崇拜的许多人都深陷集体主义之中不能自拔。虽说同意这个观点，但我发现自己又有些自相矛盾。首先，自然没有人完全赞同“集体主义行为十分明智”这个观点，那么拉尼尔的批判是否就毫无意义可言了呢？

其次，我个人十分认同并提倡“紧密合作”这个观点，它通过维基百科得以实现了。在维基百科中，不仅仅许多作者相互协作完成作品，同时还有不断加入的新作者，因此，没有特定某一人具有完全的著作权。这样看来，我怎么能说“集体主义行为十分明智”这个观点不具意义呢？

深入探究拉尼尔的文章和我所认同之处，以及为什么拉尼尔并没有创造稻草人，这些反思能帮助我们正确看待维基百科和博客这些新科技。接下来，我将谈谈一些要点。2004 年末，因维基百科没有正确对待专家的经验之谈，我对此进行了公然批判。出乎意料的是，许多人进行了回复，他们认为维基百科的运行模式十分成功，我们已不再需要所谓的专家，万众智慧远比那些狭隘的专家论点更有价值。

奇客的帖子排名系统就是另一个例证。如果在奇客中，仅仅是由一些手动选择生成的编辑来选择或发布帖子，那么奇客用户将不会拥护该系统。但如果结果是由客观的算法系统来决定，那么用户们自然无话可说。用户选择使用奇客系统，这并非因为他们拥有理性思考，认为精英分子总会在该系统中崭露头角，而是人们相信该系统能为他们营造更为公平的环境。

因此，如果我们认为集体主义者必然坚决拥护集体主义行为是明智之举，那就大错特错了。事实上，他们根本不在乎这样的行为是否正确，就像他们也根本不在乎公平性一样。

你们可能会发现拉尼尔在他的文章中，从未费心反驳集体主义行为是明智之举的观点。因为那种观点显然是错误的。总的来说，真理和高质量并不会由绝对数量的大小来决定。不过，拥护集体主义行为来决策和汇集力量的人会对我的观点表示异议。那么，你可能会问，拉尼尔攻击的不就是个稻草人吗？我不这么认为。在我看来，拉尼尔的观点的实质是，集体主义所表达的观点在某种程度上比那些所谓的专家或权威机构产生的观点更有价值。

我们在进行一番深入思考后会发现，这其中蕴含着某个深层次的认识论问题。认识论学家们有一个专业词汇，名叫“积极认识状态”，意味着一个人的积极状态会对其信仰产生影响。如此一来，真理、知识、辩护、证据以及一些其他的术语都与某种积极状态有所关联。

因此，我认为我们正在经历一种可喜的现象，我们不认同传统意义上的积极认识状态，而是以集体主义的意识形态所赋予的特征去替换或是重新定义积极认识状态。方便起见，我们暂且可将它称为“认识集体主义”。

认识集体主义确实存在，不管你是否认同，目前的确有许多用户将它置于集体主义之上。这些认识集体主义者是十足的循规蹈矩者，他们几乎和集体主义者一样，方式相同，动因也相同。诚然，认识集体主义者对于相对主义都有些一知半解，这其中必有缘由。如果说世界上不存在客观真理（我的许多学生均这么认为），那么所谓的专家意见或者学者权威性也就毫无意义可言了。若真实性不复存在，那么作为独立个体的我们并不需要将专家观点置于我们之上，因为他们的观点也不具备完全的可信度。同样，如果你是一名认识集体主义者，你自然就会认为那些所谓的专家不过如此，我们普通人完全可以超越他们。

下面来谈谈我之前说的第二点矛盾之处。我怎么能赞同拉尼尔的观点，同时又强烈推崇合作呢？我怎么能反对认识集体主义，然而同时又认为维基百科是一项创举呢？我到底该选择哪个观点？问题在于，虽然认识集体主义者拥护维基百科，但是他们拥护的理由并不正确。维基百科的好处并不在于它能汇集集体智慧产生一些观点，同时这些观点在某种程度上比那些早已知晓主题内容的权威人士好得多。这并非真正的维基百科。

维基百科的伟大之处在于，它为我们提供了一种途径，使我们可以汇集众多力量，只为实现某一学术目标。正如维基百科向我们诠释的那样，密切合作代表着一轮新的“工业革命”，在这轮工业革命中，我们并不以技术著称，而以汇集众智为荣。这样的系统能使我们紧密合作，看重以最高效率产出结果，而非挖掘真相的能力。如果想要了解我们是如何在这个系统中逐渐挖掘真相的，那么，这个问题显然悬而未决。

因此，在有些人看来，网上合作和新的集体主义行为并无区别，拉尼尔的观点也无可辩驳。但是这份集体主义与维基百科这样的系统并无关联，同时，它与合作或汇集信息等方式也无任何关联。

吉米·威尔士

拉尼尔认为维基百科的一个核心理念就是：随着程序不断发展，不管遇到什么问题，维基百科都能逐渐解决。

我对以上观点的看法非常简单，我本人从未提出过这个所谓的“核心理念”，我想任何重要或著名的维基百科创始人也不会有如此观点。我们对于集体主义和集体主义式写作也没有任何信仰，它并非维基百科的创作模式。恰恰相反，维基百科的编撰，像任何其他著作一样，靠的是每一个个体的智慧和判断。

“最好的指导原则永远是首先看重个人力量。”

确实如此。我想这才是我们的观点。

乔治·戴森

以下这篇富有见解且恰逢其时的文章正是个人智慧的产物。

然而，拉尼尔的深层次见解本身来源于各种集体智慧、经过一番无计划和杂乱无章的程序发展而来。但是，集体主义却遭受了批判。再者，我们若是剖析拉尼尔的大脑机构，便会发现他的所有思考也是经由大脑中无数匿名神经元相互合作，经过层层信息处理而来的。我们周围的每件事物，不管是音乐还是愿景，都属于社会网络的一部分。受欢迎程度和相互关联的紧密度决定了它们是否能够脱颖而出。当拉尼尔的想法还是萌芽时，它们在数不胜数的神经元和其突触中相互碰撞与激烈竞争，整个信息处理过程就像是佩奇排名（PageRank）[1]、相关广告（AdSense）和关键词广告（AdWord）处理信息一样。最终，拉尼尔产生的语言、符号和文字意义都会带有他所处周围环境和文化的色彩。若要论及自然智慧，那么应当是维基百科而非《不列颠百科全书》有话可说了。

所有智慧都在集体主义中酝酿而成，但是，正如拉尼尔所指出的一样，这并不意味着所有的集体主义都是智慧。

拉尼尔想要告诉我们的一点就是：学会尊重和保

PageRank，网页排名，又称网页级别、谷歌左侧排名或佩奇排名，是一种由根据网页之间相互的超链接计算的技术，而作为网页排名的要素之一，以谷歌公司创办人拉里·佩奇之姓 page 来命名。谷歌用它来体现网页的相关性和重要性，在搜索引擎优化操作中是经常被用来评估网页优化的成效因素之一。——译者注

存我们的个人智慧，一旦我们放弃了个人智慧，后果将不堪设想。

拉尼尔无意对抽象实体做一番存在或是不存在的辩论，但是，对于拉尼尔认为网上集体主义会滋生愚蠢的观点，我却不敢苟同。如果世界上真有人工智能存在，那么对于人类来说，将是深不可测。但对于目前人类发展水平而言，人工智能在我们眼中无异于像《美国偶像》一般无聊至极，或是像不断纠正或改进拉尼尔对于维基百科的观点一样毫无意义可言。

注：克莱·舍基的著作《认知盈余》《小米之道》《人人时代》中文简体字版已由湛庐文化策划，浙江人民出版社出版。——编者注

FOR ME, SOCIAL NETWORKS ARE LIKE THE EYE. THEY ARE INCREDIBLY COMPLEX AND BEAUTIFUL.

对我来说，社会网络就像眼睛一样，既复杂又美丽。

——《社会网络就像眼睛一样》

11

SOCIAL NETWORKS ARE LIKE THE EYE

社会网络就像眼睛一样

Nicholas A. Christakis

尼古拉斯·克里斯塔基斯

医生和社会科学家

合著有《大连接》（*Connected*）

进化生物学中有这样一个著名的例子：眼睛是被设计出来的，还是因进化的原因才会“如此”。这种极其复杂的事物是怎样形成的呢？眼睛的产生似乎是出于一种令人难以置信的复杂目的，有关进化论的辩论常常会引用这个话题，因为眼睛非常复杂，其功能也极其特别，而且至关重要。

对我来说，社会网络就像眼睛一样，既复杂又美丽。看到这样一种难以置信的产物，你就会去想它们为什么会存在，又想要传递些什么。我们是不是需要用一个恰到好处的故事来做解释呢？难道它们不是偶然出现的吗？并不是出于什么特别的原因，不是吗？还是说它们正是出于某种目的才出现，也许是一些本体论和务实的目的。

我和我的同事詹姆斯·富勒（James Fowler）一直冥思苦想社会网络来自

何处，它们的目的是什么，遵循怎样的规则，于我们的生活而言意味着什么。社会网络不像神经元网络、基因网络、天体网络、计算机网络或其他一些可以想见的网络一样有趣，其惊人之处在于社会网络的节点（实体、组件）是有感知的，网络中的个体可以对网络做出回应，从而通过自己的力量形成一种网络。

在社会网络中，高阶结构和低阶结构之间是交错连接的，这真是了不起！我们过去 5 年甚至 10 年对此进行了大量研究，研究从简单的二元网络开始。个体是我们所能想到的最简单的网络类型。作为一名医生，我需要照顾身患绝症的患者，我对网络很好奇，很想知道网络会给我的职业带来怎样的影响。

除了社会科学培训之外，我还接受过临终关怀医生的培训。在芝加哥大学（于 2001 年毕业）学习期间，我曾参加过一次极其特殊的临床实践，我的职责是到患者家中照顾他们。每个周日下午，我就会拎上我的小黑包到芝加哥南部去拜访那些濒危的患者。我还参加过一种精神分裂症实习，我的病人中大约有 1/3 都是接受过良好教育的人，他们与芝加哥大学渊源很深，剩下的 2/3 则是南部的穷人。

有这样一件事让我记忆犹新。我开车到芝加哥边界的一个安全社区，停好车后，我向四周张望了一下，然后踏上门口的台阶，敲了敲门，等了很久才有人过来给我开门。通常都是患者的配偶将我领进门，周围还会有其他亲戚相伴左右。作为一名临终关怀医生，我首先注意到的不是濒危的病人，而是其家庭成员。我对这点越来越感兴趣。

我逐渐开始看到这样一个现实：濒危的病人也在影响着家庭中其他成员的健康状况。我认为这是一种非生物疾病传播，就好像患者的疾病、死亡或医疗保健都会导致与他相关的其他人患病、死亡或使用医疗保健。这种疾病并不是通过病毒来传播的，而是发生了一些其他的事情。这就是现在我所称的“人际健康效应”。随着临床经验越来越丰富，我开始拓宽关注点，不仅对疾病的二元传播和疾病负担感兴趣，我还对超二元传播产生了兴趣。

例如，曾经有一天，我遇到了这样一个非常典型的场景：一个濒危的女人躺在病床上，她的女儿正在照顾她。她卧病已久，还患有痴呆症。这么多年来，女儿无微不至地照顾着母亲，但现在已经精疲力竭了，就连女儿的丈夫也病倒了。有一天，我接到一个电话，是那个丈夫的好朋友打来的，在得到许可后，他向我询问有关那个丈夫的情况。所以，现在有了以下这种级联关系：患者对女儿，女儿对丈夫，丈夫对朋友。这其中涉及四个人，产生了一种通过网络引起的连锁效应。我开始痴迷这样一种观念：这些小规模的二元人际关系可能会凝聚成更大的结构。

如今，大多数人都会有这种独特的视觉网络意象，因为在过去的 10 年中，网络几乎已经成为流行文化的一部分。但是，早在 20 世纪 50 年代，人们就已经开始对社会网络进行了类似的研究，实际上，20 世纪 30 年代就已经有这方面的研究了，最早可追溯到社会学家格奥尔格・齐美尔（Georg Simmel）。20 世纪 70 年代，社会学家的研究工作一度出现热潮，这时涌现出了马克・格兰诺维特（Mark Granovetter）、斯坦・沃瑟曼（Stan Wasserman）、罗纳德・伯特（Ronald Burt）等一批社会学家。

但是，这仍然只能说是一种小规模的网络：由 3 人或 30 人组成的网络，大约就是一个棒球场的人员规模。而我们是由更大、更复杂、更美丽的人际网络联系在一起的。实际上，这是一种由成千上万个体组成的网络。那些活跃在这个世界上的实体重塑了这种网络，这种网络还具备一种记忆功能。事物可以通过网络传播，这些事物有着一个共同的目的，通过其他个体的一些特征，它们也会表现出不同的特征。这种事情很难理解。

这就是 7 年前我对社会网络的思考。在我思考这个问题的同时，我从芝加哥大学搬到了哈佛大学，我认结了詹姆斯・富勒，他是一位社会科学家，刚开始从政治科学的角度去思考各种不同的网络问题。他对集体行动这种问题很感兴趣，例如人是如何形成群体的、个体的行动是如何影响其他个体行动的。

富勒对利他主义这种基本问题也很感兴趣：我为什么要对他人产生利他

主义思想呢？利他主义的目的是什么？事实上，我认为，利他主义是社会网络的关键组成部分，因为它有助于维持社会关系的稳定。如果我不断对他人以暴力相待，或者从未做出什么回报，社会网络就会瓦解，所有的联系将被切断。因此，我们需要一定程度的利他主义，这样才能促成社会网络的出现。

我们可以开始考虑将各种各样的想法结合起来，有些甚至可追溯至柏拉图思想。我们还要想一下井然有序的社会，善与恶的起源，人们是如何形成群体的，国家是如何管理的。事实上，我们还可以重新审视卢梭和其他哲学家关于自然状态下人类所产生的思想的看法。我们怎样才能超越无政府主义呢？无政府主义是通过一种社会网络现象构想出来的，社会和社会秩序也可以被理解为是一种社会网络现象。

以男人和女人为例（一对个体），其中一个人生病时，另外一个人就会照顾生病的这个人（部分是出于利他主义原因）。如果不把他们视为个体，而是专注于作为调查对象的他们之间的关系，我们就会发现，他们处于一种更大的网络之中，这个发现会迫使我们去研究一些基本的社会科学和哲学问题，而实际上这是个道德问题，几千年来，人们一直关注着这些问题。

关于网络研究的思想史，还有另外一件非常有趣的事情。在 20 世纪 50 年代和 70 年代，一些社会科学家开始研究社会网络，他们致力于节点（人）问题以及连接节点的纽带或 edge，事实上，edge 是一个正规的网络术语，是用来说明两个个体在网络“图”上的关联。

这些社会科学家们开始去研究如何理解社会网络这一现象，并提出了多种思路和统计方法。虽然那时没有大规模的数据，且计算能力有限，但他们还是取得了很大进步。他们发明了许多技术，竭尽所能地推动了该领域的发展。之后出现了一段休眠期。直到 20 世纪 70 年代，社会网络的研究又再次进入鼎盛时期。

顺便说一下，这些方法建立在匈牙利数学家们的研究之上，这些匈牙利数学家们曾对一个数学分支进行了研究，也就是著名的拓扑结构。拓扑结构是一种有趣的现象，其历史悠久，可追溯至瑞士数学家欧拉。20 世纪 90 年代，人们又开始对网络科学进行研究，这项研究最初是由一组物理学家和数学家发起的，但事实上他们致力于解决其他领域的问题。例如，对基因、蜂窝网络或神经元网络感兴趣的人，就像我的同事拉斯洛·巴拉巴西（Laszlo Barabasi）一样，他是一名物理学家。假设有这样一只蠕虫，它拥有 200 个神经元，我们怎样才能描绘出这 200 个神经元之间的联系，从而了解蠕虫的学习或行为呢？如果不对神经元进行研究，而是去研究神经元之间的内部联系，我们能否理解蠕虫的学习和行为呢？

很多科学家都对其他类型的网络很感兴趣，并对许多古老的社会学思想产生了兴趣。他们发明了数学，并将数学应用于新的目的，极大地改善了网络科学，比如拉斯洛·巴拉巴西、邓肯·瓦茨（Duncan Watts）、史蒂夫·斯托加茨（Steve Strogatz）和马克·纽曼（Mark Newman）。现在这种方法论工具又回归到社会科学上，社会科学家们用它来重新审视和理解他们一直十分关注的话题。

因此，现在社会网络研究的方法论已经取得了一个巨大的飞跃。首先，这次飞跃是基于过去的研究。其次，在我们这个受现代通信技术和其他创新影响很大的时代，人们在哪里、正在跟谁互动，以及他们正在说什么，甚至正在思考些什么，都会留下数字痕迹。只要按我所说的“大规模被动”技术操作，就能捕捉到所有这些数据，我们还可以利用这些数据来辅助解决社会科学问题，这种方式是前辈们可望而不可即的。我们拥有大量的数据，可以重新利用这些数据来调查那些令人困惑不解的社会组织和道德等基本问题。

我们拥有先进的方法和数据，还有先进的思想。这种高阶结构意味着什么？人们对这个问题开始产生更多的创造性思维。20 世纪 90 年代后期到 21 世纪初，科学更广泛地参与了我所说的“组装项目”，天文学家开始思考如何将星体组装成星系，计算机科学家开始思考如何将电脑组装成网络。20 世纪 90 年代中期，随着互联网的发展，所有人都开始思考电脑、电脑网络，以及电脑之间的互动等问题，工程师也在努力研究这些问题。

神经科学家开始这样想：好吧，好吧，我们已经对神经元有了很多的了解，但是这些神经元是如何互相连接成大脑的呢？遗传学家说，终有一天我们会理解所有这 25 000 个（大约）人类基因，然后呢？我们该怎样再次重组汉普蒂·邓普蒂（Humpty Dumpty）[1]呢？我们又如何重组所有基因，并了解它们是如何跨越时间和空间进行互动的呢？我们已经看到了一种被称为系统生物学的新生领域的诞生，它的诞生就是要把所有这些零部件组装起来。

[1] 指那些已经破碎且无法复原的东西。——译者注

同样，社会科学领域的学者们也对这种现象产生了浓厚的兴趣。我们已经开始理解人类的行为，还创建了理性决策模型，也就是理性行为模型，这些模型进一步推动了人类的创新。但是，这些模型主要还是与个体有关。亚当·斯密曾说过，市场是由个体行为引发的一种现象，但我们主要关注的是个体行为。如何才能将所有这些部件组合起来从而了解群体呢？

同样，社会网络的研究也是这个组装项目的一部分，社会网络的研究有助于了解秩序的出现，以及非个体固有的新现象的出现。例如，我们有自觉意识，这是不能通过对神经元的研究来理解的，意识是神经组织中的一个新生属性。我们可以想象社会网络中也会出现这种新生属性，这种属性不是个体与生俱来的，而是一种因个体间的关系以及这些关系的复杂性而产生的。

如何了解这一切是我和富勒毕生的追求。我们一直在思考这个问题，并提出了一些初步的简单想法以及经验观点，这些观点有趣而又新颖。我们提出的简

单想法是：网络的动态至关重要。很多时候，人们无法理解网络主要是因为他们将重点放在静态的网络上了。他们想到了拓扑结构，想到了网络架构。他们想到人们是如何联系在一起的,这当然非常重要,而且也不易理解。然而，一方面，拓扑结构可以被看作一种固定的现存事物，另一方面，这种拓扑结构本身是可变且不断变化的，这种结构很有趣，而且拓扑结构的起源及其变化本身就是一件很难的事情。

但是，你还可以看到：一旦认识到拓扑结构的存在，就必须明白这种结构会传染，也就是一种网络流动过程。事物在其中移动，这是一种完全不同的科学基础。与网络的形成和发展不同，事物如何通过网络移动是一种全新的挑战。就像网络的形成和操作，或网络的结构和其功能之间的差异一样。或者，如果你认为网络是一种超级有机体，这就是一种超级有机体的解剖和生理之间的差异。你需要了解两者，而且这两者是相互联系、相互影响的，正如我们身体的解剖和生理是相互联系的一样。

这就是我和富勒目前正在研究的问题，我们已经开展了几个项目来了解传染的过程。此外，我们还对网络的形成过程进行了大量研究，研究结构是如何启动的，以及它为什么会发生改变。我们对网络内部的传染性也有了一些经验发现。此外，在后一种情况下，就网络是如何出现的，我们做出了这种想象：网络的形成遵循某些基本的生物、遗传、生理、社会学和技术规律。

因此，我们一直在调查网络是如何形成以及如何运作的。关于网络的运作，我们已经初步解决了一些问题。例如，几年前，我们对肥胖流行的说法产生了兴趣。“流行病”这一词语有许多含义。首先，它意味着发病率要比以前某段时期高。它还包含这样一种基本观点，也就是某种传染性的东西在人与人之间传播。毫无疑问，肥胖患病率呈上升趋势。我们尚不明白的是，就其他意义而言，肥胖能否被视为一种流行病。肥胖是通过人与人传播的吗？

我们想要就此问题进行研究：肥胖能通过网络传播吗？一个人的体形能以一种级联效应影响周围人，以及周围人的周围人的体形吗？人们往往想当然地认为事情可以通过网络传播，就像潮流服装一样，但当我们告诉他们肥胖也可以通过网络传播时，他们常常会感到十分惊讶。这种结论是如何得出的呢？我们需要掌握一种数据源，这种数据源应包含以下信息：人在网络中所处的位置，该体系结构的关系——他们认识谁，他们认识的人又认识谁，等等。我们还需要一种与人的体重和其他信息有关的数据源。我们需要长时间反复观察这些人，这是一个巨大的挑战，因为在此之前，我们对所有数据一无所知。

我们想到一个主意，跟一个知名的流行病学研究所——弗雷明汉心脏研究所（Framingham Heart Study）合作。该研究所成立于 1948 年，由美国联邦政府资助，位于弗雷明汉，离波士顿很近。这个研究所的地下室中储存着大量数据，负责跟踪数以千计的参与者的管理者们保存着这些信息，他们知道如何每两到四年与这些参与者联络，让他们回来接受检查，并填写相关的调查表。

这些记录文件包含大量有价值的信息，比如他们住在哪里、家庭成员有谁、朋友是谁、在哪里工作，等等。我们把这些数据记录输入计算机，运气好的话，这些人的亲戚朋友或邻居可能也会参与心脏研究所的研究。

因此，我们可以利用这个有着 12 000 人信息的样本来重建社会网络关系，在长达 32 年的记录过程中，他们的信息已经重复记录多次了。这样，在分析个体的体重增加如何传播至其他个体，以及如何反过来通过网络产生级联效应传播给更多人时，这些信息为我们的分析奠定了基础。在进行这次研究时，我们发现，你朋友体重的增加会使你的体重增加，并能导致更多与你相关的人体重增加，这就是我们所说的网络“社会平面”的涟漪效应。

对我们来说，这是一个非常基本的观点，超越你视野之外的社会空间中发生的事情（你不认识的人身上发生的事情或他们做出的选择）可以通过有意识或无意识的级联效应影响你。这是一个深刻而又基本的观点，与社会生活的运行有关。我们发现，你所认识的人体重的增加会使你受到影响，你的朋友、配偶、兄弟姐妹的体重也会增加。此外，除了这些和你有直接关系的人外，其他人也会影响你的体重，而这些人可能跟你的关系并不密切。顺便说一句，我们发现，体重减少也遵循同样的规律，也是通过这种网络进行传播的。

通过网络来观察这种传播现象是一回事，进行下一步举措，并开始确定一种传播机制又是另外一回事。就肥胖而言，我们提出了各种观点，并就一些观点进行了测试。我们还在考虑用各种新实验来继续调查肥胖的传播和其他现象。

其中有这样一种潜在的简单机制：生物传染。生物学家对病毒和细菌在人与人之间的传播进行了各种研究，这对肥胖流行病的研究也做出了贡献。我们的工作就是这样的，但这并不是我们的兴趣所在。

我们只对社会传染感兴趣。其中一个潜在的机制是：我观察你，你开始表现出某些行为，然后我重复你的行为。比如，你可能会开始跑步，然后我可能会效仿你也开始跑步，或者你可能会邀请我跟你一起跑步；再比如，你可能会开始吃某些高脂肪食物，我可能会开始效仿你的这种行为，也开始吃高脂肪食物，或者，你可能会带我去餐馆一起吃高脂肪食物。人与人之间传播的是一种行为，正是这种行为导致了我们体形的变化。因此，人与人之间行为的传播可能会导致肥胖的流行，或为这种传染奠定基础。

还有一种与这种行为的传播截然不同的机制——基准的传播。我看着我周围的人，他们的体重都在不断增加。这在自觉或不自觉中就会改变自己的想法：什么才是可接受的体形。我周围那些体重增加的人会使我重新设定对超重或瘦弱的预期，这是人与人之间的传播，这是一种常态。就像人与人之间传播的模因一样，但又不完全是模因。

在我们目前的实证工作中，我们已经发现了大量的证据来证明后一种机制——基准的传播，而有关行为传播的证据却很少。这有点儿技术性，但我会告诉你为什么我们能证明基准的传播。在关于肥胖的实证研究中，我们发现了两种有关基准传播的启发性证据。第一种证据引起了所有人的关注，坦率地说，在提及这种证据时，它只是引起了我们的注意。这种证据表明，你与你所接触的人之间的距离远近并不重要；如果他们的体重增加了，你的体重也会增加。不管你的朋友是就住在你隔壁，还是十里之遥、百里之遥，甚至千里之遥都是如此。地理距离不会影响肥胖效应，人际交往才会。

通过观察吸烟行为的传播，我们有了另一个发现：如果你停止吸烟，我也会停止吸烟，这将带来戒烟行为的传播，这本身也是我们正在研究的事情。然而，与目前研究目的相关的是，在对戒烟行为的传播进行研究后，我们并没有忘却肥胖的传播。换句话说，解释某个特定行为——戒烟（这和增加体重的个体熟知度一样）并不会否决肥胖效应。这个例子并不会导致肥胖传播的行为。这一发现，以及地理距离衰减的发现告诉我们，传播的是一种基准而并非一种行为。

为什么呢？因为通常情况下，如果传播的是行为，你和我必须待在一起。我们必须一起跑步，一起吃饭，或以某种方式模仿对方的行为。而且这种行为会随着地理距离的加大而衰减，因为距离越远，我们一起度过的时间就越少。但是，基准则能够跨越地理距离而传播。我可能每年只能见你一面，我可能会感觉你的体重增加了不少，这会导致我重新划定自己可接受的体形标准。我们只需要极少的接触就能做到这一点。

如果我在感恩节那天去看我的兄弟迪米特里，不管我们一起吃了多少食物，我的体重在那一天也不会有什么改变。但是，如果我见到他时，他胖了不少，这就会改变我对可接受体形的标准，肥胖的传播就是通过这样的基准传播产生的。

服装时尚也会在这个社会中传播。这种情况之所以会发生就是因为你对时尚的看法改变了。还有一个更加实际的例子。我们一起去逛街，一起挑选了一件东西。我说了“哦，我听说新开了一家店”之类的话。这是两种截然不同的时尚传播方式。

我们在研究中还发现，除了肥胖和戒烟以外，还有其他东西也在通过网络传播。幸福会通过网络传播。如果你朋友的朋友变得幸福，这种幸福感也会通过网络传播，从而会感染到你。在社会网络中，我们能看到一群群幸福和不幸福的人，他们就像闪烁的灯光一样，在这个由个体组成的复杂结构中闪烁着。有些人是幸福的，有些人不幸福，还有一些人处于他们之间的灰色地带，这是这个社会空间中的一种平衡现象。我们还发现，抑郁症可以传播，酗酒行为可以传播，人们所选的食物也可以传播（关于口味的传播，我的一个研究生正在研究这个问题）。所有这一切都是利用弗雷明汉心脏研究所的社会网络数据集得出的。

肥胖的传播是通过多种机制引发的，但是能证明基准在其中起到作用的证据却很少。基准能够影响肥胖的传播，而社会对瘦弱的看法还是跟以前一样，这又作何解释呢？超模现在还跟以前一样瘦。有趣的是，名人的体重状况发生了一些变化，我们总能看到超重的名人，我认为现在超重的名人要比以前多，但超模肯定会跟以前一样瘦。

这是意识形态和基准的区别所在。人们能够看到超模的形象，但他们可能受其影响并不大，能够影响他们的是周围人的行动和外表。例如，我们知道人有可能会举止失当，从事犯罪行为，但我们仍然支持人权法案和宪法，认为有善就有恶。但是，如果周围都是一些举止不良的人，人们可能就会和他们一样表现出不良行为。这就是意识形态和基准的区别所在，同时也解释了肥胖的传播，或肥胖流行病的产生。即使作为一个社会群体，我们仍然会与那些经常见面的人有着完全不同的体形。

我和富勒从未期望过我们的研究工作能得到人们的关注。但现在我知道我们要上《纽约时报》了,我们的论文即将发表在《新英格兰医学杂志》（*New England Journal of Medicine*）上，在这之前，我们还接受了许多记者的采访，所以我想知道以后会发生什么事情。但是，那天我走出家门，正准备开车去上班时，我看到我们写的那篇论文出现在《纽约时报》的头版上，真是出乎意料。我回去对我的妻子说：“你一定不会相信。”在这之后，这件事情就没有停止过。但是，让我感兴趣的是，不仅《纽约时报》刊登了这个消息（几乎每家报社都认为这是一件有趣的事情），《华盛顿邮报》（*The Washington*

Post）和《芝加哥论坛报》（*Chicago Tribune*）的报道尤其令人印象深刻。对这个项目研究已经有 5 年了，我们都认为它很有意思，但没想到居然会引起这么多人的关注。

顺便说一下，我们并不是说肥胖会通过社会网络传播（或社会网络现象可能与肥胖有关）这一事实是肥胖流行的唯一解释。毫无疑问，我们还能给出多种解释。再说一下，这些解释与遗传无关，我们的基因在过去 30 年中并未发生改变。

只有社会环境才能解释肥胖流行，这与社会热量消耗的增加有关：食品更便宜了，食品成分也发生了变化，食品营销市场越来越多，等等。此外，很明显，人们燃烧脂肪的速率也在变化，这来源于久坐不动的生活方式、郊区的规划设计，以及其他各种类似的解释。

我们不是说这些解释是互不相关的。毫无疑问，它们都能为肥胖流行做出解释。我们只是说，网络有这种吸引人的属性，会放大任何与之相关的事物。因此，如果你能通过群体网络使某件事情发展下去，比如肥胖，那么这件事情就会传播开来。

同样，网络也会引发减肥现象的传播。我们对几所高中进行了微动态调查，结果发现女孩会就减肥展开竞争。我们在《卫报》（*The Guardian*）上发表了一篇有关这项研究的文章，上边附有辣妹和《欲望都市》（*Sex and the City*）中性感女演员的照片，还就女星之间传播的“瘦感”话题进行了讨论。我想这是辣妹和富勒首次同台出现。

事实上，在论文发表后，大批人开始与我们联系，他们都在询问如何治疗饮食失调，他们想知道是否能通过临床试验来探究这些网络属性，并改善人们的健康状况。

在《新英格兰医学杂志》上发表的论文中，我们还提到了所谓的“镜像神经元”（mirror neurons），这是另一种传染机制，我早期没有对这种机制进行过研究。除了生物传染之外，还有另一种可能性，通过观察你所表现出来的某些行为，如爱吃或爱运动，我开始在心理上以一种镜像神经元的方式复制这些行为。这有利于我表现出相同的行为。

这种关于网络现象的研究实际上相当复杂，就像我们一直讨论的情形一样，因为如果你周围有很多同样体形的人，你把一个不同体形的人引进来，目前还不清楚谁会影响谁。瘦的人可能会发胖，胖的人也可能会减肥，或两者兼有。这是一个非常复杂的机能，需要我们对某种数据和方法进行分析才能了解。

这里我还要强调一些很重要的事情。起初，我和富勒的研究重点不是肥胖，而是网络。肥胖是一个非常重要的公共健康问题，也是一个值得研究的问题，主要是因为它表明了那些人们认为不能传染的东西是怎样通过社会网络传播的。例如，如果我们已经表明时尚可以通过社会网络传播，人们可能对此并不是很感兴趣。但是，如果你能证明诸如肥胖或幸福，甚至是善良这类东西也能通过社会网络传播，你就开辟了一个新领域。

顺便说一下，正如我之前曾提到的，有时我们还会涉及一些远古时期的哲学和社会科学，因为它们提出了自由意志这一话题。如果我的行为和思想并不只是取决于我个人的意志，而是取决于与我相关的人的行为和思想，甚至取决于一些我根本不认识的人的行为和思想，他们并不在我的社交范围内，但是却与我认识的一些人有关系，这就涉及了自由意志这一问题。我的思想和行为真的是自由的吗？或者因为我是社会网络的组成部分，我的思想和行为就会受到限制吗？因为我是人类超级有机体的组成部分，我的个体性就会减少吗？我们会因此对人类的行为提出更多或更少的见解吗？

因为我们是在讨论人类网络，而不是神经元或计算机网络，因此我不是仅仅受制于某种由外源性物理定律决定的网络。毫无疑问，拓扑结构遵循一定的生理学和心理学的规则和定律，但我也可以选择自己的朋友，你可以说“你知道，我不喜欢这些朋友，我要挑选新的朋友”，然后会去挑选新的朋友。

也就是说，你的欲望和想法可以影响你的网络结构。例如，如果你想促成某种关系，这些关系反过来还会促进和支持某些想法。你可以想象这样一种情形：在这种情形中，某些意识形态可以得到发展，这些意识形态还会成为一种优势，因为它们可以通过特定的方式凝聚一个群体，或者将其分散。我们一直在思考人们似乎会表现出一些自我毁灭的行为，但是，对这一问题的见解还只是处于一种初级水平。

现在来谈谈我们对 Facebook 的研究。我们对个人档案记录进行了大量的研究，这才组建了弗雷明汉心脏研究网络。自从我们开始这一项为期五年的研究以来，电信取得了跨越式发展，网站以及社会网络技术也开始出现了（人类实际上已经开始形成并展示他们自己的网络），这为我们的研究工作提供了绝佳的机遇。当谈到互联网时，我们不再仅限于计算机网络或人与人的沟通网络，我们也在谈论一些真正的社会网络，比如 Facebook、MySpace、Friendster 和 LinkedIn。

这些技术的出现对于社会科学家来说就像是发现了金矿一样，对于我和富勒来说更是如此，因为我们都对社会网络很感兴趣。我们开始对自然而然出现在互联网上的社会网络（如 Facebook）进行研究，或者可以说我们是在探究如何通过各种实验方式利用互联网来操纵社会网络，正如我和达蒙·森托拉（Damon Centola）及其他科学家们的研究一样。

Facebook 项目与健康没有多大的联系，但却与我们的其他关注点息息相关，比如，因社会网络的形成和运行而产生的各种关系及其传染性。我们一直在对一所大学进行这方面的研究，通过网络反复截取断点。也就是说，其中的一个重要特征是，我们可以进行纵向分析，这样就能及时对某些时间点的网络进行观察，而以往的社会科学家很难做到这一点。

我们锁定这个巨大的社会网络，并从中获取人们的信息以及他们的社会关系，这些信息可以在 Facebook 中搜集到，例如，与他们的品位有关的信息、与他们合照的人，等等。一个人在 Facebook 上可能会有 100 或 200 位朋友，但是和他们合照的朋友也许只有 10 个。我们会认为他们与照片中的人的社会关系与单纯的朋友关系有所不同。

通过分析这些数据和使用各种计算机技术，我们能够建立一个随着时间推移不断变化的社会网络，并能通过这个网络跟踪人们的品位变化，例如，当我开始听某种音乐时，是怎么开始的。我们据此研究同类性，也就是物以类聚的观点，人们是为什么以及如何聚到一起的？是由于某些特性、爱好或类似的东西才聚到一起的吗？我们能够就这些事物（网络的拓扑结构以及通过网络传播的事物）如何随时间变化而变化进行研究。

我们在研究时提出了这样一个项目，在这个项目中，我们对人们是否希望保密他们在网上发布的有关他们的信息进行了研究。刚开始时，在我们没有把隐私这个严肃的话题简单化时，它确实是个麻烦事儿。但是后来我们意识到，隐私虽然意义重大，但也可把它看作一种爱好。并且我们看到在网络上人们对隐私的关注越来越多，所以要是我在 Facebook 上对隐私进行了设置，那么和我有关的人也可能会对他们的隐私进行设置。

所以，我们还观察到另外一种现象。我们已经谈论过肥胖是如何通过网络传播的，也谈论过幸福、戒烟，以及潮流的传播。现在我们所说的是隐私的传播，以及其他各种品位的传播，比如音乐、电影、书籍及美食，甚至是利他主义的传播。所有这些东西都可通过社会网络进行传播，并且这种传播遵循一定的规律，我们正在对这种规律进行研究。

注：尼古拉斯·克里斯塔基斯、詹姆斯·富勒的著作《大连接》中文简体字版已由湛庐文化策划、北京联合出版公司出版。——编者注

IT IS A RECLAMATION OF OUR ROLE AS CITIZENS WHO PARTICIPATE IN THE CREATION OF THE SOCIETY IN WHICH WE WANT TO LIVE.

作为公民，我们要承担起自己的责任，亲身参与创建一个能够安居乐业的社会。

——《下一次文艺复兴》

12

THE NEXT RENAISSANCE

下一次文艺复兴

个人民主论坛上的专题演讲

Douglas Rushkoff
道格拉斯·洛西科夫
美国媒体理论家、作家
著有《当下的冲击》

对我而言，“个人民主”是一种矛盾修饰法。民主可以是很多事情，但最不应该是“个人”的。我理解的“个人义务”是，比如，每个家庭应该有一个垃圾回收箱，每星期把家里废弃的玻璃和金属放进去。但即使这样，若整栋建筑或是整个街区合用一个垃圾回收箱，可能会更高效、更合适。

民主不是个人的，如果说民主关乎什么事，这件事也绝不会是每一个个体。民主关乎的是其他人，是超越个体的集体行动。民主是人人参与，让世界变得更加美好。

这次大会的论文集《重启民主》（*Rebooting Democracy*）中有一篇文章尖刻地写道：“愚蠢的人啊，改变世界的是网络！”对于我们这些热衷数字的伙计们，这么说可能无伤大雅，但其实这种说法是不对的。改变世界的根本不是网络，而是人。网络只是工具，一种可以帮助我们摆脱对传统无线电广播与有线电视技术依赖的新媒介。传统的媒介与技术让我们时时聚焦自身，关注作为个体的自己，却让我们忘了自己原本属于一个集体的事实。

关注个体、把关注个体与民主错误地画上等号这样的传统，可以追溯到文艺复兴时期。文艺复兴给我们带来了奇妙的创新，比如透视画、科学观察。但究其本质，所有这些发明都是在定义和颂扬“个性”。透视画庆祝个人在观察场景时的看法；科学的方法展示了如何通过个人观察切实地推动理性思考。个体开始形成自己的视角，进行观察，并对事情有了自己的看法。

所以，今天所说的“个体”实际上诞生于文艺复兴时期。达·芬奇的名画《维特鲁威人》描绘了一位站在正圆和正方中的人，独立而自足。这正是文艺复兴的理想。

正是这种思想的诞生，赋予了人们个性，让个性化的人们开创了启蒙运动的思潮。一旦将自己视为个体，我们就开始明白，个体拥有权利——人权、财产权，以及追求自由的权利。

启蒙运动在各个方面都很伟大，但其最伟大之处还是“个性化”的理念。读者在阅读中独立思考，思索自己选票的重要性。一人一票，我们为个人权利而斗争。斗争的过程中有很多大众集体的行动，但这些大众是由许多个体组成的，追求的也是个人自由。

讽刺的是，朝着个性化的目标每迈进一步，中央集权的力量就相应地增加一点。不要忘了，文艺复兴还给我们带来了中央发行的货币、特许的公司、许多单一民族的国家。当个体开始关心自己的境遇时，他们从前作为集体所拥有的权力转向了集权的中央。当利己主义不断增长，地方的货币、投资和公民机构也逐渐瓦解。地方自治的权力同这些瓦解的力量一起转向了中央，人们有了投票的权利，但权力却离自己越来越远。

印刷术，作为文艺复兴的媒介，同样擅长编造神话、塑造品牌。有了印刷术，各色故事通过书本直接传播给每一个个体，推送给我们每一个人。印刷术对于自我和利己主义同样具有吸引力。

想想所有关于牛仔裤的广告。它的目标听众可不是一个自信满满、已经有女朋友的小伙子。这些广告想要传达这样的理念:穿牛仔裤，你将有爱可做。那么，谁是这些信息的目标呢？一个被孤立疏远的、无爱可做的人。广告想要传递信息的目标是个体，如果是通过大众媒体传播的，目标就是千千万万个这样的个体。

像编造神话和塑造品牌这样的“运动”，依托的正是这种“自上而下”、文艺复兴式的媒介。这样的媒介根本不是面向集体的，每一个个体之间没有相互促进的互动。相反，每一个个体都同顶层的英雄、理想和神话直接建立联系。这样的“运动”是抽象的，也注定是抽象的。它们在人群上空盘旋，把所有的注意力都引向它们自己。

当我在这里听人们讨论时，我知道他们都是用心良苦的进步分子，因此，我情不自禁地聆听他们的演讲，近乎绝望地想要参与其中，想要成为某个著名的“运动”的一部分，比如参与到奥巴马竞选中。[1]我甚至会想，自己可能会凭借在这里建立的人脉，在K街[2]谋到一份不错的差事。《白宫风云》(*The West Wing*)这样的电视剧为大众编造了这样的幻想，人人都想成为这种神话的一部分。但是，正如所有的神话一样，这不过是个幻想，而且文艺复兴式的个人主义几乎已经完全预示了这样的幻想。

下一次文艺复兴（如果有下一次的话）绝不会是关于个体的，而是关于网络群体，关于集体行动的可能性。我们正在使用的技术——对网络媒介的倚重，

作者发表这次演讲时，奥巴马还在进行第一次总统竞选。——译者注

K街，K Street，美国首都华盛顿特区白宫前的一条大街，许多智库、游说公司及利益团体的宣传组织坐落于此。正如华尔街是美国金融产业的代名词一样，K街是华盛顿游说产业的代名词。——译者注

将分割中央集权的权力，分配给许多分散的集体。这股力量不再把权力向中央集中，而是将其分配到边缘。价值也不再像中央发行统一货币那样由中央创造，而是由网络在周边创造。

这意味着真正的参与不是订阅一份抽象的、早已写好的神话，而是去做些实实在在的事情，以实实在在的方法采取哪怕很小的行动。真正的荣耀并不在"信仰"或是"运动"中，而是在行动中。这并不是要让某人获选，而是帮助人们移除障碍，让人们在付出必要的努力后，能实现自己的目标。这就是一个网络化的开源时代给我们带来的机遇：丢弃神话，采取行动。

可悲的是，媒介的重大变革给了我们千载难逢的机遇，而我们却有错失良机的趋势。

媒介的第一次变革发明了字母表，帮助人人参与式的民主实现了巨大的飞跃。过去，只有牧师才能读写象形文字，但字母表的发明为人们自己阅读，甚至是写作，提供了可能。在神话中，摩西听从岳父的话，写下了法律。依据这部法律，过去受奴役的人，得以自由地生活。摩西和他的人民不再简单地接受法规和政府，也不再将埃及法老视为超过一切的先决条件，人们根据自己的需求来制定并书写法律。即使是《圣经·旧约》，也是以一种契约的形式书写的，上帝用一句话创造了世界，然后与他的子民达成了协议。

接触书面语言，会让世界大为改观，由蛮荒变得文明，将原本愚昧无知、受奴役的服从者变成了有文化、会读写的文明人。上帝曾对亚伯拉罕说："你们将变成一个牧师的民族。"这意味着亚伯拉罕的族人将超越象形文字或者"牧师语言"，成为受过教育的文明人。

有了文字，大众本该能够自己读写，但事实却并非如此。人们并没有自己去读，而是让他们的领袖读给他们听。"听"比简单地服从更进了一步，但大众并没有完全抓住新媒介带来的机遇。

同样，印刷术的推广也并没有带来"作者的文明"，而是构建起了"读者的文化"。绅士们坐下来读书，而印刷机只是少数有钱或有能力来使用它们的人的玩物。大众依然落后于前沿技术一步。无线电广播和电视实际上只是印刷术的扩展，是一种昂贵的、一对多的媒介，将少数精英的故事和想法向大众传播。

计算机和网络最终提供给人们书写的能力，我们也确实用它们来书写表达。现在每个人都是博主。草根博主和YouTube上的播客们相信，我们已然迎来了一个全新的“个性化”民主。之所以说“个性化”，是因为我们可以安全地坐在家里，在键盘上敲出一条通向自由的道路。

但是，写作完全不是这些工具提供给我们的能力。新技术提供的能力是编程，而我们中间几乎没什么人真正懂得怎样编程。我们只是简单地使用已经编好的现成程序，将文字输入屏幕上设定好的文本框内。博主和记者们流畅地操作，发表文章不会遇到任何困难。只要点击发表，一切就大功告成。

至少，新的机遇并不是让我们书写政治言论，或评论别人的政治言论。新的机遇是要重新书写让民主得以实施的规则。这次编程文艺复兴所带来的机遇是要重新架构民主产生的进程。

如果奥巴马最终能够当选，作为第一个真正意义上利用网络力量成功的候选人,我们应该看看他是否言出必行。他并不是主动要做“改变”的代言人，而是将自己作为由人民赋予权力的“改变”倡议者。比如，政府不应该自己去生产太阳能，而是应该为准备利用太阳能的人让出道路。支持太阳能产业会损害石油工业的利益，但为了回应人们对太阳能事业的热情，奥巴马可以废除一些限制太阳能产业扩张的管制法令。

在人们有能力重新规划自己现实生活的年代，领袖的任务正是要通过调整法规来协助这样的行为，通过更好的激励来支持人们的努力，并向人们开放获得必要工具和资本的机会。变革不会来自顶层，而是来自周边；不会来自鼓励人们赞同自己的个人领袖或神话，而是来自人们众志成城的共同努力。

我十年前撰写的《开源民主》（*Open Source Democracy*）一书，并不仅仅是介绍了一条让美国候选人问鼎白宫的道路。它讲述的是集体对社会程序的重新编写，是脱离让我们放弃自己责任的神话，更是对我们公民角色的回收。作为公民，我们要承担起自己的责任，亲身参与创建一个能够安居乐业的社会。

这绝不是个人民主,而是集体的、参与式的民主。我们是接受过充分教育、充满使命感的成年人，我们接受这样的角色，也能够让这样的民主成为现实。

互联网究竟是解放人类和推动社会变革的媒介，还是控制人类和阻碍社会发展的工具？

——《数字权力及其不满》

IS THE INTERNET A MEDIUM OF EMANCIPATION AND REVOLUTION—OR A TOOL OF CONTROL AND REPRESSION?

13

DIGITAL POWER AND ITS DISCONTENTS

数字权力及其不满

Evgeny Morozov
耶夫根尼·莫洛佐夫
互联网和政治评论员、
《外交政策》（*Foreign Policy*）杂志特约编辑、作家
著有《网络错觉》（*The Net Delusion*）

Clay Shirky
克莱·舍基
互联网先知
共享经济、自媒体预言者
著有《认知盈余》《小米之道》《人人时代》

互联网乌托邦主义者和现实主义者之间的比拼。互联网究竟是解放人类和推动社会变革的媒介，还是控制人类和阻碍社会发展的工具？ Twitter 和 Facebook 为伊朗的反对主义者煽风点火了吗？还是说它们帮助政府镇压了反叛力量呢？

——《法兰克福汇报》

● **克莱·舍基：** 耶夫根尼，我想接下来的一个小时可能会令人沮丧，因为我们之间的分歧比起你与那些被你称为互联网乌托邦主义者之间的意见分歧要小得多。比如，你最近对互联网先驱约翰·佩里·巴洛（John

Perry Barlow）的《网络空间独立宣言》（*A Declaration of the Independence of Cyberspace*）做了一番研究。该文章充满浓重的自由主义色彩，它认为网络世界自成一体，与周遭世界完全隔绝。同时，它对于像外交政策这样的实际问题也毫无影响。

○ **耶夫根尼·莫洛佐夫：**我想我们正在谈论我的一篇发表于2009年2月《华尔街日报》的文章。那时，伊朗抗议事件传得沸沸扬扬，最终又以失败告终。这篇文章就在该事件发生一周后发表。不过，这一次媒体对于该抗议事件失败原因的报道与以往有所不同。随后，我发现公众对此有些沮丧和困惑，就连《纽约时报》也表现出了这样的情绪。原因就在于人们没想到互联网会有如此大的能力，能阻止抗议活动，使组织变得杂乱无章。

我这篇文章正是对这个现象做了一番仔细研究。但后来《华尔街日报》希望我能为技术乌托邦主义写一篇评论文章，我只有先将目前这些事件搁置一边，而对指导政府作为的一些理念进行研究。因此，我真正的目标并不是对约翰·佩里·巴洛的《网络空间独立宣言》进行研究。这份文稿写于1996年，它是网络自由主义的开创性文本。随着互联网对全球政治影响越来越大，我们目前正面临着巨大的智力空白，所以我想对此做深入研究。

事实上，就算没有紧密的合作框架，也不会影响我们感受互联网的强大力量。政府部门对此应该感到非常欣慰，不管是民主政府还是专制政府，都可以利用互联网推动国内外政治议程的发展。政府官员们需要借鉴经验来决定现有政策。过去对于互联网的一些评论在今天看来似乎已经无法成立。同时，政治家们的设想都带有早期互联网自由主义对于网络和政治影响的色彩。这些早期的言论都在各不相同的特定环境下产生。如果我们仔细阅读《网络空间独立宣言》，就会发现它酝酿于1996年美国政府试图管制互联网的时期。它与伊朗抗议事件毫无关系，与美国之外的世界也几乎没有联系。因此，我们确实需要一个新理论来指引我们，这些旧理论在当前社会已经逐渐失去了价值。

● **克莱·舍基：**确实如此，我对上述观点表示同意。说到《网络空间独立宣言》，10 年前我在美国纽约大学教书时，还将它作为案例来说明政府的草率决策。因此，我也认为许多过去的理论在当下显得有些不合时宜了。

你的那篇文章结尾处提到一句发人深思的话语："美国国务院不能放弃利用互联网来实行民主政治，但是政府同时也应当提出一些更具可行性的政策。"那么，我想问：如果需要给政府提供一些政策参考，你会说些什么？我们将这个问题置于特定的条件下，比如，对于如何利用互联网实现美国外交政策目标，你会给希拉里·克林顿、亚力克·罗斯（Alec Ross）和贾里德·科恩（Jared Cohen）提一些什么建议呢？

○ **耶夫根尼·莫洛佐夫：**我想提出的第一条原则就是"不造成负面影响"。在与一些大型技术公司（谷歌、Twitter 等）进行紧密合作时，美国国务院政府官员倾向于在某种程度上将它们视为自由欧洲电台（Radio Free Europe）的 Web 2.0 再生版，也就是"自由网络电台"。然而，事实上它们并不是。这些公司有其自身的商业计划，主要目标是赚取更多利润，而不是宣扬美国价值观。诚然，互联网能促进谷歌广告的宣传，同时又能帮助美国获取更多的利益，但是，不管怎么说，这不完全是美国国务院的工作方式。至少在理论上而言，我们大力提倡互联网自由，并不是因为互联网可以使美国对外销售更多书籍、电影和报刊，而仅仅是出于自由本身。因此，真正的问题在于我们如何更好地运用这些公司的影响力，而同时又不将它们视为美国外交政策的延伸。

因此，如果美国国务院的某名政府官员又在谷歌或 Twitter 公司任职，走访西伯利亚、环游世界，那么在我看来，这样的行为简直荒谬至极。人们也会不禁质疑这种让人意想不到的双重任职行为，既是政治家又是企业家，再加之谷歌公司同时又正好与美国国家安全局进行合作。如果我也为某个政府机构、权威机关或民主政府工作，而大部分民众用邮件和某家公司进行密切联系，同时，这家公司又与类似美国国家安全局这样的机构有

哈里伯顿公司成立于1919年，是世界上最大的为能源行业提供产品及服务的供应商之一。公司总部位于阿联酋第二大城市迪拜，在全球70多个国家有超过55 000名员工。为100多个国家的国家石油公司、跨国石油公司和服务公司提供钻井、完井设备，井下和地面各种生产设备，油田建设、地层评价和增产服务。——译者注

厨房辩论指的是1959年7月24日在莫斯科举行的美国国家博览会开幕式上，时任美国副总统的理查德·尼克松与苏联部长会议主席尼基塔·赫鲁晓夫之间展开的一场关于东西方意识形态和核战争的论战。辩论是在厨房用具展台前进行的，故称“厨房辩论”。——译者注

秘密交往，我想我一定会耿耿于怀，因为这事关合法性问题。难道我们真的希望谷歌公司成为下一个哈里伯顿公司（Halliburton）[1]吗？

● **克莱·舍基：**说到商业化问题，我想到了尼克松和赫鲁晓夫于1959年在莫斯科发生的“厨房辩论”（Kitchen Debate）[2]。美国政府在莫斯科建造了一个临时展台(典型的美式厨房)，充分展现了当时美国的身份和地位。在我看来，“厨房辩论”事件至关重要，它使辩论这一概念得到了延伸。那么，我想问的是：美国国务院官员贾里德·科恩帮助谷歌公司的埃里克·施密特（Eric Schmidt）和Twitter公司杰克·多西（Jack Dorsey）进入北美或是西伯利亚市场与美国在1959年帮助通用电气公司打入莫斯科市场有什么区别？

○ **耶夫根尼·莫洛佐夫：**当时，没有人能想到人们会用厨房设备做文章来试图推翻政府对吗？

● **克莱·舍基：**你的意思是“烤面包机革命”……

○ **耶夫根尼·莫洛佐夫：**类似“烤面包机革命”的事件去年夏天确实在伊朗发生过，只是没有什么商业色彩。当时，组织者要求人们在某个特定时间打开所有的家用电器，以此来切断电网。这是一场人为的设施破坏运动。

我们不要仅仅执迷于“厨房辩论”，我想，专制政府与Twitter公司、谷歌公司之间的政治联系一定没那么简单。在某些国家，Twitter用户就可能被视为国家叛徒，这就好像那些使用代理服务器阅读禁文的用户。但事实上，这些用户也许仅仅是为了下载一些色情内容，但只

要政府在意这样的行为，该用户就会被视为潜在的叛徒。

● **克莱·舍基：** 比起谈论一些其他系统的故事，例如移动电话、代理服务器等，我认为 Facebook 的例子更为有趣。伊朗政府在大选前夕（2009 年 6 月 8 日、9 日）限制了 Facebook 的使用，这样一来，民众们对于选举大事的详情全然不知，在选举结束后，伊朗政府依然选择限制 Facebook 的使用。

你认为伊朗政府此举是否有些过激？你的文章里是否认为 Facebook 或 Twitter 这样的社会网络事实上并非有效的政治工具，而伊朗政府的反应过度了？还是说你认为这些社会网络在 2009 年 6 月十分有效，但是伊朗政府此举是想表明它们不再具有效力？

○ **耶夫根尼·莫洛佐夫：** 这个例子确实非常典型，在整个选举过程中，伊朗政府一会儿限制使用 Facebook，一会儿又开放使用。如果你仔细研究 2009 年 1 月至 2009 年 6 月的数据，就会发现事实上已经存在好几次一会儿限制一会儿又开放使用的情况了。但我认为，政府限制使用 Facebook 没有什么特殊含义，仅仅是表明政府有权也有能力这么做，于是他们就做了。同时，他们限制使用 Facebook 也并不意味着 Facebook 有特殊的政治色彩。

● **克莱·舍基：** 新加坡对待博客的态度也是如此，只是新加坡此举更有政治恐惧的意味。我认为，新加坡政府这一审查机制都与政治考虑相关，他们的出发点都是想让民众在选举时期保持平静以维持政局稳定，以防民众之间相互讨论谁更适合成为领导人。但我并不认可政府的想法，如果政府建立这样的审查机制，那么这明显是一种政治操控行为。

当我得知新加坡或是伊朗关闭了一些社交服务器，唯恐这些服务器凝聚社会力量时，我立即联想到了德国哲学家、社会学家尤尔根·哈贝马斯（Jürgen Habermas）在其著作《公共领域的结构转型》（*The Structural Transformation of the Public Sphere*）中的论点。他认为，这些政府机构旨在试图削弱公众圈的影响力。如果这是政府的政治判断，那么，我想问：政府机构如此害怕社会凝聚力和影响力加强，这样的行为是否合理？

我认为答案是肯定的，政府如此作为存在一定的合理性。不管是缅甸在政治运动中使用的信息交流方式（随后政府实施限制）、乌克兰爆发的橙色革命，还是摩尔多瓦的抗议事件，都表明了一个具有自我认同感和自我协同性的社会，即使是一个相对较小的群体，也能对国家造成威胁。

对于刚才的视频资料，我想做进一步了解。虽然我们的观点并不是全然不同，但对于上述问题确实存在一定的分歧。你认为一个政治参与度高的社会群体是否可能存在政治性的同步效应，如果存在的话，美国政府对此又该作何应对？

○ **耶夫根尼·莫洛佐夫：**首先，政府的审查机制存在一定的象征性价值，这有助于伊朗政府向世界表明它依然大权在握。政府机关旨在让普通民众相信，政府可以随时限制 Facebook 或者其他社交工具的使用。他们甚至想通过新闻告知社会：没错，我们正在限制 Facebook 使用，因为我们仍然是掌权政府，可以做任何想做的事情。

如果我们暂且不关注政府从宣传中所获得的象征性利益，我将谈论一些关于伊朗政府为何在限制网络上看似效率低下的原因。我认为，其中原因在于政府想在社交工具上了解更多关于反政府组织的合作行动。比如，政府可能会得知一些组织机构的消息以及潜在威胁。但是，我们常常会忽略这样的情报价值。

其次，我并不确定哈贝马斯所谈论的同步性是以天数还是小时计算，至少微博表明它不像书本那样以几十年或几世纪计算。我们暂且不谈论这一点，不过，伊朗的网上运动确实体现了超同步性。那么，它是如何影响现实生活中的抗议活动的呢？没错，伊朗的网上运动的确非常活跃，但我不认为它与现实生活的行为存在如此大的协调性和相关性。试问：究竟有多少民众是因为在网上阅读了 Twitter 或 Facebook 才决定参与现实的抗议？虽然，网上运动存在一定的同步性，但我不确定其中究竟有多少与现实抗议有关联。

● **克莱·舍基：**我也认为网上运动与现实抗议行为没有具体关联，德黑兰爆发的抗议行为似乎没有明显的指向，它更像是一种力量积聚的自然爆发，而非严密的策划事件。如果一定要举一个关于网上运动对现实政治社会带来影响的例子，我想那该是女性的力量。

比如，2008 年韩国爆发抗议，起因是韩国民众担心进口的美国牛肉可能会给韩国带来疯牛病隐患。该事件的解决最终有赖于韩国女性的力量，她们在网上义正词严，强烈反对。有很多这样的例子，它们都说明女性力量表现出的影响力与社交媒介有着一定的协调性。也就是说，如果没有社交媒体，女性在抗议活动中不会有这般突出的表现。

○ **耶夫根尼·莫洛佐夫：**我对伊朗女性并不了解，但就我所知，她们接触社交媒体至少已有 10 年。为什么伊朗社交媒体如此活跃呢？很简单，这是因为许多伊朗民众可随时接触到社交媒体。从这个角度来看，许多社交媒体运动只是偶然发生的，只要有手机，它便可以发生。伊朗民众在社交媒体上严厉斥责政府，用手机记录政府的不当行为，政府则严厉打击这些抗议肇事者。

● **克莱·舍基：**想起我们在《展望》(*Prospect*) 中的辩论，我认为我的确不是一名合格的辩手，直到现在也是如此。我主要关注一些不具协调性的团队组织中体现出的社会协调性现象，这不包括整个政界，只是某些团队组织而已。同时，你也指出了上层管理组织对行动起到决定作用，而不具协调性的组织对此却无能为力。

谈及上述现象，我们发现早期社会不协调组织现在也逐渐开始产生社会影响了。

如果说我对于政治领域产生的协调性作用理解有误的话，那么该是以下这一点：若互联网协调性确实能引发社会变革，那么这些政治领域的崛起力量不像是 20 世纪 80 年代军事独裁的韩国政府。事实上，这样的例子还有很多。不过，问题在于：民众参与度高的社会是会使政府变得更为残暴还是让政府更易于接受变革？

○ **耶夫根尼·莫洛佐夫：** 媒体大量报道并宣扬互联网在伊朗的作用，我想这与他们看了你的书籍有关。你似乎过多地关注互联网对抗议行为造成的影响，以及它对其他一切事物的影响，而你刚才并未提及这一点。我对此并不赞同。但是，如果仅仅关注人们是如何协调自身与互联网的作用，比如大选前、大选时和大选后，我们便会忽略许多互联网对独裁政府的社会和政治领域造成的长期影响。

也许我们也应当问一下：互联网是否会使民众更具民族主义情绪？互联网是否会滋生某种享乐主义的意识形态，使人们逐渐远离任何富有意义的政治活动？虽然独裁政府不一定有利于民主和自由，那么互联网是否会加强某些非国家组织的力量呢？如果仅仅关注在抗议活动中究竟是国家受益还是抗议者本身变得更为强大，那么，对以上重要问题我们均无法作答。因为，事实上许多国家并没有那么多的抗议事件或选举事件。

● **克莱·舍基：** 但你刚才的言论中也体现了一些哲学思维，这让我有些迷惑不解。你也许认为自己在谈论 Twitter，但突然又意识到自己在谈论诸如哈耶克和市场的问题。我个人更倾向认为，非民主政府在长期管理市场经济的过程中显得散漫和无序。这是一个基本假设，它会影响整个互联网群体环境。

○ **耶夫根尼·莫洛佐夫：** 不管我们倾向何种观点，事实是，在 Twitter 出现以前我们就有革命。

● **克莱·舍基：** 确实如此。

那么，我接下来就要谈及这些社交媒体对于国家政局的影响力了。伊朗政府宣布禁止使用谷歌邮箱，转而使用国家邮箱服务系统。我认为伊朗政府的替换行为并不会产生良好结果，并不是因为其审查机制，而是伊朗缺乏足够有能力的系统管理者。我认为他们无法提高技术水平。如果伊朗突然在技术上大力投资，那么，该国的经济生产力则会下降。

目前，如果油价超过每桶 100 美元，那么伊朗则可以减少 0.5 个百分点的 GDP 来支持技术发展。但如果油价跌至 70 美元一桶，甚至更低，那么伊朗就无法承受削减国内生产总值来支持技术了。因此，我认为 Twitter 和 Facebook 等社交媒体迫使伊朗做出巨大妥协，削弱本国的交流机制，将 GDP 中 10 个百分点的资金投入技术发展，以此来控制国内叛乱起义事件。从伊朗政府的角度来看，这是合理的，但于我而言，这样的行为从长期来看显得十分危险。

○ **耶夫根尼 · 莫洛佐夫：**我认为你的分析存在一个问题，那就是伊朗政府者的言论几乎都是表面上的。但事实是,他们的言论可以有多种解释,比如，或许他们仅仅是为了达到宣传鼓吹的效果呢。为了达到这样的目的，他们会宣布一项明知无法执行的计划。

再来看看俄罗斯，俄罗斯大部分宣传工作都是由西方国家的公关公司负责，这些西方公关公司对于西方媒体运转模式十分熟知，也知道如何报道更为有力。那么，我们为什么对此表示担忧？我认为，这些政府的媒体宣传策略比我们所想的更为老练、更具媒体意识。

● **克莱 · 舍基：**接下来，我将以假设性的方式来谈论问题，而不仅仅是一些表面陈述。您和我在 12 月时有过一次探讨，当时伊朗革命 31 周年纪念活动还未举行，伊朗政府也还未宣布禁止使用谷歌邮箱。但那时，我认为伊朗已经患上了某种技术自身免疫性疾病，它会破坏伊朗国内交流的基础设施，并以此作为消除起义者之间相互协调的唯一方式。

你当时认为伊朗采取的封锁交流机制措施有一定的地域限制，且只是暂时性状况，我们可以随时封锁，也可以随时开放。然而，于我而言，伊朗禁止使用谷歌邮箱的做法并非暂时性，而且在全国范围内进行。他们这样的做法便是企图破坏国内的交流机制。如果伊朗仅仅只是封锁部分交流机制，你会认为这是他们开始重视信息交流对经济发展的重要性吗？

○ **耶夫根尼 · 莫洛佐夫：**并非这样，我想你是知道的，这取决于伊朗政府将封锁什么机制。我认为伊朗并不会禁止使用所有的电子邮件服务，除了那些国内服务器。你应当认真研究一下地缘政治，这样我们便可清楚知晓危险状况是否来临。比如，当谷歌公司宣布他们正在和美国国家安全局进行商谈，一周后，伊朗政府立即发布禁止使用谷歌邮箱的条令。伊朗政府这样的做法正合时宜，他们的说辞便是：我们的初衷完全是确保我国公民不被美国国家安全局监视。的确，这就是伊朗政府的目的。多么有水平的国内宣传言论啊！

● **克莱·舍基：** 换个话题谈谈吧，我认为我们的交流有些偏离方向。我们过度强调获取信息的重要性，却忽视信息价值对于民众的重要性。自互联网发明以来，我们就一直在犯这个错误。

○ **耶夫根尼·莫洛佐夫：** 我的问题是：所有这些改变会趋向于什么方向，利还是弊？

● **克莱·舍基：** 著名政治学家罗伯特·帕特南（Robert Putnam）曾说过，社会资本为那些处于社会网络之中的人创造价值，但对那些远离网络之人则会造成不利影响。

我认为民众拥有自由交流的权利并不会使政府倾向于西方社会。即使时事评论家法里德·扎卡利亚（Fareed Zakaria）等人一再强调这是非自由民主社会，我依然是一名坚定的民主主义者。我能理解某些国民运动的初衷，他们仅仅是抵触西方国家的外交政策目标。但坦白而言，只要这些国家依然保持民主政体，我对此并没有太多担忧。

○ **耶夫根尼·莫洛佐夫：** 你说的有几分道理，但是，是先有民主还是先有以互联网为基础的竞争呢？如果有了一个新的民主政体，我们并不能确保它一成不变。要是民主化真的这么容易就好了。新兴民主政体在其转型时期异常脆弱，因此我们需要一个强大的国家来发展经济，开展范围更广的自由化进程。如果在民主政体转型时期，其国家不够强大，互联网则会动员社会群体，使整个国家发展更为倒退。最终，民主政体在这个国家便会不复存在。

● **克莱·舍基：** 由于你是白俄罗斯人，下面就来谈谈白俄罗斯的情况吧！我将把苏珊娜·罗曼（Susanne Lohmann）一连串的信息报道与2006年明斯克快闪族（flash-mob）孩子抗议事件联系起来，那起抗议事件以失败告终。我记得你曾经在《展望》中对此事件谈及了一些非常具有启发性的看法：坐在篱笆下的人观望态势，有合适时机便会爬上篱笆。你认为是什么导致了失败？现场又究竟发生了什么？这是一个真实抗议案例，它利用社交媒体来联合民众，引发事端，最终面临消逝。

○ **耶夫根尼·莫洛佐夫：**我不确定2006年白俄罗斯的抗议事件是否在某种程度上激起了社会动乱。抗议事件爆发的原因之一是白俄罗斯当时正进行总统大选。大选过后不久，其中一位总统候选人就被关进了监狱。这与社交媒体并无关系，假设人们没有互联网，他们依然可以在广场聚众。因此，我认为，白俄罗斯的案例比伊朗更能说明社交媒体与公然抗议活动并无多大联系。事实上，在白俄罗斯抗议事件中，参与抗议的人数并不多，它仅仅是一次小规模抗议活动。其中部分原因是因为白俄罗斯当局政府比较受民众欢迎。

回到你刚才的问题：这些白俄罗斯快闪族孩子错误地以为互联网能提供一种全新的应对政治问题的方式。他们以为可以发起并操控一场完全虚拟的运动，这样就不需要袭扰社会、恐吓民众或是驱逐大学生。

因此，我担心这些孩子单纯以为互联网给他们提供了捷径，使其可以挑战权威，无须经历那些死伤、血流等事件。他们甚至认为仅靠博客的力量就可以。我也知道为什么他们对虚拟政治有如此高的期望，因为互联网为他们提供了一种可行方案。在白俄罗斯这个案例中，国家反对派统治糟糕至极、毫无组织且不受民众欢迎。难怪这么多识时务的年轻人不愿同流合污，但是互联网为他们提供了错误选择的可能性。现实情况就是，他们要么加入其中，用互联网从内部改变反对派；要么挣扎在边缘，在纷繁复杂的互联网世界中不断迷失自我。

● **克莱·舍基：**我认为白俄罗斯卢卡申科（Lukashenko）政府可以说是高枕无忧，因为西方国家均不在乎这个国家在发生什么，它不再是一个重要的地缘政治问题了。现在，白俄罗斯仿佛是世界上的一个小角落，但还有些石油价值存在。你认为互联网交流的日益普及会使美国减少对卢卡申科政府施加压力吗？或者说，你认为这两者之间是相互联系还是仅仅为凑巧同时发生？

○ **耶夫根尼·莫洛佐夫：**我想再次强调，白俄罗斯这个例子并不突出。但是伊朗不一样。同时，即使伊朗国内民众均有移动电话，但伊朗警方目前依然严厉打击抗议肇事者。我认为技术并没能有效制止暴力行为的发生。

我还有另一种担忧，那就是：互联网怎样改变政治反对派的本质？我不知你是否读过丹麦哲学家索伦·克尔凯郭尔（Soren Kierkegaard）的文章，我在批判基于 Twitter 引发的激进主义中引用了许多他的观点。克尔凯郭尔恰好生活在哈贝马斯极为赞叹的时代：咖啡和报刊在欧洲风靡，一个新的民主社会正在诞生。但是，克尔凯郭尔却对此极为担忧：信息漫天，一点小事就可以触发无尽的民众聚众闹事，且每个人对任何事物都没有强烈承诺。人们不会为某件事而无私献身。这同样也是我对于互联网激进主义混杂随意特性的担忧：极为讽刺的是，它使我们对于政治和社会事业的承诺变得廉价，而原本这样的事业需要我们无私地为之付出和献身。

● **克莱·舍基：**哈贝马斯曾在《公共领域的结构转型》一书中谈到一个有趣的现象：当言论自由不合法时，报刊是公共领域最坚定的支持者。因此，经营报刊是一种维护社会的行为。同样，如果某次抗议活动十分容易协调，且风险很小，那么它也就算不上抗议，仅仅是一些小众力量的汇聚。

○ **耶夫根尼·莫洛佐夫：**我也不确定这些博客们是否为反政府运动的最佳代表。那些对政治不感兴趣的民众需要在有坚定信念、勇敢无畏民众的带领下，鼓起勇气，走上街头，反对独裁政府。只有这样，他们才会无私献身或是被关进监狱。

● **克莱·舍基：**第一个问题在于：一场运动是否需要一名殉道者，或者说是否需要一名有识之士作为焦点，愿意承受打击，以使运动夺得眼球。第二个问题是：抗议运动需要某一个特定的人吗？现在已经发生过美国肯特大学惨案，难道这还不够吗？

○ **耶夫根尼·莫洛佐夫：**我认为一场大规模的抗议活动需要一名出色的

领导者，这样才能使抗议实现其最大效果。

● **克莱·舍基：**我认为我们在此有必要谈论一下一个国家其自身民众之间相互交流的能力。我相信，这一定会产生政治影响。我们不会坐视不管，任由经济发展不断削弱。我认为，在某种程度上，民众之间相互交流远比获得信息本身或是与外部世界交流重要得多。我们应当担心言论自由，不要将它们视为一种政治权利，而是一种基本能力。我们应当关心什么时候这样的愿景才能实现。

○ **耶夫根尼·莫洛佐夫：**当然，我同意你大部分的想法。虽然这么说，我认为美国国务院依然有许多小事需要处理，这些事情他们目前做得并不好。比如，本就应取消对美国企业的制裁，但政府却还没有做到。这个想法听上去不错，是吗？但是，如果我们仔细了解这件事情，就会发现：假如你是伊朗人，生活在美国，想要在自己的网站上显示一个简单的用波斯语写成的谷歌广告，以此来赚取一定利润，并获得外国政府的资金支持，但这样的想法根本无法实现。

还有很多这样的小事需要政府去改进和完善。在这一点上，我认为美国国务院就像是在瓷器店里的大象[1]。真是极其糟糕！目前美国被认为是大象，实在是不合时宜，且这样的形象会永远存在。如果伊朗人和俄罗斯人认为硅谷与美国国务院有着千丝万缕的关系，那么这样的印象可能会持续许久，也许会永远存在。

美国民主党与共和党分别以驴和象作为自己的象征，作者在此将美国比作象，意在指出其共和性。——译者注

再次强调，石油公司并没有控制美国，许多外国民众可能对此有所误解。多亏了布什政府八年的管理，美国促进民主发展与政权更替息息相关。很快，民主

发展与互联网自由也会有所联系。因此，我认为外交官们应当极其谨慎，仔细处理这些看似细小的问题，而不是夸夸其谈，大肆宣扬政府与 Twitter 发展的伙伴关系，而大家都应该知道此事！这虽是一种“公共外交”，但我们仍应谨慎而为。

TECHNOLOGY VIEWED AS A WHOLE IS CHEMISTRY AND ITS CHEMISTRY IS STILL BUILDING.

技术之间的关系就像持续的化学反应。

——《技术会进化吗？》

Technology viewed as a whole is chemistry and its chemistry is still building.

14

DOES TECHNOLOGY EVOLVE?

技术会进化吗?

W. Brian Arthur
布莱恩·阿瑟
圣塔菲研究所教授
复杂性系统研究专家
著有《复杂经济学》（*Complexity and the Economy*）、《技术的本质》（*The Nature of Technology*）

我这一生曾研究过许多迥然不同的学科和领域。早年，作为研究第三世界国家人口问题的专家，我在斯坦福大学谋得一份教职。不管你信不信，我当时是一名人口统计学家。我涉猎广泛，一直喜欢经济学及数学的几个分支，近来又对技术颇感兴趣。如今，我已年过花甲，在回首往事时，常常会想，这些学科究竟意味着什么？它们共同的主线又是什么？最终我发现确有这样的主线存在，并且我深信不疑。

我的兴趣之一便是后来大家知晓的复杂性理论，圣塔菲研究所也因研究相关复杂系统科学而闻名于世。事实证明，我去斯坦福大学去得正是时候，彼时正是 20 世纪 80 年代中期，复杂性理论领域不断涌出新的发现。于是，我便开始思考人口统计学、复杂性、经济学和技术。那时的我情绪极其低落，认为自己也许仅仅是个业余爱好者。我对各个学科均有涉足，却始终未发现其中是否有共同主线。但在过去一两年中，我开始逐渐意识到确有主线存在。由于我对系统和模式的呈现与发展深感兴趣，这一发现使我激动万分。

大概在 20 世纪 60 年代末 70 年代初，我在加州大学伯克利分校学习。那时，我专攻发展经济学，对均衡经济学并不感兴趣，因为均衡经济学中一切都是静态不变的。随后，我便对复杂性研究产生了兴趣，它主要关注系统研究。复杂性基本上指系统会对自身的整体情况即时做出回应，而系统中的单个元素也会根据系统的整体情况即时做出反应，最终使系统不断变化发展。系统中的模式涌现，或者按照大家的说法，可以被称为狭义上的系统进化，让我整个职业生涯都为之痴狂。最近，这份痴狂变成了对技术进化研究的热爱。

这个关注重点的转变发生在 20 世纪 80 年代初，于我而言，那仅仅是一种纯粹的本能。我感觉某些事物正悄悄来临，越发深刻。这关乎一个人的性情或性格。有些人喜欢冻结所观望的事物，好像他们拥有瞬间冻结的本领似的。你也许对蝴蝶振翅颇感兴趣，于是就去捕捉蝴蝶并用氯仿麻醉，接着将它们钉在板上，你便可以观察它们的翅膀了。然而我却偏偏对动态事物情有独钟。

我的博士专业为运筹学（主要是应用数学）和控制理论。但我们如何控制不断进化发展的系统呢？我的大部分研究均为系统工程或数学，但我却对经济学异常着迷。我不知道这是怎么回事。大约在 1980 年，我们有了计算机。到 20 世纪 80 年代中期，我们便把计算机称为工作站。NeXT Computer[①]诞生之初，我便开始使用它了。美国理论生物学家斯图尔特 · 考夫曼

① NeXT 电脑公司是一家设立在美国加利福尼亚州红木城的电脑公司，专门制造和开发高等教育和商业市场上的工作站电脑。NeXT 在 1988 年推出了第一个工作站计算机产品 NeXT Computer，随后在 1990 年推出了体积较小的 NeXT Station。——译者注

（Stuart Kauffman）当时拥有一个 Sun SPARC[1]计算机工作站，我记得有 SPARC 2 系列。当时我和考夫曼都拥有工作站，我们可以在计算机上模仿真实系统逐渐打开的过程，也可以为每个元素编写程序。它们可能是免疫系统中的 B 细胞或 T 细胞，也可能是考夫曼生物研究领域的物种或经济学中的代理人、投资者等。

[1] 全称为“可扩充处理器架构”（Scalable Processor ARChitecture），是 RISC 微处理器架构之一。它最早于 1985 年由 Sun 电脑所设计，也是 SPARC 国际公司的注册商标之一。1987 年，SUN 和 TI 公司合作开发了 RISC 微处理器 SPARC。——译者注

于是，我们开始搜寻世界上我们感兴趣的事物，然后在计算机上对它们进行重塑与再创。最后按下回车键，它们便开始了进化之路，而我们则静观其变。由于此情此景很难表述，因此我们希望用数学逻辑对其整个进化发展过程进行描述。我们能使一些很精彩的图片定格以更好地观察整个模拟和进化过程。但如果能将它做成数学模型，则是锦上添花了。通常这样的实验会带有一定的随机性和多向性。

但我内心深处始终认为我们所处的世界无时无刻不在发生着变化，我对该论点的研究也乐此不疲。如果有人对我说：“这张照片是我们所处的宇宙空间，是不是特别有趣，特别不可思议？快看看照片中这些定格的神奇构造画面。”我会表示这些画面确实很有意思。但若有人向我展示事物是如何真正发生改变与进化，新的架构是如何产生、消逝，新事物是如何不断涌现的动态过程，我会说这简直让人陶醉至极，而过去我从未发现自己内心深处对这个想法竟如此痴迷。

我性格特性的形成必然有源可究。我出生在北爱尔兰，大家可能都认为北爱尔兰文化相对支离破碎，确实如此。但它的文化在某种意义上却又是稳定的，因为当地的人们了解自我。在北爱尔兰，我们这一代

人以擅长写文和作诗而为人知晓。所有著名的诗人均来自爱尔兰北部而非爱尔兰。一方面，我的成长环境较为稳定，但有时也会面临许多来自原教旨主义天主教的压力。另一方面，因为我们同时又拥有原教旨主义新教。我内心对此并不能完全接受，似乎觉得某些事物被掩盖了。十几岁或二十几岁时的我能做的仅仅是在内心呐喊与尖叫。简而言之，如果复杂性系统能算是一个高度有序的系统的话，那北爱尔兰简直就是一片混沌。

我在贝尔法斯特女王大学（Queen's University Belfast）获得电气工程理学士学位，接着就去了伯克利。我最初在伯克利学习应用数学，而后转为经济学。这整个经历对我来说就像是从一个有序国度进入了伯克利的混乱之中。对此，我却束手无策，因为情境实在是杂乱无章。关于人的性情我想强调的一点就是：只有当你到了三十或四十几岁变得成熟些时，你才能清楚地知道自己的脾性。就我自己而言，直到我拥有了家庭，并在斯坦福大学任教时，我才真正明白自己的性情。我知道自己喜欢哪些科学类型，也知道自己对什么学科领域感兴趣。但正如我所说，这些与人口的增长、人类社会与经济的发展，以及最近技术的进化都密切相关。

在我近 40 岁的时候，我想我一定经历了一场中年危机。我 37 岁便在斯坦福大学任教。我花毕生精力不断追求更好，到最后却突然发现好像没有终点，我甚至已摸不清自己的方向，不知道自己身处何方。在伯克利，我找不到自己想追求的东西。越南战争后不久，我发现自己对反文化运动[1]也并不感兴趣。我曾在奥地利工作，但我发觉这些都无法形成我人生中的基础。

[1] 20 世纪 60 年代中后期，资本主义的物质与政治危机渐浮表面，战后的黄金时代接近尾声。与此同时，作为波普时代主角的年轻人掀起席卷全球的反文化运动 (counterculture movement)。20 世纪 60 年代中后期发生了许多重大事件，比如，越南战争、古巴英雄切·格瓦拉被杀害、黑人解放运动领袖马丁·路德·金遇刺，等等。——译者注

我放弃了天主教信仰，不知道接下来我应去向何处。

我发现了自己性情中的一些特质，这让我感到非常惊喜。我开始对道家感兴趣，有趣的是，道家起初对我而言仅仅只是一种哲学，而现在它更多意味着一种训练。比如我们常常在一些中国电影中看到的武术和气功，你在师父门前等候三年，也许师父会收你为徒，教你本领，但也可能不会。这就是我所说的训练。但当我深入了解道教这门哲学后，我发现它关乎于事物的发展和演变。道家的思想精髓在于它认为万事万物处于变化之中，我们抓不住所谓的恒定之物。因此，我们能做的便是抱着应对万变、随遇而安的心态面对生活。随后，我发现我所有的研究都与道家思想不谋而合。可以说，我在我的科学研究里发现了拥有几千年悠久历史的道家文化精髓。或许也可以说，这就是一直深深扎根于我思想中的那份哲学理念，我在科学中找到了它的对等原型。

我这一生都对系统的不断变化与发展颇感兴趣。像车那样拥有固定结构且机械运转或者穿越时空但不改变自身结构的系统并没有那么多。经济学结构、各行各业，以及各种参与角色，比如银行体系、监管体系、政府和消费者等，一开始都被我们认为是理所当然的存在。然而，经济学家却能去探索它们是如何发展的。但这对我来说还远远不够，因为我对结构本身如何变化还抱有兴趣。事实上，经济学对此研究不多。经济学本身研究的是：在固定结构中，事物的自然平衡点在哪里？我认为这真是一个可恶的想法。

收益递增经济学

大约在 20 世纪 70 年代末，我开始阅读有关酶化学动力学的书籍，这是一门相对晦涩的学问。我在 1979 年阅读的两本书籍对我影响很大。其中一本为霍勒斯・贾德森（Horace Judson）的著作《创世纪的第八天》（*The Eighth Day of Creation*），这是我阅读过的最出色的科学类书籍之一。另一本是理查德・罗兹（Richard Rhode）著作的《原子弹秘史》（*The Making of the Atomic Bomb*）。看完贾德森的书后，我顿时觉得自己对生物学一无所知。我原以为生物学就是分门别类，像是收集邮票，这是一个物种，那又是一个物种，这个物种与别的物种是如何相关联的，而贾德森主要研究分子生物学的运作和这门学科的形成。

我曾读过分子生物学家詹姆斯·沃森（James Watson）关于分子生物学的书。那本书将分子生物学讲得栩栩如生，主要剖析遗传密码及血红蛋白结构。我认为这才是真正的科学，它激起了我对生物学极大的兴趣。之后我又阅读了雅克·莫诺（Jacque Monod）的《偶然性和必然性》（*Chance and Necessity*），了解到他所描述的化学自催化反应，指的是一次化学反应可能产生两种结果，若结果为 A 物质，A 则催化生成更多 A 物质，反之则为 B。整个过程取决于 A 与 B 在催化过程中谁最先生成，紧接着整个反应则围绕最先生成物质不断催化。A 生成更多的 A，B 则被淘汰，反之亦然。

当时我还阅读了比利时物理化学家伊利亚·普里高津（Ilya Prigogine）所写的一些研究文章。由于普里高津过度推崇自我，在当时饱受争议，然而他对我很是和蔼。1980 年，我专程去拜访了普里高津先生，他带我去了布鲁塞尔皇家学院。我开始慢慢领会到普里高津先生和雅克·莫诺、弗朗索瓦·雅各布（François Jacob）与其他人在法国和比利时谈论的是自我增强系统。这个系统不像雪球滚落山崖那般散落，反而像一股潮流，若开端良好，则会不断积聚能量。

当你意识到有这样一个系统存在时，你会发现它无处不在。英语的发展历史就是如此。假设你在 18 世纪时期打个赌，你也许会说如果世界上的国家联系足够密切，那么一种世界通用语言则会应运而生。事实上这个情况在 16 世纪和 17 世纪已然发生，当时的通用语言为拉丁语。但若要你在 18 世纪打赌，你定会认为法语是通用语，因为俄罗斯法庭当时也用法语，同时法语很受贵族欢迎。但若在 19 世纪后半期，你则会认为德语是通用语。当时奥匈帝国实力强大，其智性文化盛行法国以东的整个欧洲地区。20 世纪，英语逐渐崭露头角。我想这与美国的崛起息息相关，它带动了英语的发展。这些语言的历史发展便体现了自催化反应原理。

在研究生阶段学习经济学时，我问过自己许多问题，当然更多是因为发自内心的兴趣使然，而不是单纯为了获得博士学位。不过经济学后来成了我博士期间的辅修专业，伯克利的一些理论学家（尤其是均衡学）对我的谆谆教导，使我受益匪浅。经济学通常认为，在边际效益递减的前提下，世间万物都将达到均衡状态。因此，当某件事情变得越来越困难时，譬如所有的浅埋煤层都已挖尽，因此你需要挖得更深才能找到铜矿，为之付出的成本也将上升，那么你很有可能寻找镍矿来取代铜矿。如此一来，经济便达到了均衡状态。再比如，你需要在花时间看电影还是电视上做出选择，一旦看电影对你而言是效益递减，也就是说你已经看完了所有值得一看的电影，那么你就会选择看书、看电视或是其他活动以达到平衡。因此，只要我们在生活中遇到效益递减，那么根据经济学原理，随后一定会达到均衡状态。

研究生时，我还问过自己：如果生活中根本不存在效益递减呢？如果生活中有效益递增会是怎样？如果我们做得越多，事情变得越好，那又将是什么情况？我想到了一个非常普通的例子，关于研究生时期我在夏威夷的经历。大约在 1925 年，若将车辆通过船运送至夏威夷上最偏远的小岛——考艾岛（Kauai）会怎样（我 70 多岁在考艾岛时，他们才刚装上第一个红绿灯）？设想一下，考艾岛上有一些脏乱的马路，它第一次有了汽车。在这个思想实验中，我们假定考艾岛上汽车方向盘在车正中央，且左右行驶没有任何限制。这样一来，小岛上的每个人均可自由选择在马路的左边或右边开车。这简直就是一个完美的自由主义小岛，没有任何法律法规设限。那么，等我 6 个月后再来小岛，它的情况会如何呢？

我曾和斯图尔特·考夫曼谈论过这个设想，我们都认为如此一来，人们将会看到的是路边糟糕的事故汽车残骸。但是汽车随后将会自然而然地整齐排列在路边，久而久之，习俗就形成了。在这之后，若人们在马路左边驾车，你却特立独行右边驾车，人们就会认为你是个十足的傻瓜。你所碰到的汽车都将与你朝相反的方向开，没多久你就会逃离这个车道。这样一来，系统的倾向性就会逐渐显露了。

我所说的这个假想案例与全键盘（QWERTY）[1]设计和一些经济学结构一样，都或多或少地因为机缘巧合而成为固化形式。经济学家意识到这是一种收益递增或是正反馈现象。在这个案例中，正反馈指的是道路一侧行驶的车辆越多，你就越会倾向于开在行驶车辆多的这一侧。因此，我们将它也称为自催化系统。同理，候选人在初选阶段越受欢迎，他就占据了越多的优势。这样的系统往往倾向于固化某一角色的主导地位、马路的一侧或是一种类型的键盘，这样一来，剩下的就只能退居二线了。模式固化可能是由于机缘巧合，一些随机小事件因正反馈现象而逐渐扩大。

经济学家们当时也意识到了这个问题。1890 年，著名经济学家阿尔弗雷德·马歇尔（Alfred Marshall）事实上已在其文章的注脚中提到该现象，并且他问道：若某些相同领域的公司都面临成本递减，情势将会如何？空盒气压表制造公司非常拥护马歇尔的观点，因为公司生产越多的空盒气压表，生产下一个气压表的成本就越低。马歇尔假定认为，在收益递增或成本递减的情况下，一段时间后，拥有良好开端的公司将会主导市场。但经济学方面的观点仅此而已。

经过一番研究，我发现在上述问题上我们能探索更多。我认为我们可以把该现象看作概率事件，从技术上说就是非线性随机过程，以此来观察一个个结果是如何随机产生的。20 世纪 80 年代中期时，我对复杂概率理论了解不多，于是，我便向一些俄罗斯概率理论学家讨教。当时我有个同事在柯尔莫哥洛夫学院（Kolmogorov School）任教，他对概率数学颇有研究。随后的一两年，我便发奋学习这门知识。最终，我们

[1] 指 QWERTY 键盘，又称柯蒂键盘，是目前最为广泛使用的键盘布局方式，由克里斯托夫·肖尔斯（Christopher Latham Sholes）发明。他将最常用的几个字母安置在相反方向，最大限度放慢敲键速度以避免卡键。——译者注

解决了这些问题。1983年，俄罗斯的一本期刊发表了我第一篇关于收益递增的论文。

有人曾告诉我说，这些关于收益递增的研究纯属理论。随后，我便在圣塔菲研究所将此研究教授给学生，并举办讲座。最终，我对自己的研究有了通透的理解，它并非高深莫测、遥不可及。收益递增理论适用于所有高新技术产业。这意味着像微软这样的公司越是在市场占据领先地位，其品牌就越受欢迎，该公司也将在下一产品中投入更多资金。作为最受欢迎的搜索引擎，若使用的人越多，谷歌就会普及得越广。这样一来，其他搜索引擎，例如 Ask.com 和 AltaVista，就只能退居二线了。但在某一事物变得流行前，我们并不能事先做出预测。

我突然意识到美国的硅谷和其他高新技术产业都是动态发展的，市场倾向于使某一企业占据此行业的主导地位。高新技术产业也因此被认为具有网络效应（network effects），这意味着越多人使用谷歌，谷歌将会变得越普及。这会产生巨大的前期影响。以微软公司为例，该公司过去将 Windows 拷贝在光盘上出售，研发新的 Windows NT、Windows 2000 或者这些年其他的 Windows 系统，微软公司一般都需斥资近 20 亿美元，然而，把系统拷贝到下一张光碟上的花费便会非常少。因此，微软公司的单位生产成本随着产量的增加不断下降。但此理论并不适用于狗粮，因为单位生产狗粮的成本并不会因为多生产一份而减少。

收益递增理论同样适用于想法的传播。产生一个好的想法非常不容易，然而人们传播信息则相对简单，这说明信息本身几乎是免费的。我们可以看到，当下经济发展与以往有所不同，越来越依赖于新兴想法，而不是过去的大宗商品制造，比如：玉米加工、铁矿石加工、钢铁加工和汽车加工。这其中体现了经济学理论中收益递增的另一种应用。

我们身处信息商业时代，信息交流无处不在。人们将信息比作货币，不断相互交换。我们可以在他人想法的基础上产生更多的想法。因此，信息自然而然成了一种免费的产品。我不知道信息本身会成为什么，但只要信息一产生，其传播便无需任何成本。不过，这只是一些表面现象，接下来看看信息存在的复杂性。众所周知，信息是免费的，但是想要内化信息，对其心领神会并取之为我所用则需要付出一定的代价。因此，仅仅告诉某人某件事情远远不够，这只是一个想法或信息。而想法需要有东西支撑，需要我们对其加以理解和吸收。比如，我向你展示一幅中国山水画，若你为专业人士，则能将它复制。但是你所不能复制的是这幅画背后的文化底蕴、精髓、历史背景以及其他任何使之成为一幅中国山水画的东西。

许多复杂性研究关注系统的发展和偶然性趋向发展。在经济学中，在考虑到积极反馈与消极反馈的前提下，我也关注同样的问题：特定模式在经济中是如何形成的？为什么最终我们靠右行驶而不是靠左？我们为什么说英语？美国硅谷为何坐落于一片杏树园而不是美国东海湾地区？我们是如何让像微软这样的企业占据该领域市场主导地位的？这些重要问题关乎系统发展，它们与那些说这又是一个新系统发展阶段的话题不能相提并论。我所说的这些系统案例会在偶然间成为一种特定模式，同时下一个模式又可能会占据原有模式。

高新技术产业发展还存在一种现象。微软公司在 20 世纪 90 年代可能是最受欢迎的公司，公司收益递增、盈利巨大，压倒大多数技术公司。但当你以为微软可以永远占据市场时，谷歌应运而生了。经济学最吸引我的地方在于它似乎有层永远揭不完的面纱，就像拥有 14 层古城的考古遗址特洛伊。不过，我们可以用一生的时间看到经济学五六层模式的发展和进化。

我对另一个问题也深感兴趣。我们总是对这世界上的许多事物抱着想当然的态度。我们总是自然而然地认为，随着技术进步，它们会变得更为复杂。1993 年时，某些事情促使我去了解喷气式发动机的相关知识。我本能地认为，我对喷气式发动机并不感兴趣。但随后两天，我便发现原始喷气式发动机相当简单，而我们现在所见的类型是由成千上万的零部件拼凑而成的，因此极为复杂。你也许会说，这就是技术的发展过程，但我开始对这样的发展模式感到困惑。

20 世纪 90 年代中期，一系列问题涌入我的脑海，我也开始认真思考其中的关联。究竟什么是技术？我似乎毫无头绪。不知为什么，我开始逐渐意识到经济的发展在某种程度上来源于技术。以我们看到的超布连群岛（Trobriand Islands）为例，高新技术和经济之间的差异，在于是应用先进技术还是以划桨捕鱼为生。我想知道这些年技术是如何发展的，比如：喷气式发动机为何变得越来越复杂？这就好像问天空为什么是蓝色一样，我们总是抱着想当然的态度。总而言之，我开始思考世界上是否存在技术进化理论。

当我还是个研究生时，我就认为经济在某种程度上脱胎于技术。这并不是一个新想法，卡尔·马克思和一些著名的经济学家们在 19 世纪中期已对此有所谈论。但我们常常倾向于认为经济独立存在并且固化不变，经济发展需要工厂，工厂利用技术和机器进行生产。于是，我开始研究经济是如何脱胎于技术的。我认为，每一种我所知道的技术，不管是计算机还是喷气式发动机，初始发展阶段都相当简单，随后则会变得越来越复杂，其数量级也会比期初复杂得多。19 世纪 60 年代，一些考古学家和人类学家，以及奥古斯都·皮特·里弗斯（Augustus Pitt Rivers）和塞缪尔·巴特勒（Samuel Butler）均提出一个问题：所有技术都会进化吗？该问题一直悬而未决。

达尔文曾在生物学上回答了这个问题。追溯大多数物种的进化史，也就是我们现在所说的生物圈，由于均来自共同祖先，不同物种之间有着千丝万缕的联系。这并不是达尔文的新观点。18 世纪和 19 世纪初期，达尔文的祖父和其他有识之士已对此有了研究。达尔文的贡献在于将物种分门别类，形成完整体系。因此，达尔文所著书名为《物种起源》而不是《进化》。

技术无处不在，喷气式发动机、金属加工、蒸汽机、激光、计算机，甚至是做某件事的方法，如排序算法等。若你将所有这些技术联系在一起，是否能得出技术进化理论以表明它们之间通过共同祖先而与早期技术相互关联？

数十年来，经济学家、历史学家、技术研究人员一直将达尔文进化论运用于技术。这并非不可，不同的人自然有不同的方法来解决问题。接着，技术又经历了变异，先进技术不断涌现。因此，技术领域也有了变异和选择，我们便得出了技术进化理论。我此时简述的正是达尔文《物种起源》一书问世 150 年来的重要观点。

但是，这些理论并不让人满意，至少它们没有说服我。喷气式发动机并不是由航空活塞发动机变异进化而来的。达尔文理论认为，新型雀鸟一定与早期雀鸟有所关联,为了适应周围环境,喙的结构会有所改变。一种物种发展、慢慢转变直至脱离原有物种形成新的种类是一个漫长且渐进的过程。我们无法说激光或是喷气式发动机从某个事物脱离分化而来，因为它们是全新的技术创造。因此，我开始意识到，其实并没有一个令人信服的理论来解释技术进化，我也想不到任何其他有关技术的经典理论。

确实不存在任何有关技术的理论，但人们期待它的出现。只是大家的反应不是“我想你可以发现这一理论，但是你为什么想要发现呢”，就是“我不知道，我们真的需要关于技术的理论吗”。我研究技术理论初期纯粹是出于兴趣爱好，并非为了学术。我认为可以用一些共通原则来思考技术进化问题。几个星期前，当我把手头项目完成后，便回到地下实验室看看实验笔记，想知道自己在这项研究上已投入了多少时间。翻着以前的笔记，我才发现自己研究技术已有 13 年之久，但其中大部分工作并不是写作，而是阅读和思考技术以及其发展历史。阅读内容从计算机到搜索算法等，大约包含 12~20 种特定技术。我详细了解了某些技术的发展，就像生物学家会仔细研究某种特定类甲虫以更好地论证其观点一样。

接着，我便开始了我的地下室研究工作。我曾读过数学家安德鲁·怀尔斯（Andrew Wiles）在地下室潜心研究的故事，他最终证明了“费马大定理”（Fermat’s Last Theorem）。怀尔斯是普林斯顿著名的数学家，我完全出于本能想到了他。怀尔斯当时不希望自己刚萌生的想法被舆论批评扼杀，他需要时间与空间完善想法、整合思路。同时，他也不希望任何人知道他在忙些什么，因为这会导致一系列竞争。因此，就我所知，怀尔斯在普林斯顿大学自己的阁楼里花了十几年时间，和从事该项目的一两个同事潜心研究，一点点钻研，直至他建立起费马大定理的可行体系。接着，怀尔斯将结论交由一些专业人士进行评估和测试。1996 年我刚开始技术领域的研究时并没有如此大的勇气和决心，不过这样的故事在我身上也自然而然发生了。我几乎没有告诉任何人我在忙什么，圣塔菲研究所传来的消息常常是：“阿瑟最近在忙什么？他似乎在忙早期的一些工作，同时还有些很被看好的项目，但我们已经好多年没有听到他的音讯了。”

无论最终结果如何，我都坚信在技术领域还有许多问题悬而未决。比如：究竟什么是技术？技术如何运转？技术如何发展？是否存在一个综合理论解释技术进化？技术真是一个金矿。

我认为所有新技术都包含早期技术的要素，比如现在的激光打印机就从 Xerox PARC[1] 发展而来。盖瑞·斯塔克伟泽（Gary Starkweather）在加利福尼亚州的帕罗奥多市开始研究激光打印机时，他曾说道：“我们不想要行式打印机，它们不能打印图像，无法改变字形，它们仅仅就是电脑驱动打字员。”考虑了在阴极射线屏上显现图像等诸多想法后，斯塔克伟泽忽然意识到，也许可以用一台电脑来控制高度聚焦激光束，然后将图片打印至复印机硒鼓，这就是现在的激光打印机，它包含一台电脑、电脑控制激光束、控制激光装置和静电复印术（xerography)。

Xerox Palo Alto Research Center，即施乐帕克研究中心，是施乐公司所成立的最重要的研究机构，是许多现代计算机技术的诞生地，他们的创造性的研发成果包括：个人电脑、激光打印机、鼠标、以太网、图形用户界面、Smalltalk、页面描述语言 Interpress（PostScript 的先驱)、图标和下拉菜单、所见即所得文本编辑器、语音压缩技术等。——译者注

回头看看这些新技术，不管是喷气式发动机、激光打印机还是搜索算法，它们的零部件或者说成分早已存在，可以从早期技术发展而来。我认为，将一些进化理论整合起来考虑的确切实可行。这也就是说，新技术可以选择先前技术中适合发展的要素，以新方

式进行重组，从而不断进化与发展。

有些人意识到了这一点，也有些人曾写过关于此论点的相关文章，但是大部分文章均零零碎碎，仅是只言片语。著名经济政治学家约瑟夫·熊彼特（Joseph Schumpeter）在一百多年前做该方面研究时却也未超越基本观点。我们现在大量援引这些观点，但未曾有人对此进行整合。我算是单枪匹马独自行动，但直到20世纪80年代还未得出相关结论。之后，我翻阅了一些人们常常谈论的经典文献。

我遇到了另一个问题：如果每件新事物都是原有旧事物的重组，那么像磁共振成像这样的先进技术为什么不是由我们一万多年前就存在的火石或黑曜石进化而来的呢？显然，一万多年前的原始成分并不能进化形成今天的磁共振成像技术。因此，我认为磁共振技术发展还存在另一个因素，那就是技术常常用来捕捉现象。

我们经常用工具、形态、方法和技术来捕捉一些现象，比如影响原子核自旋技术，然后用该技术做某些特定测量。这使它在某种程度上成了诊断技术。因此，关于技术进化理论的两个因素并不全是达尔文主义。它们截然不同：一是某些原有成分的不断重组；二是某些技术习惯性地捕捉新现象，随后这些技术也会转而成为未来技术的发展基础。许多新技术的发明仅仅是为了满足当下需求，并不是为将来技术的进化做铺垫。不过，有些技术并非如此。

最使我感兴趣的并不是如此多的技术，而是天体物理学家和宇宙学家对于地球生命形成和宇宙形成有着非常相似的观点。我对此还有一些困惑，但在宇宙大爆炸之后，只要等待足够的时间，也许是10^{-27}秒，非常短暂的永恒就会出现。那时基本粒子、夸克逐渐开始合并成基本强子，基本强子不断合并又会形成原子与分子，原子与分子逐渐复合成为通常的气体，接着慢慢形成恒星系统。所有这些过程都是由原有要素不断组合进化形成一个个新系统的。

生命发展历程亦是如此。最近，我和圣塔菲研究所的一些同事进行交流，他们谈及了各种各样的反应现象，将其称为新陈代谢路径进化。大约 40 亿年前，最为简单的新陈代谢构成了早期生命状态。它们逐渐形成某些特定成分，不断重组进化形成新的结构，在某些要素的催化作用下，又会形成新的分子结构。因此，生命的过程从核糖核酸（RNA）到脱氧核糖核酸（DNA），从最简单的形态结构慢慢重组演变，从而不断进化发展。

回归技术话题，若问人们什么是技术时，我想，大家的回答一般会是：技术是一些独立的方式方法，比如氨碱法（solvay process）、计算机、激光打印机等，它们有时相互关联且有共同祖先。

我想说，情况并非如此。所有技术形成了巨大的关系网。已形成计算机、激光和静电复印术的较简易分子将进一步重组形成新的分子结构，进化发展成激光打印机。激光打印机随后又会不断进化发展成更为先进的技术。总而言之，技术之间的关系就像持续的化学反应。

注：布莱恩·阿瑟的著作《技术的本质》《复杂经济学》中文简体字版已由湛庐文化策划、浙江人民出版社出版。——编者注

THE KNOWLEDGE WEB WILL MAKE US ALL SMARTER. THE KNOWLEDGE WEB IS AN IDEA WHOSE TIME HAS COME.

知识网将使我们所有人都变得更聪明。它的时代已然到来。

——《亚里士多德》

15

ARISTOTLE: THE KNOWLEDGE WEB

亚里士多德 知识网

W. Daniel Hillis
丹尼尔·希利斯
物理学家、计算机科学家、思考机器公司董事长
著有《石头上的图案》（*The Pattern on the Stone*）

我一直都很羡慕亚历山大大帝，因为他有亚里士多德作为他的私人导师。在那个时代，亚里士多德知晓当时人们所知的一切事物。更为难得的是，亚里士多德明白亚历山大的心思。他知道亚历山大对什么感兴趣，知道亚历山大懂什么、不懂什么，还知道他更愿意听取何种解释。亚里士多德原是柏拉图的学生，他本身也是一位优秀的教师。从他的著作中，我们可以看到他的说教极富示例、解释、观点和故事。通过亚里士多德，亚历山大将知识的世界握在掌中。

当然在今天，没有人能像曾经的亚里士多德一样，知晓现在人们所知的一切。如今的知识可谓浩如烟海，已远远超出个人能够掌握的范围。科学革命，以及随之而来的技术革命，引发了一场知识大爆炸，这场爆炸不断自我强化，

仍在继续。现在，甚至连最训练有素的科学家、最博学的史学家或者最有才干的工程师都不敢奢望对已知的一切有个粗略的认识。只有专家才知道科学领域里大部分的新发现，甚至这些专家都很难保证不会落后。

这个并不新鲜。1945 年，“信息时代的教父”范内瓦·布什（Vannevar Bush）就为《大西洋月刊》(*The Atlantic*）写了一篇关于知识泛滥问题的文章，他写道：

> 现在的研究越来越多，可谓堆积如山。但是有越来越多的证据表明，随着专业化不断推进，我们已深陷困境当中。研究者被成千上万个其他研究者的发现和结论所迷惑。对于这些结论，也找不出时间去理解，更不用说能够记住了。然而，专业化对于进步来说却越发不可或缺，而建立学科之间纽带的努力也相应地变得肤浅。

范内瓦·布什为这个问题所设想的解决方案是一个被他称为 Memex 的东西。Memex 被设想为一个操作和注解微缩胶卷的系统（当时正好发明了计算机）。这个系统包含了一个巨大的学术文本库，可以通过关联进行检索，也可根据用户做个性化处理。尽管 Memex 的设想并未得以实现，但是半个世纪以后横空出世的万维网也与之相差不远了。

尽管网络非常有用，但仍然远远比不上亚历山大的导师，甚至与 Memex 也有差距。一方面，网络对个人知之甚少（除了你的信用卡号）。它也不具备了解个人如何学习，或者知道什么以及不知道什么的模式，就这一点而言，它连自身知道什么、不知道什么都不清楚。网络上的信息杂乱无章、前后矛盾，往往有很多错误。尽管存在错误，网络却也有其好处，它提示我们可能发生的事情。最重要的特征就是无障碍，不仅那些乐于向它求助的人可以使用，那些愿意拓展使用的人也可以。计算机一代的任何成员都可以为你解释，网络正改变着我们的学习方式。

一个学习的新工具

我们暂且把万维网放到一边，想想利用现在最先进的技术，可以创造出怎样的自动化导师。首先，想象一下：这个导师程序经过长期的接触，逐渐开始了解你。就像一位优秀的教师，它清楚你早已理解的知识，以及你将要学习的东西。它也知道哪种解释对你而言最有意义。它熟悉你的学习风格：是更喜欢图片还是故事，是更喜欢具体的例子还是抽象概念。再想想，这个导师程序可以访问一个数据库，其中包含了世界上所有的知识。这个数据库的组织方式是根据理解知识的概念和方式而定的。它包含了特定的知识，主要是关于这些概念是如何联系起来的，哪些人认同以及认同的原因和它们的用途。我将这个数据库称为知识网，从而与万维网这种链接文件数据库区别开来。

例如，知识网上的一个主题为开普勒第三定律（行星绕行太阳公转周期的平方，与其到太阳距离的立方成正比）。这个概念会和许多相关的东西联系起来，包括这个定律的示范和示例、证明的实验、图表和数学描述、这一发现的历史故事、依据其他概念对这一定律所做的解释等。举个例子，可以依据角动量定理，使用微积分来解释这个定律。对于一个喜爱微积分且熟悉角动量定理的学生来说，这一解释肯定效果极好。另外一个学生则可能更偏好图片或交互式模拟。这个数据库将包含哪种解释对哪个学生有效的信息，而信息是从经验中得到的。这个数据库将展示许多理解开普勒定律的成功途径。

有了这样一个数据库，以现在的技术完全能够编写一个程序，通过从数据库中挑选适宜的解释，并展现出来，仿佛在扮演一位私人导师的角色。自动化导师无须自己创建解释，人类教师会在知识网中创建解释以及相互之间联系的路径。这个程序只是找到学生早已掌握的知识及其需要学习的知识之间的合适路径。顺着这条路径，自动化导师会对学生进行测试，并回答问题，就像人类教师一样。在这个过程中，程序中该学生的模式会得到改善，数据库中有效解释的信息也会不断完善。

如果你是一名工程师，在设计一个关键部件，想要对容错设计做些了解。这是一个非常专业的话题，大部分工程师都不太熟悉，即便有所涉及，标准工程教育也只是进行简要的介绍。容错设计通常由专家解决。除非你碰巧修学过专业课程，否则你将面对几种不甚理想的解决途径。你可以请一位专家做顾问。但如果你对这个领域不甚了解，也难以找到所需的专家，或者时间和成本上都划不来。你还可以尝试阅读容错设计的教材，不过，教材中很可能会出现你或许已经忘记的知识或是从未接触过的东西。而且，教材极有可能已经过时了，所以你也需要查找相关的期刊，获取最新进展。如果你找到了，就会发现它们完全就是供专家阅读而写的，对你而言，阅读和理解都是困难重重。考虑一下这些颇不理想的选择，你大概就会放弃。在没有相关知识的情况下，你或许只能硬着头皮将模块设计出来，并希望事情朝好的方向发展。

和亚里士多德一起学习

假如现在你可以拜访自动化导师，我们称它为亚里士多德。

亚里士多德会先问你愿意花多少时间在这个项目上，以及你想要的详细程度。接着它会向你展示一张图，图中标注了你需要学习的知识。这个导师程序通过比较已学的知识和需要学习的知识完成图示，以此设计容错模块。它之所以知道需要学习的知识，是因为这是一个许多工程师共同面对的问题，而知识渊博的教师则已对这些概念进行了多次确定。亚里士多德清楚你知道什么，是因为它已经和你相处了很长一段时间。也许，你熟悉的某些知识亚里士多德并不知道，但在它向你展示学习计划的时候，你可以指出。亚里士多德很有可能会就一些关键概念对你进行测试，只是确认一下你是不是真的知道。

亚里士多德通过发现解释的关系链来规划课程，将你已学的知识和需要学习的概念连接起来。它选择的解释路径与你钟爱的学习风格相匹配，包括足够的铺垫、有趣的示例以及与兴趣水平相对应的好奇度。当然，亚里士多德会尽可能地遵循知识网上优秀教师指定的路径。亚里士多德可能也有一个模式，了解如何跟进你的节奏：当你学了足够的一天时，当需要提供一些趣闻时，等等。

在这个过程中，亚里士多德不仅为你提供解释，也会提出问题，既能让你进行思考，又能同时验证已被你成功掌握的概念。如果一种解释不起作用，亚里士多德会尝试另一种方法，当然，你始终都可以向它请教，要求给出示例，并就其表现给予明确的反馈。然后，亚里士多德就会根据这些反馈调整课程，在这个过程中，它将对你有更深的了解。

教学的过程帮助亚里士多德成为一名更优秀的教师。如果某种解释不管用，并持续提出特定的问题，亚里士多德就会将这个信息记录到知识网中，这样就可以应用到其他学生的路径规划中。反馈最终被知识网的人类作者接收，并用来改善解释。

和所有优秀的私人导师一样，亚里士多德允许你偏离课程计划，顺应自身兴趣发展。如果你发现某个示例十分有趣，你也许想对此有更多的了解；如果你刚刚学过某个概念，又恰好对某一早已熟知的事实有精彩的解释，亚里士多德就可能会指出来；如果你即将领会某个关键性或特别感兴趣的知识点，亚里士多德就可能决定提前向你展示，即使这个知识点并非严格意义上的课程重点。当然，随着亚里士多德对你了解的深入，它会知道你对这种知识延展的喜爱程度。

对于已学过的知识，亚里士多德都会进行核实，程序也会及时更新数据库，说明这一情况。随着学习知识的不断增多，它也会继续跟进，将最近掌握的知识和正在学习的新概念联系起来，直到你完全融会贯通。因为亚里士多德了解你现在以及一直以来感兴趣的科目，它可以通过发现这些科目之间的联系，巩固你的学习。

例如，有一个短视频，内容是理查德·费曼（Richard Feynman）博士讲解一个量子力学原理——贝尔不等式。大多数人都对量子力学没什么兴趣，更不用说理解贝尔不等式了。而大部分量子物理学家早就领会了贝尔不等式，从费曼博士的讲解中也就不会有太多收获。但如果你是一个正在学习量子力学的学生，刚刚掌握了必要的课程，费曼博士的讲解就会让你兴奋异常，惊喜交加，觉得大受启发。它不仅向你介绍了新知识，也帮助你理解刚学过的东西。关键是在适当的时间展示这段视频，亚里士多德完全能胜任。

我之所以使用一个工程学实例描述亚里士多德，是因为大多数工程学知识都明确且实际。类似的技术将用于学习其他科目——历史、数学或是通常借助培训课程或技术手册传递的技术信息。当然有许多有用的知识，并不适合使用亚里士多德这样的程序：亚里士多德对于学习骑自行车或讲笑话就无计可施。它不能代替实践经验，也不具备一位优秀教师的热情和睿智。亚里士多德能做的就是帮助你掌握事实知识，也正是这些知识往往会令我们不知所措。

知识如何改变教育

在《钻石时代》（*The Diamond Age*）中，科幻作家尼尔·斯蒂芬森（Neal Stephenson）描绘了一个与小孩一起成长的自动化导师 Primer。Primer 能完成上述事情，并且能力更强。它成了小说主人公的朋友和玩伴，引导她在智力方面和心理方面的发展。这样一种存在以现在的技术是达不到的，但即便亚里士多德这样的程序功能有限，也是在朝着这个方向前进。教师和学生都明白，学校难以承载教授学生一生所需知识的使命。反之，一所优秀的学校教授的是基础技能——阅读、算术、社交技巧，同时引导学生接触更多的科目，以便他们可以学到更多的知识。它向学生灌输基本知识的概览，以此作为长期学习的起点。良好的学校教育也向学生提供获取知识的技巧，以满足他们学习的需求。

教师们知道，个别指导有益于孩子的学习，他们也愿意给予学生更多的关注。即使是年纪较小的孩子也有特别的兴趣和爱好，对此他们想要有更多的了解。优秀的教师会去慢慢地挖掘这些个人兴趣，并试图培养，但这需要很多的时间。亚里士多德这样的程序将为教师们提供工具，帮助孩子们发展自己的爱好。它也将帮助教师们评估每个孩子的进步，并在孩子有差距的领域，提供个性化辅导。这样的计算机程序虽然不能取代学校的大部分功能，但是它却能起到一个补充作用。它能让教师从广播信息的日常工作中解脱出来，将更多的精力投入到学生的个别指导中去。

亚里士多德系统为教师提供的另一项方便就是发布。所有优秀的教师都知道如何将特定的主题教授得特别好，不过却鲜有便捷有效的途径供他们分享这些信息。当然，教师们可以编写一本教科书，或开发一个课程，但这些工作都是一项重大的工程。而发布一个独立想法或对某个知识点进行讲解的途径却根本不存在。如果存在亚里士多德这样的系统，借助合适的创作工具，教师们就能发布单独的讲解，这项工作就好比创建一个网页。实际上，现有的网页是知识网原始内容的绝佳来源。就像原创媒介理论家马歇尔·麦克卢汉所说："新媒体的内容就是旧媒体。"知识网原始内容将包括旧课程教材、教科书，以及网络上早就有的讲解页面。现有材料早已包含了大多数示例、问题、插图以及教案，这些都是知识网所需要的。

更优的发布平台

共享知识网和万维网相似，是一项协作式产物，但它包括的可信度分配、用户跟踪以及注解等机制，却是万维网所缺乏的。例如，知识网能够根据材料的使用情况，酌情给予教师或者作者认可甚至报酬。教师或学习者还能够为讲解添加注释及链接，将它们和其他内容连接起来；提出改进建议；或者为不同年龄段的儿童评价准确度、有效性以及适宜性。比如，借助这一系统，学习者就有可能仅接受被权威机构认证过的正确知识，诸如《不列颠百科全书》或美国国家科学院。

这一切都为知识网树立一种不同的经济支撑提供了可能，而这对于如今的文本性网络来说是不可能的。支持性基础设施的收费可以根据知识网的各个部分以不同的方式运作。例如，公共基金可以用来偿付小学师生课程教材的创作，而专业技术培训可以进行收费或订阅。公司培训员工和顾客，可以为重要知识的编码付费；顾问可以发布讲解，以此作为自身服务的广告；发烧友则可以免费提供他们的智慧。学生们不仅可以订阅特定领域的知识，也可以订阅特定类型的注释，学校可以为教师互动以及学生知识认证收费。这个系统也可成为终极招聘工具，因为雇主可以将其所需的知识领域映射到潜在雇员身上。

什么让知识网与众不同？

评价知识网的一种方法就是，将它与其他支持教学的发布系统进行比较。这些系统包括万维网、网络新闻组、传统教科书以及期刊。知识网从这些系统中获得了重要启示。这些启示包括对等发布、审查和同行审查、链接和注释、作者薪酬机制以及引导学习。这些媒体都论证了其中一项或多项思想的成功。它们也都融入了知识网中。

对等发布

网络新闻组和万维网能获得如此巨大的成功，原因之一就是它们让人与人之间能直接交流，而无需出版商作为中介。这一对等发布系统巨大的优势在于，如果要分享有趣的事情，任何人都可以用简单的方式说出来。互联网消除了发布瓶颈，由此开启了源源不断的创作浪潮。人类分享知识的这种基本渴望正是推动知识网创建的原始动力。记录世界知识的任务实在太过艰巨，唯有对等发布才可能完成。但是知识网并不只是知识的记录，也是一种传授的方式。知识网之于教学，就像万维网之于发布。对等教学将真正让亿万人在学习上实现互助。

审查和同行审查

对等发布的一个缺点就是质量控制。教科书和期刊的出版商不仅要进行营销及分销，同时也要负责编辑和筛选。就同行评审期刊来说，质量控制的一些压力就转移到了审稿环节，但它仍然由出版商协调。在万维网上，并不存在公认的评级及同行评审系统，也不存在作为支撑的机制。通过在万维网上搜索获得的信息通常毫不相干、一塌糊涂，或者完全错误。淫秽材料很难筛选出来，做到去芜存菁就更加不可能了。

知识网通过支持一项同行评审及第三方认证的基础结构来解决这一问题。它同时支持由作者及第三方设定的标签、评级，以及材料分类机制。浏览器工具对信息进行过滤、排序以及标记。另外，用户反馈工具将融入浏览软件，以帮助识别材料，包括特别优秀、低劣以及极具争议性的材料。

链接和注释

使用过万维网的人都深知链接的重要性。原则上，传统期刊上的文章也支持一种链接，以脚注和参考文献的形式，但这种链接比起便捷的超文本“点击”来说，非常不方便。即便简单的线程新闻组的消息线程链接也会促进信息的可用。习惯超文本的学生发现课本和文章线性排列封闭，也不方便。在这方面，万维网明显更佳。知识网将认可一种更为普遍的链接形式。在知识网中，除了作者，第三方也能创建链接、发表评论和添加注释。

作者薪酬机制

教科书和期刊胜过万维网的一个优点是，它们支持向作者付费的机制。万维网表示，许多作者愿意无偿发布信息，不过它并未向他们提供有偿服务的便捷选择。知识网将提供这种选择，途径就是支持各种付费机制，包括订阅、按次付费、认证费用以及基于使用的稿酬。它同时也支持并鼓励免费内容的产品。

知识网上的很多内容可能是免费的，但还有许多其他经济模式与之共存。最明显的模式之一就是付费课程，学生为一系列服务支付学费，包括请教教师、课程教材以及与其他学生互动，还有最终的一些认证。有了知识网，许多机构也许会选择免费提供课程教材，而就其他服务收费，特别是最后的认证。知识网也将帮助解决线上课程供应商最严重的一个问题：营销。知识网会帮助指导学生选择符合他们要求的课程。

另一个可能有良好效果的模式是微支付系统，借此，学生支付固定订阅费就可以访问大量信息。使用情况统计将作为一项为众多作者分配收入的方式。这个系统的优点是只根据使用情况回报作者，学生却不受此影响。学生的花费与他们利用系统的情况无关。美国作曲家协会音乐版税制度以及学生访问《不列颠百科全书》的费用就是这一系统运作的成功示例。

引导学习

通常，教科书中部分信息是关于课题的，还有部分信息也是关于如何学习课题的。一本好的教科书包含了进攻计划、学习策略、练习题以及进一步的研究建议。一个优秀课程的组成部分不仅包括材料，还有贯穿始终的计划。教科书中一般有同步的"教师指导"，其中包含了更多这方面的信息。例如，指导中可能提到，如果学生犯了某种错误，那么他可能就是遗漏了某个知识点，需要进行重新学习。某些最优秀的计算机辅助教材也编码了这些信息。知识网为教师提供一种简单的机制，将这一类型的信息包括在内。

功能表

	万维网	新闻组	教科书	期刊
对等发布	是	是	否	受限
支持链接	是	受限	否	受限
添加注释能力	否	是	否	否
审查和认证	否	受限	是	是
支持薪酬模式	否	否	是	是
支持引导学习	受限	否	是	否

达到临界点

一旦知识网达到临界点，就可轻易看出它是如何维系自身的，真正的问题是如何起步的。推测一下，第一批用户将是成人，第一批采纳者将是教育产业和政府。教育产业一年培训员工的花费高达600亿美元。顾客支持、产品责任、不良设计以及其他各项支出甚至更为巨大，而这些成本可以通过更优秀的培训来降低。这是知识网的第一市场。第二市场大概是军队，它是成人最大的教育场所。第三市场是个人继续教育。

成人比儿童更容易成为初始市场有几个原因。一般成人学习是由于其自身的需要和意愿，他们早就有了学习的内在动力。出于特殊原因，成人往往需要特殊的知识。美国最近一项职场调查显示，80%的工作者觉得额外的教育对于他们获得工作上的成功十分重要。成人更倾向于将时间视为有限资源。他们想要高效学习。而且，相对儿童教育收费机制而言，成人教育收费机制往往更为理性、政治色彩更少。营利性企业可能会迅速适应一个更为高效的流程。

最终，传统教育机构将使用这种新型学习系统。最初的使用对象为大学和职业学校；然后它将继续向初中等教育推广。需要强调的是，计算机不能取代教师；更确切地说，它们将为教师提供一个新工具。教师们无须将大部分时间花费在向群体传播信息上，他们将腾出更多的时间，用来帮助学生融合知识，方式则包括讨论和个性化互动。

这一系统的运作有三个必要技术组件：导师（浏览器）、创作工具以及知识网本身。最后的这个组件是最难创建的，不过幸好不必一步到位。即便是一小部分也是有用的。据推测，知识网将从少数狭窄的领域入手，而这可能要取决于可用资金。例如，可以轻易想见这样一个场景，知识网的一个部分最初由某个供应商投资，用以讲解其产品的用途。再比如，想想美国思科公司以这种形式发布配置和维护其路由器的知识。另一场景是，政府为某一应用程序而赞助这个系统，比如在校教师的继续教育或者工人的岗位培训。公司可能会为开发其顾客和员工的培训项目付费。基金会可能会赞助一项初期工作，以此作为影响教育的一种方式。

知识网的时代已然到来

这一系统最终会被开发出来似乎不可避免。但是，为什么现在就是着手这一项目的时刻呢？毕竟，人们梦想着这样一个项目已达半世纪之久，但是无论是 Memex、Xanadu、Plato、Wais，还是其他方案都未能达到临界点。那为什么这一项目会成功呢？一方面，基础设施现在已经完备。知识网需要对联网计算机的广泛应用，而且计算机能够处理图像、音频和视频。这些也是最近才得以实现。但是,准备好的不仅是技术,人们也已有所准备。电子邮件、万维网、电子游戏都激发了他们的兴趣。年轻一代更是跃跃欲试。他们期待着能出现更好的东西，以取代班级形式的听课方式。

一种解决方案正呼之欲出，其背景就是局面正濒临危机点：知识量正以前所未有的速度暴增，其需求也是如此。大家都确信教育需要进行根本性的改变，包括儿童教育和成人继续教育。世界正变得复杂多样，学校已不再能够教授学生所需的知识，但是教育产业也无法解决这一问题。因此，一些改变已成为需要。

借助知识网，人类积累的信息存储将更为便捷，更容易管理，也更加有用。任何人想要学习，都可以找到最佳以及最有意义的讲解。任何人想要教授知识，也都有传播的途径。教师们将超越现今信息分配者的角色，成为导师、辅助人员以及作者。知识网将使我们所有人都变得更聪明。它的时代已然到来。

HUMAN BEINGS MAKE MISTA
CAN OFTEN OPEN DOORS TO
AND DEVELOPMENTS—THE M
BASIS OF A WHOLE NEW WOR
AND PROCEDURES.

S. THOSE MISTAKES
W WORLDS, NEW DISCOVERIES
STAKE ITSELF BECOMING THE
O OF INSIGHTS

人类会犯错。这些错误往往可以打开新世界、新发现和新发展的大门，错误本身正成为一个全新的见识与行为世界的基础。

——《煎饼人VS哥德尔到谷歌网》

16

THE PANCAKE PEOPLE VS THE GÖDEL-TO-GOOGLE NET

煎饼人VS哥德尔到谷歌网

Richard Foreman
理查德·福尔曼
导演、戏剧家
执导超现实主义戏剧《诸神敲打我的头》

George Dyson
乔治·戴森
美国非小说作家、历史学家
著有《图灵的大教堂》

煎饼人

理查德·福尔曼

前言

当我开始排练的时候，我以为《诸神敲打我头》的定位完全是形而上学的。但随着排练的推进，我发现 2004 年真实世界的反响逐渐蔓延到我在执导时的选择。就这样吧。

然而，这部在我心中非常悲伤的戏剧的确勾勒出我自身的哲学困境。我接受的是传统的西方文化教育，其中的理想（我的理想）复杂、繁茂，是受过高等教育并且口齿伶俐的“教堂式”结构，是具有自身的个人观念，且对全部西方传承有独特见解的男人或女人。

而这样多面发展的个性毫不犹豫地，特别是在“浪漫主义－现代主义”的末期，像伐木工一样，为了英勇地对这片古老传承的土地宣示新的主权而砍伐掉之前的大片森林，这是先锋派的计谋。

但是今天，我看到在信息过载和“即时可用”的技术压力下，我们以一种新的自我发展态势，取代所有（包括我自己）复杂的内心愚钝。一个新的自我包含的浓厚文化传承越来越少，我们都变成了“煎饼人”，当我们连接庞大的网络信息，只需轻按一个按钮即可访问，进行广泛的传播。

这样会产生新的启蒙运动或“超级意识”吗？有时，我因这些赞扬而受到诱惑，有时却对于这个似乎已经深深地失去了厚重、多种显著特征的人格发展的世界，感到恐惧而退缩。

但最终，希望仍然不断涌现……

一个问题

计算机可以完成一切人类大脑所能完成的事吗？

人类会犯错，在艺术上、科学上。我相信吗？这些错误往往可以打开新世界、新发现和新发展的大门，错误本身正成为一个全新的见识与行为世界的基础。

计算机可以被编入“犯错”的程序，并且将这些错误转化成迄今难以想象的新发展吗？

哥德尔到谷歌网

乔治·戴森

理查德·福尔曼是正确的，的确是煎饼人！

他提出了一个大的问题，所以我寻求了一些帮助:《旧约》的提倡者刘易斯·弗赖伊·理查森（Lewis Fry Richardson）和艾伦·图灵;《新约》的提倡者拉里·佩奇和谢尔盖·布林。

刘易斯·弗赖伊·理查森对机器创造性思维这个问题的答案是一张电路图，绘制于20世纪20年代末，发表于1930年。这幅图展示了一个具有两个半稳定状态的自激非定向电路。电路图的标题为“电气模型，一个大脑只有一种意志，但有两种思想”。

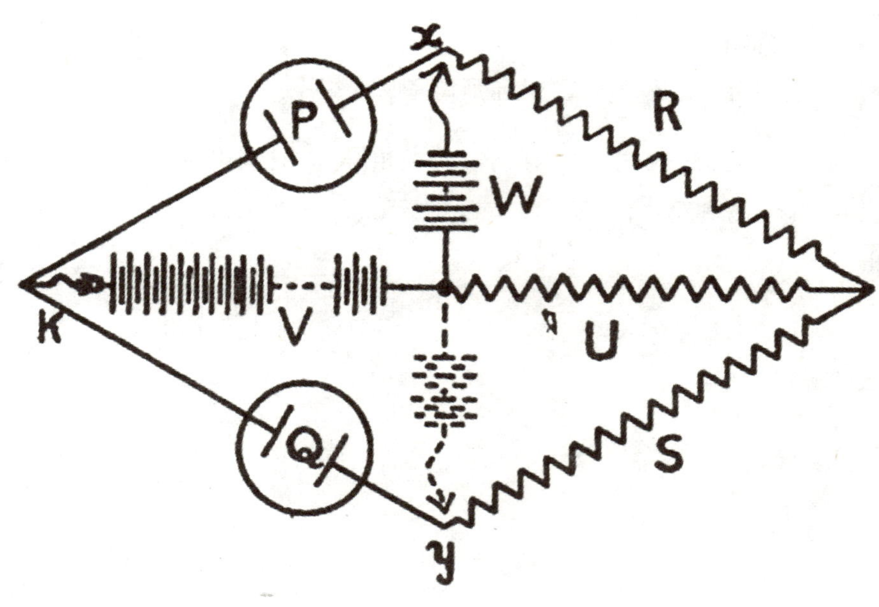

机器无法预知的行为往往被视为出了故障，除非我们正在玩碰运气游戏。艾伦·图灵是绝对可靠的、决定性的、通用机器的代名词，他认识到真正的智慧取决于能够犯错误这一点同福尔曼一样。1947 年他提出："如果期待一台机器绝对可靠，它就不是智能的。"得出这个结论是受著名数学家、哲学家库尔特·哥德尔（Kurt Gödel）1931 年成果的直接影响。

1948 年，图灵解释道："哥德尔定理的论证本质上依赖于机器不必犯错误这个条件，但这不是智能化的必要条件。"1949 年，费兰蒂有限公司（Ferranti Ltd.）正在研发曼彻斯特马克一号，图灵在一种电子噪声源的基础上，将一个随机数发生器列入其中，使该机器不仅能计算答案，偶尔还能做出大胆的猜测。

"智能活动主要包括各种各样的搜索，"图灵观察道，"为什么不干脆编写一个模拟孩子思维的程序，以取代编写模拟成人思维的程序呢？逐步使机器能够做越来越多的'选择'或'决定'。最终找到编写程序的可能性，使它表现为一种相对而言少数通用原理的结果。当它变得足够普遍的时候，将不再需要进行干涉，机器会'成长'的。"

这是《旧约》，而谷歌是《新约》。

谷歌以及它的后辈们正带来两项发展成果，为此计算机已经等待了 60 年。当约翰·冯·诺伊曼与一伙人在普林斯顿高等研究所启动了第一个 32×32×40 比特随机存取存储器的模型，没有人能够想象，原本在库尔特·哥德尔办公室的旁边计划访问 40 960 个短暂的比特信息，现在在本质没有改变的前提下，将要扩展访问世界上所有电脑中涵盖的一切信息。互联网无非是（并且完全是）一组跨多台主机的冯·诺伊曼地址矩阵的扩展协议，现在每秒钟约产生 15 亿个原子粒，且越来越多的原子粒被并入同一个 IP 地址的设备中。

所有的计算机用户都知道，哥德尔的数字宇宙系统在其体制中是精确的，每个比特信息都必须被确切地存储（建构）在正确的位置。它的运转是一个奇迹，这多亏了固态电子学和错误校正码。相反，生物信息的处理是基于模板的寻址之上的，因而要稳定得多。说明书上说“用下一个访问的 Y 副本来进行 X”，而不用指定哪个副本或位置。谷歌的成功是基于模板的寻址在数字宇宙中占据一席之地的一个标志，这个超越冯·诺伊曼基底的进程开始成长。谷歌和生物学之间不是类比的关系。核酸序列分析已经通过谷歌连接到蛋白质结构，并迅速进行直译。

访问限制太多了。冯·诺伊曼敏锐地意识到另外一种限制是语言限制，一种在现实世界的噪音之中只能走这么远的具有严谨逻辑的形式语言。他在 1956 年去世之前曾解释道：“用于神经系统中的消息系统……本质上是一种统计特性，换句话说，重要的不是确切的标记、数据的精确位置，而是统计特性的存在……无论中枢神经系统正在使用什么语言，它的逻辑性和计算深度比我们通常所使用的要差一些，在结构上肯定与我们所共同使用的语言有本质的不同。”尽管谷歌在冯·诺伊曼处理器的营养介质上运行，以多层形式逻辑为基础，更深层次的含义本质上也是统计特性。所要连接的在哪里、频率如何，比所要连接传输的底层代码更为重要。

正如理查德·福尔曼如此美妙的描述，我们已被碾压成了可以立即食用的煎饼，成了整个哥德尔到谷歌的网络中，不可预知却又具有重要统计学意义的突触。由此产生的头脑（正如理查德·福尔曼将会拥有的）属于我们吗？或者属于其他人？

图灵证明了数字计算机能够回答大部分但并非全部有明确答案的问题。然而，计算机也许要花很长时间才能得出答案（在这种情况下建造运行速度更快的计算机）或者可能花很长时间才能提出问题（在这种情况下雇用更多的程序员）。60 年的时间可以取得惊人的成绩。

然而，现实生活中的大部分都待在计算宇宙的第三区域：在那里寻找一个答案比定义一个问题要容易得多。原则上，答案是可计算的，但实际上，我们无法以计算机能够理解的确切语言进行提问。画出像一只猫的东西比精确地描述像一只猫的东西要更加容易。一个孩子胡乱涂鸦，最终也许会碰巧画出类似于猫的东西。是答案找到问题，而非其他方式。世界开始变得有意义，无意义的涂鸦则被抛在脑后。

1958 年，图灵的助手、密码专家欧文·J. 古德（Irving J. Good）建议："赞成以初始随机性打造一台机器的理由是，如果它足够大，它将包含每个曾经被请求的网络。" 基因、计算机、人类等随机网络包含了无须明确定义问题的答案，等待我们去发现。谷歌或许能回答出任何人也许都无法提出的问题的答案。

操作系统使人类更容易操作计算机，也使计算机更容易操控人类。这些观点是互补的，正如基因复制帮助生物体再生，生物体再生也同时帮助复制基因。与搜索引擎一样，谷歌允许人们带着问题寻找答案。更重要的是，它可以让答案找到问题。从网络的角度来看,这一点是至关重要的。原因很显然，谷歌规避了"操作系统"这个词。但是，如果你想知道全球计算机的操作系统有多么像（或者真正的人工智能）一个原始人，像谷歌这样完全的后生系统就是开始的地方。

理查德·福尔曼的两个问题，第一个问题的答案是否定的，第二个问题的答案是肯定的。

WHAT IS INTERESTING,
OF COURSE, IS THAT THE MO
NEUROSCIENTISTS AND OTHE
THE COMPUTER, THE TOOL O
TO ANALYZE HUMAN THINKI
NEW STARTED.

有趣的是，当神经科学家和其他人使用计算机来分析人类思维那一刻，一些新的事物也就开始发展了。

——《信息人时代》

ENT
RS USED
THE COMPUTER,
, SOMETHING

17

THE AGE OF THE INFORMAVORE

信息人时代

Frank Schirrmacher

弗兰克·施尔马赫

德国记者、散文家、畅销书作家

德国全国性日报《法兰克福汇报》的合作发行人

著有《自私：生命的游戏》（*EGO: Das Spiel Des Lebens*）

在与其他人一同工作和讨论的过程中，我不断地问自己：互联网和现代体系的技术已经改变了现实生活中人类的行为方式、表达方式和思维方式，尤其是在观察其他人、观察他们的言谈举止时，这点显而易见。所以，我从Edge中获益良多。

很显然，我们目前正处于这样一种情形中：现代技术正在改变人们的行为方式、表达方式、思维方式和记忆方式。不仅仅只是理论上如此，当你遇见一些人，当人们突然开始遗忘某些东西时，或突然依赖他们的小工具和其他东西来记住某些事情时，你都会感觉到这种变化。这只是一个开始，只是一种体验。但是，如果你仔细想想，想想自己的行为，就会突然意识到，一些本质的东西正在发生变化。这是Edge中的一个我很喜欢的评论，是丹尼尔·丹尼特为回应2007年的年度问题而写的，他说："我们的思想经历着人口爆炸式的发展，但我们却没有足够的头脑来容纳这些思想。"

就我们所知，关注是信息赖以生存的食物，我们目前对信息的关注度还不够，因此，也就不能为众多的信息提供充足的食物。而且，这是一种传统的达尔文思想，当达尔文开始阅读人口学家、政治经济学家托马斯·罗伯特·马尔萨斯（Thomas Robert Malthus）的那一刻起（那时人口爆炸和食物缺乏之间已经出现了冲突），达尔文式的选择也就开始了。达尔文的理论体系也开始改变这一情况。所以，我感兴趣的是，因为互联网的存在，我们现在已经进入了另一段时期，这段时期包括达尔文式的结构、达尔文式的动态和达尔文式的选择，很显然，这些达尔文式的体系会攻击我们的思维：我们记得什么、不记得什么，哪些想法更强、哪些更弱。

欧洲人的思想很有意思，我们整个思想史，尤其是18到20世纪的思想史，主要集中在从康德到尼采时期的思想。比如，黑格尔所在的19世纪，你可以说哪种思想是对的，哪种思想是错的。19世纪也分不同的阶段，你可以在这两种思想中做出选择。例如，你可以选择接受德国哲学家谢林的思想，他的思想与黑格尔截然相反。因此，什么会生存，哪种思想会生存，哪种思想会毁灭，哪种思想会被"饿死"，在我们的整个思想体系中，这一类问题是众所周知的，也确实是一个值得关注的问题。现在，当我们思考一些事情时，也会遇到这种结构、这种现象。

归根结底，这一问题的重点是：什么是重要的、什么是不重要的，我们重点应该知道什么？这种信息重要吗？我们还可以决定什么是重要的吗？这一切都源于这种完全正常的日常新闻。然而，现在你会发现，许多人会指出你生活中什么是重要的、什么是不重要的，你的生活中有什么样的信息，至少很多欧洲人都会如此。其中一些人会说"Facebook上就有这样的信息"。还有人会说"嗯，我的博客上就有这种信息"。显然，对于很多人来说，他们几乎不会去说"我的生活中就有这种信息"，但它确实存在于我的现实生活中。

当然，众所周知，我们正在经历一场变革，但现在，我们所有人都在亲身体验着这种认知变革。欧洲是如此，美国也是如此，但这绝非偶然。不知为什么，所有体系就和思想或知识联系起来了，这对我们来说是一种危机。出版公司、报社、媒体及电视都会受此威胁。就连学校系统也会如此，这并不是一种常见的危机，不像教师太少、学生太多、学校太大或太小等其他这类危机一样。

现在，情况完全不同了。按照这一思路发展，还会存在其他一些问题：教什么、学什么及怎么学。突然之间，大学和中小学也在疑惑，它们该如何开展教学？大脑究竟应该接受什么呢？或者当关注度缺乏时，我们还会拥有什么类型的问题，技术革命带来的反思是什么，还有技术革命会造成怎样的结果？

我曾经和决策心理学家格尔德·吉仁泽（Gerd Gigerenzer）有过交流，我发现他是一个有趣的思想家，吉仁泽指出，思维本身会以某种方式离开人脑，并借助人体外的平台来发展。当然，这种平台是指互联网和云计算。不久以后，我们就会将人脑嵌入云计算中。这就引发了这样一个问题：思维的重要性何在。经过几世纪的进化，我的大脑对什么是重要的事情已经有了固定的看法。但现在，很显然，它需要重新作决定了。

欧洲人认为，不管从哪种科学上来讲，由于我们的思想史和理想主义倾向的形成，互联网思想从某种意义上来说早在几年，甚至十几年前，就已经构筑在我们的大脑中了，而在20世纪50、60或70年代，他们还不知道互联网时代会到来。起初，计算机被用于军事行动中，那时，计算机是被隔离在实验室中的（吉仁泽曾写过一篇与此有关的论文）。到了60年代和70年代，计算机开始普及起来。每个医生，每家每户都会配备一台计算机。一夜之间，50、60、70年代的比喻就出现在眼前了。人们开始逐渐离不开计算机了。正如他们所说，计算机是为人类大脑准备的最后一个工具，我们不需要更多的东西了。应该说，计算机是一个成功的发明，只要有这种工具，它就可以塑造我们的思想。但是，所有思想，正如脑科学和所有其他思想一样，早在六七十年代就已经存在了，甚至50年代就已经存在了。

当然，一个有趣的问题是，我曾读过一些 20 世纪 90 年代的书籍，那时的人们还不知道互联网会发展到现在这样的规模，我不知道互联网是否真的是按照人们的预期发展的。当然，那时的人们也没有预测到谷歌和网络的出现。

现在，我觉得有趣的是，如果你在“新技术”这一大标题下看到计算机和网络这类话题，我们早在 19 世纪后期就已经对人类动作进行过讨论了。19 世纪末，人类需要调整自己的肌肉以适应新的机器。特别是在奥地利和德国，那里的人们都会有这样一种新想法：我们必须改变自己的肌肉。“卡路里”这一术语就是在 19 世纪末发明的，目的是优化人类劳动力。

如今，生活在 21 世纪的你也会遇到同样的问题，但是，既然有了大脑，为什么还要让肌肉去适应机器呢（机器现在要完成多重任务），这是一个相当棘手的问题。人类大脑中的肌肉必须去适应机器的存在。而且，通过最近的研究，我们发现，大脑很难去适应多重任务，这只是其中的一个问题。就像卡路里这一概念一样。我认为，正如丹尼尔·丹尼特和其他人说的那样，信息人也是一个有趣的概念。所以，在某种方式上，我们目前所面对的互联网和信息超载与食物链有关，与你爱吃的食物、不爱吃的食物、含有大量卡路里的食物、对你无益的食物、健康的有益食物都有很大关系。

这种工具不仅仅是一个工具，它还能塑造使用工具的人。我们都会有这样一种概念，首先，你具备理论知识，然后你会去构建工具，最后去使用工具。但这种工具本身足够强大，强大到足以改变人类。上帝就是一个钟表匠，我觉得这种说法很恰当。在达尔文时代，上帝是一个工程师。现在，上帝就自然是一个计算机科学家和程序员。有趣的是，当神经科学家和其他人使用计算机来分析人类思维那一刻，一些新的事物也就开始发展了。

思维本身可以通过技术术语来构想，这一想法十分新颖。当然，即使是在 20 世纪 30 年代，也会有这种与人体甚至大脑有关的比喻；但是，就思维本身而言，这已经非常晚了。即使是在 20 世纪 60 年代，你也很难说思维像是一台计算机。

Edge几年前曾发表过一篇与帕蒂·梅斯（Patty Maes）以“智能增强”为主题的对话，她是第一个发明智能代理的人之一。在网站上，杰伦·拉尼尔以及其他人问及了自由意志这一概念。她解释说，这并不是什么大问题，当然，因为它和亚马逊以及其他智能代理没什么差别。但现在，进入实时互联网时代后，我们就能预测到不久的将来可能会发生什么事情，预测搜索和其他决定论问题就变得更加有趣了。自由意志这一问题始终是一个理论性的问题，即使是思想先进的人也会声明说，自由意志根本不存在，但我们承认，人在孩童时期，会受到文化的限制，所以他们相信自由意志。

但现在，当经过iTunes的新功能“天才”改造的一代人出现时（在下一个进化阶段，也就是当代的孩子），他们不仅会知道他们喜欢哪类书籍或音乐，还会了解到哪些工具的预测能力更加强大，就像预测我今晚要看的演唱会是精彩还是乏味一样。谷歌事先就会预测出这种事情，因为它们对人类的言论了如指掌。

对自由意志来说，这意味着什么呢？因为，理所当然，会存在这样一种算法，它会对某些预测能力进行分析或计算。我在想，将来人们还会不会因为自由意志或非自由意志而争论不休。如今，德国建立了新政府；他们正在讨论，这种意志将会给政治带来怎样的影响。在这样的环境中，其中一个问题就凸显出来了，也就是如何预测博客中的某些恐怖活动，如你所知，在美国也会遇到同样的事情。但是，这一问题就牵涉深远了。

预测问题将成为未来的问题，这类问题还会影响到自由意志。心理学家约翰·巴奇（John Bargh）和其他一些学者却用理论证明不存在什么自由意志。在德国，这一结论可以说是一个重要的问题，而在未来，这一结论仍然还会是一个重要的问题，比我们所能想象的要重要得多。当然，预测还会在劳动力方面发挥作用，德国新政府似乎非常热衷这个问题，预测至少可以防止工作场所中的事故对人类造成最坏的影响。

这里需要重强调一点，我们不是在谈论什么文化悲观主义。我们正在谈论的是一种新技术，实际上是一种大脑技术。也可以这么说，这是一种与智能和思维有关的技术，这种新技术与欧洲人的思想史出现了实实在在的冲突。

与美国不同，你可能知道，在德国2011年的选举中，海盗党首次进入议会，这场选举完全是通过互联网进行的。起初，他们只是一群关注版权问题的计算机科学家。而现在，他们的地位已远不止如此了。在最近举行的选举中，海盗党出乎意料地获得了2%的选票，这对于一个只通过互联网议事的新政党来说，已经是很大的鼓励了。其中，30%～50%的选民为青年男性。这些青年男性都极其热衷新技术。当然，他们可称得上是计算机天才。然而，海盗党以一种非常务实的政治方式反映出了我们理解事物的方式，至少从理论上来说是如此。例如，正如我刚才所描述的，肌肉适应现代体系（无论是大脑体系还是肌体体系）这一问题实际上是一个与新泰勒主义[1]有关的问题。

[1] 新泰勒主义，是一种现代的管理风格。——编者注

正如我们所见到的，可以说，19世纪存在三个重要的概念，在某种程度上来说，是三种个性化的概念，正如个性化的报纸一样。首先就是达尔文主义。而且，从现实意义上来看，就像谷歌和报纸一样。用达尔文主义的观点来说，这是指谁最终会在这个网络时代生存下去；谁的访问量多，谁的访问量少等问题。接下来是共产主义，这就又回到了自由这一话题上，用这个概念来理解，人们可以无偿地工作。还有泰勒主义，这并不是一个问题，我们现在有了新泰勒主义，可以说是一个有趣的替代品。至少在19世纪和20世纪初，你仍然可以说，某件事情真的太可怕、太折磨人、太不人性化了等，并把责任推到其他人身上，而实际上，完全是由你自己的缺陷造成的。

再来看看多重任务这个概念，这个问题与大脑有关。你认为别人对这一问题完全不应承担责任，然而，你会遇见许多这样的人，他们会说：“我真的不擅长这件事情，这是我的问题，是我忘记了，信息太多了，我已经不堪重负了。”19世纪这三个最重要的概念都是一种完全个性化的概念，如今，我们也首次有了一个能用一种个性化的方式来帮我们解决这一问题的政党，这是一个小型政党，但它确实会对其他政党造成一定的影响。

Twitter就像一种精神宣泄一样。但现在，这种信息与许多其他信息都会出现冲突。而且，在某种程度上，人们可以争辩说，也许未来，伊朗就一场骚乱发布的Twitter信息会与演员阿什顿·库彻（Ashton Kutcher）或帕丽斯·希尔顿（Paris Hilton）等人的Twitter信息出现冲突（伊朗就是这样的一个例子）。现在的问题是要了解什么是重要的。什么是重要的及什么并不重要，这是一个线性问题，需要时间来解决，至少需要一种时间来构造。现在，你周围发生的一切事情都会有实时追踪。这会对政治造成一定的影响，可能会是好的影响，也可能会是坏的影响。

突然之间，这个问题就又消失了。下一个信息与欧洲人的自我本性有很大关系，也就是把自己看得太重，如果我理解正确的话，就像谷歌在网络摄像头和手机中输入的信息一样，还有照片、视频等。如果人们需要的话，这些信息都应该实现共享。所有大学表达的所有思想都是我们应该知道的。我的意思是说，在19世纪，这是不可能的。但那时也许会有这样一个学生，他要比我们熟知的所有思想家都要优秀。因此，由于信息超载，我们需要依赖一些体系，来对这些信息进行选择和计算。

而且，就我本人而言，政治信息与这类信息没有什么明显的区别。它们指的是同一个问题。我的手机上是否有家人的信息，或者我是否了解新政府的信息。因此，就某种意义而言，这些海量信息是一种平等而又极其个性化的信息。你也会阅读到个性化的报纸，这对政治家们来说是一个重大的问题。据我所知，政治家们现在感兴趣的事情也在发生变化，比如，谷歌的网页排名；你该如何利用数学系统为人工信息的超载建立信息阶流。如你所知，你可以做到这一点，只是我们还没有做好准备，但已经为时不早了。在德国上次选举中，我们首次用到了博客，你在博客上可能会看到，他们已经开始创建信息流了，不仅与人类有关，还与机器人和其他东西有关。正如我所说，这仅仅是个开始。

德国的反技术运动依然上演得很激烈。有趣的是，在这样的运动中，你真的不能说它是左翼派还是右翼派。正如你所知道的，右翼派是反技术的代表，尤其是在德国的历史中。然而，现在许多事情都变了。为什么这场运动会进行这么长的时间呢？我认为这与人口统计学因素有关。我们目前正处于一个老龄化的社会中，德国社会中，40~50 岁这一年龄段的人都主张晚育，整个新生一代都发生了变化。首先，人数变少了，其次，出生时间推迟了。这跟 20 世纪 50 年代，乃至六七十年代都是不同的，那时是年轻人的社会。这一有趣的影响源于美国，之后便迅速遍及我们的社会，因为我们是一个年轻的社会。如今，这种变化经历的时间更长了。可以肯定的是，由于人口的原因，我们现在面临着这样一种情况：新生一代是伴着现代体系和现代技术成长起来的，正如你看到的海盗党一样。新生一代逐渐登上历史舞台并改变这个社会。

莎士比亚、卡夫卡和其他伟大的作家究竟做了什么？他们将社会转化为文学。当然，在这个阶段，你可以清清楚楚地看到，社会是很现实的东西。他们还把现代化转化为了文学。现在，我们必须找到能够将软件进行转化的人。至少就报纸而言，我们应该为软件的不同评论设置一些版面，至少应涉及软件结构这一内容。

肯定会有人这么说，除思爱普公司（SAP）以外，似乎谷歌和其他所有大公司都是美国公司。我得说，发明创造并不是我们的专长。我们不善于学习计算机科学和其他东西，我们不具备计算机方面的人才（尽管几十年前，德国曾出现过计算机天才），如丹尼尔·希利斯和那些参与智力讨论的人。即使只有少数幸运儿觉察到了这一点并就此做出了反应，许多德国思想家仍然不接受这种观点。

那些接受这种观点的人有他们自己的平台，实际上，他们还成立了一个新派别。这就是我们所缺少的东西，因为总会有人以一种傲慢的态度来对待技术。例如，我是《法兰克福汇报》文化和科学版面的负责人。我们会对科学和技术书籍发表一些评论，这种内容就很吸引人。但是，从某种程度上来说，真正重要的文本应该讲述我们如今的生活和故事，当然，还有软件，但我们不会为这类文本写评论。我们应该找到一种办法，能更快地对软件层面上的东西进行转录，就像帕蒂·梅斯或其他人一样，只需写下来，并用一种人们可以理解的方式进行转述。我觉得这就是我们的一大不足之处。

德国才刚刚迈入这一阶段。我们正在寻找那些具备这种转换能力的人，但这种人并不是很多。我们需要这样做，因为这就是我们的使命所在。你永远也不会真正了解谷歌是如何运转的，因为你无法访问谷歌的代码。他们不会将这种信息透露给你。但看完乔治·戴森的《图灵的大教堂》这篇文章后，你就会觉得这是一个良好的开端。他说的完全正确。如果我们生活在12世纪，他说的就是如今我们看到的大教堂。人类正在建设数字化时代的大教堂，真是令人难以置信。他还指出，当他访问谷歌时，他看到了它们扫描的所有书籍，这些书籍并不是为人类准备的，而是为人工智能准备的。

谁才是真正的伟大的思想家呢？就我的工作而言，德国有两个关键人物。其中一位是格尔德·吉仁泽，他绝对是个人物，我想说，他真的是一个先驱人物，因为他采用的是一种认知启发的方法。正如我们所看到的，技术的发明剥夺了我们的启发式，人们遗忘了某些启发式。这种情况最早出现在计算中，因为你有了计算器，但这种情况并没有就此停止。未来，你可能会失去更多的经验法则，因为系统、谷歌和其他工具都会进行这类操作。因此，就吉仁泽在风险评估方面做出的贡献来说（他现在拥有一个大型研究所），他可谓一个至关重要的人物。在某种程度上，你可以将他与纳西姆·塔勒布（Nassim Taleb）联系起来，因为这里的问题不是风险评估，而是回顾过去，展望未来。

另一位当然是汉斯·马格努斯·恩岑斯贝格（Hans Magnus Enzensberger），

尽管他现在都七八十岁了。彼得·斯劳特戴克（Peter Sloterdijk）是一位非常重要的哲学家，也是文学领域的先驱人物，他也对此做出了重要的贡献。除此之外，还有许多领军人物，这与19世纪和20世纪不同。然而，值得一提的是，吉仁泽的所有书籍都是用英语写成的，在法律上，这些对版权相关问题的讨论也很重要。但是，关于新技术和人类思想这类话题，目前在德国并没有真的遇到。

许多欧洲思想家都会有一些拥护者——比如，斯拉沃热·齐泽克（Slajov Zizek）。你去问任何一个德国的知识分子，他们都会告诉你，齐泽克是最伟大的思想家。思想家们真是疯狂。欧洲人却非常喜欢这类思想家。

未来，属于终身学习者

我这辈子遇到的聪明人（来自各行各业的聪明人）没有不每天阅读的——没有，一个都没有。巴菲特读书之多，我读书之多，可能会让你感到吃惊。孩子们都笑话我。他们觉得我是一本长了两条腿的书。

——查理·芒格

互联网改变了信息连接的方式；指数型技术在迅速颠覆着现有的商业世界；人工智能已经开始抢占人类的工作岗位……

未来，到底需要什么样的人才？

改变命运唯一的策略是你要变成终身学习者。未来世界将不再需要单一的技能型人才，而是需要具备完善的知识结构、极强逻辑思考力和高感知力的复合型人才。优秀的人往往通过阅读建立足够强大的抽象思维能力，获得异于众人的思考和整合能力。未来，将属于终身学习者！而阅读必定和终身学习形影不离。

很多人读书，追求的是干货，寻求的是立刻行之有效的解决方案。其实这是一种留在舒适区的阅读方法。在这个充满不确定性的年代，答案不会简单地出现在书里，因为生活根本就没有标准确切的答案，你也不能期望过去的经验能解决未来的问题。

湛庐阅读APP：与最聪明的人共同进化

有人常常把成本支出的焦点放在书价上，把读完一本书当作阅读的终结。其实不然。

时间是读者付出的最大阅读成本
怎么读是读者面临的最大阅读障碍
“读书破万卷”不仅仅在“万”，更重要的是在“破”！

现在，我们构建了全新的“湛庐阅读”APP。它将成为你“破万卷”的新居所。在这里：

- 不用考虑读什么，你可以便捷找到纸书、有声书和各种声音产品；
- 你可以学会怎么读，你将发现集泛读、通读、精读于一体的阅读解决方案；
- 你会与作者、译者、专家、推荐人和阅读教练相遇，他们是优质思想的发源地；
- 你会与优秀的读者和终身学习者为伍，他们对阅读和学习有着持久的热情和源源不绝的内驱力。

从单一到复合，从知道到精通，从理解到创造，湛庐希望建立一个“与最聪明的人共同进化”的社区，成为人类先进思想交汇的聚集地，与你共同迎接未来。

与此同时，我们希望能够重新定义你的学习场景，让你随时随地收获有内容、有价值的思想，通过阅读实现终身学习。这是我们的使命和价值。

湛庐阅读APP玩转指南

湛庐阅读APP结构图：

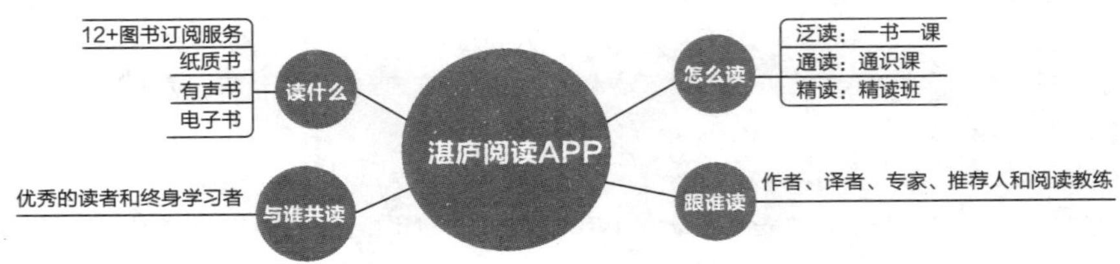

三步玩转湛庐阅读APP：

APP获取方式：

安卓用户前往各大应用市场、苹果用户前往APP Store

直接下载"湛庐阅读"APP，与最聪明的人共同进化！

使用APP扫一扫功能，遇见书里书外更大的世界！

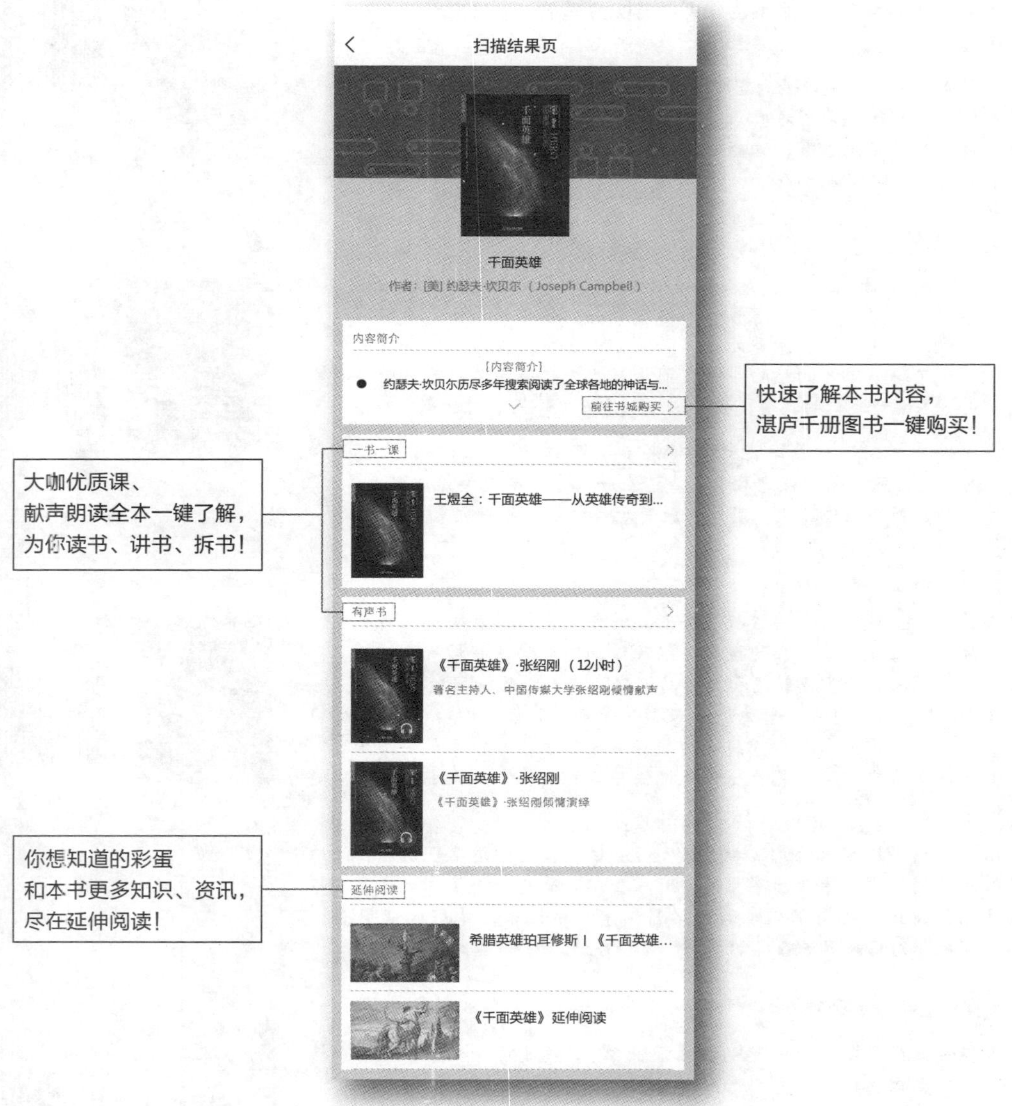

延伸阅读

《直觉泵和其他思考工具》

◎ 享誉世界的哲学泰斗丹尼尔·丹尼特，融通计算机科学、心理学、神经科学、语言学、人工智能，倾囊相授他一生至今所搜集的各种好用的思考工具。这本书诞生于大学新生的课堂，力图做到“人人能懂”。

◎ 使用大量方便的、辅助性的思考工具，去拓展想象力、保持专注力，让我们妥当、优雅地思考真正的难题。利用各种思考工具，让你拨开各种思想的层层迷雾，你会发现，那么多明摆着的观点其实根本就不是那么“明摆着”的。

《表象与本质》

◎《表象与本质》深刻地丰富了我们对心智的理解，它带领读者进入语言、思想和记忆的各种丰富多彩的情境中去，逐步揭示出完全隐藏的认知机制，这些机制总是处于不断地变化之中，在这些认知机制里还发现了一个不变的核心——我们总是无意识地联系过往经验去做类比。本书对我们的思考提出了一个彻底而且令人震惊的新解释。

◎ 人类大脑中的每个概念都源于多年来不知不觉中形成的一长串类比，这些类比赋予每个概念生命，我们在一生中不断充实这些概念。大脑无时无刻都在作类比。类比，就是思考之源和思维之火。

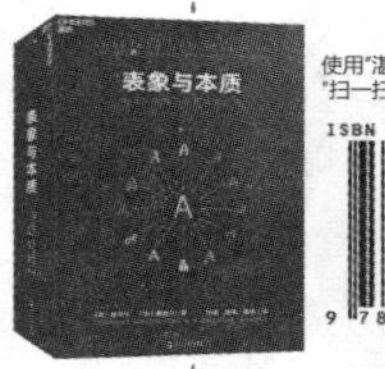

《当下的启蒙》

◎ 史蒂芬·平克对当前世界进行了全景式的评述，让读者了解人类状况的真相，人类面临怎样的挑战，以及该如何应对这些挑战。他呼吁我们避开惊悚的头条新闻和灰暗的末日预言，相反，用数据说话：通过 75 幅震撼的图表，平克论证人类的寿命、健康、食物、和平、知识、幸福等都呈向上趋势，这种趋势不仅限于西方，而是遍及全世界。这是启蒙运动的礼物——理性、科学和人文主义促进了人类的进步。

◎ 我们该如何寻找生活的意义和目的？300 年来，启蒙运动理念取得了辉煌胜利，这个伟大故事却很少有人提起。平克分析了伟大进步的原因，将拯救几十亿生命的无名科学家展示出来，雄辩地证明：通过理性和同情来促进人类的繁荣，本身就是人生的意义。

《技术的本质》（经典版）

◎ 复杂性科学的奠基者、著名的技术思想家、“熊彼特”奖的得主布莱恩·阿瑟的经典作品。

◎ 技术理论体系的先河之作，对科学、技术、经济三者关系提出了全新见解，一次打开“技术黑箱”的尝试性创新探索。

使用“湛庐阅读”APP，
“扫一扫”获取本书更多精彩内容

ISBN 978-7-213-05998-8

9 787213 059988 >

浙江省版权局
著作权合同登记章
图字：11–2017–243 号

图书在版编目（CIP）数据

文化 /（美）约翰 · 布罗克曼编著；侯新智，许云萍，盛杨燕译 . —杭州：浙江人民出版社，2019.3
书名原文：Culture
ISBN 978–7–213–09108–7

Ⅰ . ①文…　Ⅱ . ①约… ②侯… ③许… ④盛…　Ⅲ . ①文化—世界—通俗读物　Ⅳ . ① G11–49
中国版本图书馆 CIP 数据核字（2019）第 029771 号

上架指导：思想前沿

文化

［美］约翰 · 布罗克曼　编著
侯新智　许云萍　盛杨燕　译

出版发行：浙江人民出版社（杭州体育场路 347 号　邮编　310006）
市场部电话：（0571）85061682　85176516
集团网址：浙江出版联合集团　http://www.zjcb.com
责任编辑：尚　婧
责任校对：戴文英
印　　刷：河北鹏润印刷有限公司
开　　本：720mm × 965mm 1/16　　印　　张：18
字　　数：267 千字　　插　　页：1
版　　次：2019 年 3 月第 1 版　　印　　次：2019 年 3 月第 1 次印刷
书　　号：ISBN 978–7–213–09108–7
定　　价：79.90 元

如发现印装质量问题，影响阅读，请与市场部联系调换。